WORLD CULTURE AND TRADITIONS

세계문화의 이해

하종국 · 김선희 공저

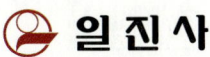

차례

서론 세계의 문화 • 6

제1장 유럽 문화권

1 영국 문화 …………………… 10
2 프랑스 문화 ………………… 23
3 독일 문화 …………………… 36
4 오스트리아 문화 …………… 45
5 스페인 문화 ………………… 52
6 포르투갈 문화 ……………… 61
7 그리스 문화 ………………… 67
8 스웨덴 문화 ………………… 74
9 러시아 문화 ………………… 79
10 이탈리아 문화 ……………… 89

제2장 앵글로아메리카(북미) 문화권

1 미국 문화 …………………… 104
2 캐나다 문화 ………………… 128

제3장 라틴아메리카(남미) 문화권

1 멕시코 문화 ………………… 140
2 페루 문화 …………………… 146
3 아르헨티나 문화 …………… 153
4 브라질 문화 ………………… 160

제4장 아프리카 문화권

1 남아프리카공화국 문화 …… 170
2 에티오피아 문화 …………… 177

제5장 건조(이슬람) 문화권

1. 튀르키예 문화 ······ 186
2. 이란 문화 ······ 197
3. 사우디아라비아 문화 ······ 212
4. 이스라엘 문화 ······ 219
5. 요르단 문화 ······ 228
6. 이집트 문화 ······ 236

제6장 남아시아 문화권

1. 인도 문화 ······ 250
2. 파키스탄 문화 ······ 263

제7장 동아시아 문화권

1. 중국 문화 ······ 274
2. 일본 문화 ······ 292

제8장 동남아시아 문화권

1. 태국 문화 ······ 308
2. 베트남 문화 ······ 317
3. 캄보디아 문화 ······ 327
4. 필리핀 문화 ······ 336

제9장 오세아니아 문화권

1. 오스트레일리아 문화 ······ 346
2. 뉴질랜드 문화 ······ 355

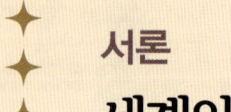
서론
세계의 문화

1. 세계 문화의 이해

문화의 의미는 매우 어렵고 다양하여 한마디로 정의할 수가 없다. 다만, 한 사회의 개인이나 집단이 변화시켜 온 물질적, 정신적 산물 또는 지식, 도덕, 법률, 관습 등과 그 집단의 독특한 생활방식이 반복 학습되고 끼리끼리 공유되는 것들을 문화로 정의하기도 한다.

영어로 문화를 'culture'라 한다. 이 단어는 라틴어 'cultus'에서 유래한 말로 경작이나 재배 등의 뜻을 가지고 있다고 한다. 이를테면, 순수 자연에 인간이 어떠한 작업이나 행위 등을 가하면 그것이 변화하거나 새로운 형태로 창조되는데, 이를 'culture'라 하였다.

세계 문화를 이해하기에 앞서 전 세계에는 200여 개의 국가가 있다. 국가란 기본적으로 영토, 국민, 주권이 확보되어 있어야 한다. 이 중 하나라도 빠지면 국가라 볼 수가 없다. 전 세계 국가의 수가 일정하지 않은 것은 세계의 각 기관과 연맹별로 국가로 인정하는 수가 다르기 때문이다. 우리나라도 외교통상부에서는 228개국, 통계청에서는 224개국으로 차이가 있다.

200여 개가 넘는 많은 나라가 5대양 6대주에 걸쳐 분포되어 있으며, 각국의 국민들은 태어난 환경에 영향을 받으며 살아가고 있다. 글로벌 시대를 살고 있는 우리는 싫든 좋든 여러 나라의 문화와 접촉하게 되는데, 그들의 문화를 이해하고 인정하는 것이 중요하다.

특히, 2001년 프랑스 파리에서 열린 제31차 유네스코 총회에서 채택된 세계 문화 다양성 선언은 강대국이든 약소국이든 자국의 문화를 유지하고 문화의 다양성을 보존해야 한다는 내용을 담고 있다.

문화는 예술과 문학뿐만 아니라 생활양식, 가치 체계, 전통, 신념 등을 포함해야 함은 물론 정신적, 물질적 특성과 지적, 정서적 특성이 담겨 있는 집합체로 인정되어야 한다.

오늘날 세계화로 서로 다른 문화 간의 빈번한 만남과 교류를 통해 문화의 다양성을 실감할 수 있는데, 이럴 때일수록 각국의 문화를 이해하려는 태도가 무엇보다 중요하다. 자칫 다른 문화를 잘못 이해하여 오해하는 일은 없어야겠다.

일례로, 모 항공사의 자사 항공기가 홍콩 취항을 기념하기 위해 승객들에게 흰 카네이션을 가슴에 부착토록 했다. 기획 의도와는 다르게 승객들의 불만이 터져 나왔다. 홍콩에서는 흰 카네이션이 '추모'를 뜻하는 표식이기 때문이었다. 그래서 부득이 빨간색으로 교체하는 일이 있었다. 현지 문화를 세밀히 분석하지 않은 결과였다.

백의민족인 우리나라는 예로부터 하얀색을 선호했지만, 중국에서는 부와 권력을 상징하는 빨간색을 많이 사용한다. 중국 영화를 보다 보면 빨간색이 자주 등장하는 것을 볼 수 있다. 이처럼 문화는 다양하고 독특하다. 하얀색을 좋아하든, 붉은색을 좋아하든 이것을 이해하고 인정하는 것이 중요하고, 그것이 글로벌 시대를 살아가는 우리가 갖추어야 할 태도이다.

필자가 여행을 하면서 느낀 에피소드를 소개하자면, 대부분의 나라에서는 긍정을 표현할 때 머리를 위아래로 흔들지만, 인도, 스리랑카에서는 우리와 정반대로 머리를 좌우로 흔든다. 처음에는 무척 당황하고 혼란스러웠지만 그들의 문화를 이해한 후에는 나도 그들과 함께 소통하면서 친해질 수 있었다.

이처럼 문화의 다양성은 상호 존중, 이해와 배려에서 출발한다. 어느 가난한 나라의 아주 하잘것없는 문화라도 전통을 지키고 이을 가치가 있고, 그것에는 뜻깊은 생성 배경이 있기 마련이다. 따라서 항상 우리와 다른 문화를 존중하고 인정하는 태도를 가져야만 한다.

2. 세계의 문화권

지도상에와 같이 문화적으로 동일한 특성을 갖는 지리적 범위를 동질 문화 지역 또는 문화권이라 한다. 문화권은 다양하고 복잡하여 정확하게 구분하는 것은 어려운 일이지만 문화권에 의해 국가가 나눠지고 경제 벨트가 변화되기도 한다. 문화권을 결정하는 중요한 문화 요소는 인종, 언어, 종교 등이다.

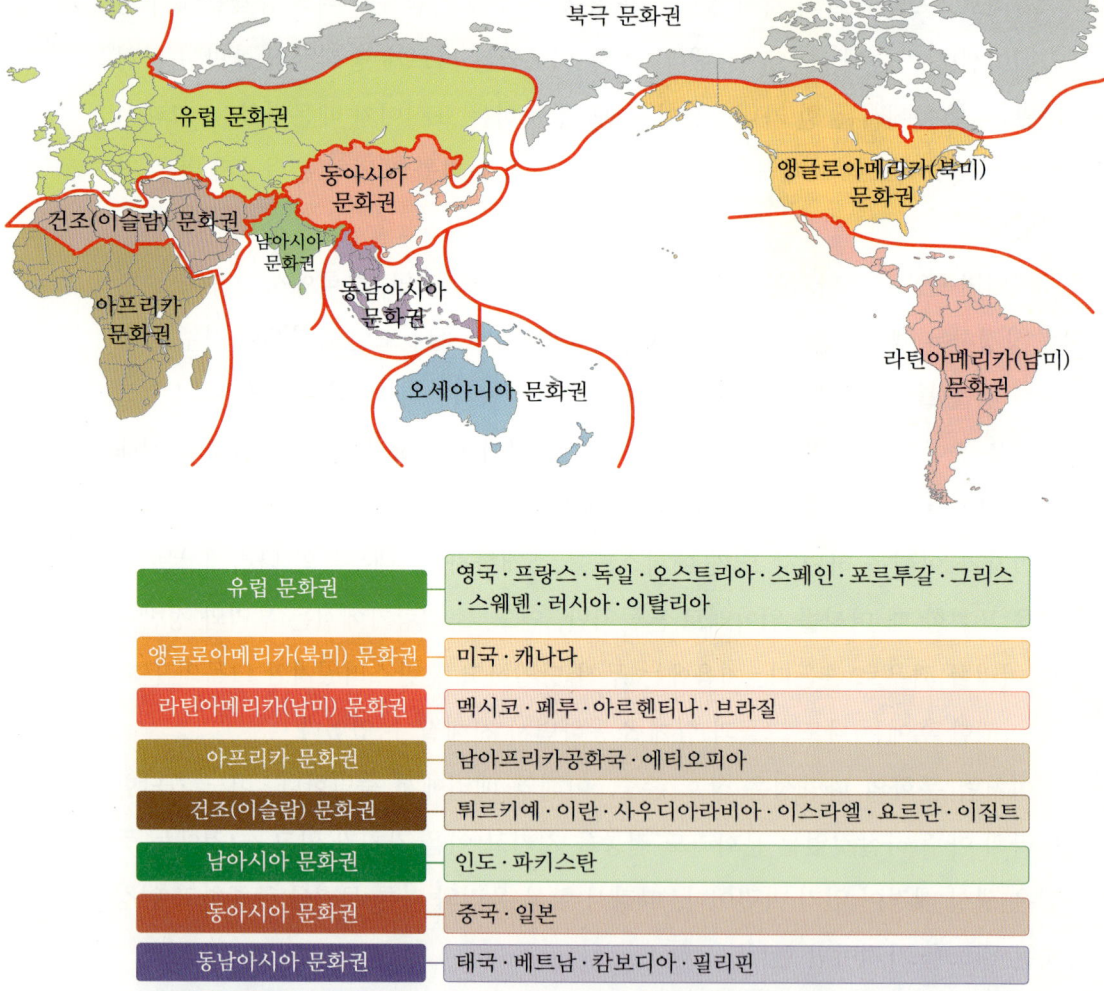

유럽 문화권	영국·프랑스·독일·오스트리아·스페인·포르투갈·그리스·스웨덴·러시아·이탈리아
앵글로아메리카(북미) 문화권	미국·캐나다
라틴아메리카(남미) 문화권	멕시코·페루·아르헨티나·브라질
아프리카 문화권	남아프리카공화국·에티오피아
건조(이슬람) 문화권	튀르키예·이란·사우디아라비아·이스라엘·요르단·이집트
남아시아 문화권	인도·파키스탄
동아시아 문화권	중국·일본
동남아시아 문화권	태국·베트남·캄보디아·필리핀
오세아니아 문화권	오스트레일리아·뉴질랜드

제 1 장

유럽 문화권

1. 영국 문화
2. 프랑스 문화
3. 독일 문화
4. 오스트리아 문화
5. 스페인 문화
6. 포르투갈 문화
7. 그리스 문화
8. 스웨덴 문화
9. 러시아 문화
10. 이탈리아 문화

1 영국 문화

✦ **영국(United Kingdom)**

수도	런던	언어	영어
인구	69,138,000명(KOSIS)	종교	기독교 46.2%, 이슬람 6.5%
면적	243,610km²	화폐	파운드(GBP, £)
민족	잉글랜드 84%, 스코틀랜드 5%, 웨일스 3%	1인당 GDP	46,371$

영국의 정식 명칭은 그레이트 브리튼 북아일랜드 연합 왕국(United Kingdom of Great Britain and Northern Ireland)이며, 줄여서 UK 또는 브리튼(Britain)이라 한다.

지리적으로는 북해, 영국 해협, 아일랜드 해 및 대서양에 접해 있으며 잉글랜드, 스코틀랜드, 웨일스, 북아일랜드의 4개 나라로 구성되어 있다. 4개 나라는 불편하지만 전략적으로 동거 중인 하나의 연합 왕국이다. 인구의 84%를 차지하고 있는 잉글랜드 외에 나머지 3개 나라는 각자의 정체성이 분명하고, 그에 따른 지역 감정도 상당하다. 4개 나라는 따로 독립된 국가가 아니기 때문에 여권은 하나로 통일되어 있고 자유로이 왕래가 가능하다.

영국은 입헌군주제를 기본으로 하여 근대적 의회 제도와 의원 내각제를 전 세계로 전파시킨 국가이며, 산업 혁명의 발원지로 제일 먼저 산업화가 된 나라이다.

1. 산업 혁명

영국을 가리켜 해가 지지 않는 나라라 한다. 영국이 19세기부터 20세기 중반까지 전 세계에 식민지를 건설하면서 영국이 지배하는 지구촌 어딘가는 낮이었기 때문에 붙여진 별명이다. 그러나 과거의 영국은 유럽에서 강대국이 아니었다. 그럼에도 불구하고 영국에서 산업 혁명이 시작된 이유는 17세기 후반 명예혁명으로 인해 국왕의 절대 권력이 사라지고 신흥 부르주아 계급이 등장하는데, 이들이 국가의 주요 세력으로 등장하면서 만들어진 자본이 결국 산업 혁명의 자양분이 되었기 때문이다.

산업 혁명의 핵심은 동력을 만들어 내는 일을 인간이나 동물의 노동이 아니라 석탄, 석유 등과 같은 자원을 이용하여 에너지를 만드는 것이다. 그러기 위해서는 지하자원이 필수적인데, 영국은 석탄을 비롯해 지하자원이 풍부하게 매장된 나라였다.

당시 이웃나라 프랑스에서는 귀족이 장사를 하려면 귀족 신분을 포기해야 하는 법까지 있었지만, 상업을 중시하는 영국의 지도층은 그렇지 않았다. 지도층의 대부분이 장사를 해서 돈을 버는 데 아무런 문제가 없었다. 이들은 의회에서 법과 제도를 만들어 상인들의 활동을 도와주고 있었는데, 대표적인 것이 1623년에 반포한 특허법이다. 이 법이 인류 역사상 국가 차원에서 반포한 최초의 특허법이다.

산업 혁명의 주도적 역할을 담당한 것은 면직물 공업이었는데, 면직물은 모직물보다 가볍고 값이 싸 대중들의 수요가 폭발적이었다. 부족해진 물량을 충족하기 위해 면직물 공업의 기계화는 반드시 필요했다. 이에 따라 기계화에 필요한 제철공업과 석탄광업이 급격하게 발전하는 것은 당연한 결과였다.

이처럼 근대 산업에서 가장 기초 산업 자원이 된 철광석은 용광로에서 높은 열로 녹여야 하는데, 높은 열을 올리기 위해서는 화력이 우수한 땔감이 있어야 했다. 석탄에서 얻는 코크스 연료를 발명하여 사용함으로써 인류 발전에 크게 기여했다.

철광석이나 석탄을 채취하기 위해서는 땅을 깊이 파야하고 그때마다 발생하는 지하수를 퍼내야 하는 일이 쉽지만은 않았다. 이 문제를 해결하기 위해 발명된 것이 증기 기관이다. 초기 증기 기관은 연료가 많이 들어 효율적이지 못했지만 발명가 제임스 와트가 개량하면서 실용화되었다.

증기 기관의 발전은 교통수단의 혁명적인 변화를 이끌었다. 1830년 조지 스티븐슨이 발명한 기관차는 리버풀에서 맨체스터까지 46km 구간을 시속 12마일로 달리는 데 성공하였다. 이후 철도 산업이 급속도로 발전하면서 철강 및 기계 산업, 금융업 등은 말할 것도 없고 일상생활에 필요한 화물 운송이나 업무의 신속성이 용이해지면서 경제는 크게 성장했다.

산업 혁명의 결과로 농업 중심 사회에서 공업 중심 사회로 점차 전환되었다. 생산력은 나날이 향상되었고 인류에게 빈곤을 극복할 수 있는 기회가 생긴 것이다. 또한 봉건 사회의 영주와 농노의 대립적 관계가 자본가와 노동자의 계약 관계로 변화되었다.

사회의 급격한 변화에 전통적인 생활양식이나 사람들의 사고방식도 변화되기 시작했다. 노사문제나 불평등한 사회문제를 적극적으로 제기하고 정치 참여의 권리를 요구함으로써 대중정치의 체계에 큰 반향을 불러일으켰다.

2. 영국의 구성국

영국 본토에 해당하는 브리튼 섬에는 기원전 8세기부터 중앙 유럽에서 건너온 켈트족이 살고 있었다. 기원전 1세기경 로마 제국이 침공하여 브리튼 섬 남부를 거점으로 삼은 후 점점 북상하기 시작했다. 남부 브리튼 지역은 로마 제국에 의해 손쉽게 무너져 400년간 로마의 지배를 받아야 했다. 하지만 북쪽 스코틀랜드 지역은 저항이 심해 점령하지 못하자 이곳에 성벽을 쌓기 시작했다. 이른바 하드리아누스 방벽이다. 이 방벽을 기준으로 잉글랜드 지역과 스코틀랜드 지역의 경계가 구분되기 시작했다.

5세기경 하드리아누스 방벽의 남부 지역에 있던 로마군이 자국인 로마 제국으로 돌아가게 된다. 로마군이 떠나자 오히려 혼란에 빠진 켈트족은 자신들을 지켜줄 용병을 데려오게 되는데, 이 용병들이 바로 앵글로 색슨족이다.

황량하고 추운 지역에 살던 앵글로 색슨족은 넓은 평야 지대와 온화한 기온의 브리튼 섬에 매료되어 용병에서 침략자로 변하게 된다.

군사 훈련이 잘되어 있는 용병 앵글로 색슨족과 토착민인 브리튼 사람들 사이에 전쟁이 벌어지게 되는데, 이때를 배경으로 한 이야기가 『아서왕 이야기』이다. 아서왕(King Arthur)은 고대 브리튼 지역에서 주민들을 이끌고 앵글로 색슨족의 침략을 격퇴했고 원탁의 기사들과 함께 제국을 건설했다고 전해지는 전설 속의 인물이다.

앵글로 색슨족의 거친 공격을 피해 브리튼 사람들은 웨일스, 스코틀랜드, 아일랜드 지역으로 뿔뿔이 흩어져야 했다. 사실 이 시기부터 잉글랜드, 스코틀랜드, 웨일스, 아일랜드의 4개 지역은 독립적인 정체성을 형성하기 시작한다.

앵글로 색슨족은 켈트족이 살던 지역을 빠르게 평정하면서 영토 확장을 이어갔고 먼저 자신들이 차지한 브리튼 섬 남부 지역을 앵글로 족의 땅이라는 뜻의 잉글랜드로 부르게 되었다. 또한 이때부터 앵글로 족이 쓰는 언어를 잉글리시라 하고, 우리말로 영어라 부르기 시작했다.

프랑스 노르망디 지역에 사는 바이킹을 노르만 족이라 하는데, 11세기경 노르만 정복 왕 윌리엄 1세는 잉글랜드를 정복하는 데 성공한다. 지금까지 유지됐던 앵글로 색슨의 잉글랜드가 무너지고 노르만 왕조의 잉글랜드가 시작된 것이다. 이후 12세기에 아일랜드, 13세기에 스코틀랜드와 웨일스를 차례로 병합시켜 잉글랜드의 영토로 복속시키는 데 성공한다.

4개의 지역이 통합되었지만 서로 다른 정서와 정체성으로 발전되어 갔다. 16세기 무렵 잉글랜드의 왕 헨리 8세가 종교 개혁을 단행해 성공회라는 독자적인 교파를 만들어 독립한다. 그러나 아일랜드 지역은 여전히 가톨릭을 고수하면서 잉글랜드의 심기를 불편하게 만들었다. 주변국인 프랑스와 스페인이 잉글랜드를 견제할 목적으로 같은 종교를 믿는 아일랜드를 지원하게 되면서 잉글랜드와 아일랜드는 종교 갈등이 깊어진다.

결국 헨리 8세 이후 등극한 엘리자베스 1세 때 양측 간 전쟁이 벌어지고야 만다. 잉글랜드는 아일랜드 지역 중 가장 저항이 심했던 얼스터 지역을 정복한 후 대부분이 성공회 신자들인 스코틀랜드 사람들을 이곳으로 이주시켰다. 이들이 이곳에 정착하게 되면서 북아일랜드는 서서히 본토 아일랜드와 다른 문화가 형성되기 시작했다.

엘리자베스 1세가 후사 없이 사망하자 잉글랜드 왕위는 빈자리가 되었다. 이때는 스코틀랜드 왕국과 잉글랜드 왕국이 혈연으로 맺어져있을 때라 스코틀랜드 왕 제임스 6세가 잉글랜드 왕을 겸하게 되어있었다.

    1707년에 연합법을 개정하여 스코틀랜드 왕국과 잉글랜드 왕국을 합병하여 그레이트브리튼 왕국을 선포하는데, 연합국인 영국의 시초가 여기서부터 시작된다. 그 후 1801년에는 속국인 아일랜드까지 합병하여 그레이트브리튼 아일랜드 연합국이 된다.

    그레이트브리튼 아일랜드 연합국은 빅토리아 여왕 시대에 대영 제국이라 불리는 전성기를 맞게 되지만 식민지에는 가혹하게 제정을 압박했다. 1845년 아일랜드에 대기근이 발생했다. 원인은 북미 지역에서 유입된 감자 역병으로 인해 감자 수확이 급격히 감소했기 때문이다. 감자에 의존도가 높았던 시기라 대기근의 피해는 심각했다. 영국은 아일랜드 사정을 알면서도 옥수수 등 다른 농산물을 계속 수탈했다.

    아일랜드는 대기근으로 100만 명 이상이 사망하거나 해외로 이주하여 약 820만 명이었던 인구가 약 600만 명으로 줄어들게 된다. 민심이 흉흉해진 아일랜드인은 더 이상 영국의 지배 아래 살 수 없다는 여론이 만들어졌다. 결국 1919년 영국을 상대로 독립 전쟁을 일으켜 2년이 넘게 치열하게 싸우다 1921년 7월 11일에 휴전하였다. 이 전쟁으로 아일랜드는 북아일랜드와 분리되었으며, 1922년 나머지 4개의 구성국이 연합하여 오늘날의 영국이 탄생한다.

    2014년 스코틀랜드는 독립을 요구하는 국민들이 많아지자 국민 투표를 실시하여 찬반 여부를 물어보았지만 사람들의 예상과 다르게 약 55%의 유권자들이 독립 반대표를 던져 분리 독립이 무산되었다. 이후 2016년 영국이 유럽 연합에서 탈퇴하는 이른바 브렉시트 사태나 전염병인 코로나 사태 때 영국 정부의 무능력한 조치 등을 이유로 스코틀랜드는 또다시 독립에 대한 여론이 형성되고 있는 상황이다.

3. 영국의 대표 도시

런던(London)

런던은 영국의 수도이며 정치, 경제, 사회, 문화, 교통의 중심지이기도 하다. 뉴욕, 도쿄와 함께 세계 3대 도시로 불리는 런던은 템스강을 기반으로 2,000년 동안 발전해 왔으며 기원은 고대 로마 제국의 도시 론디니움에서 시작되었다. 런던에는 43개의 대학이 있어 유럽에서 가장 많은 대학을 보유한 도시이기도 하다.

영국 박물관(The British Museum) : 1759년 현재의 자리에 개장했으며 처음 개장 때에는 소규모였으나 대영 제국이 전 세계로 세력을 뻗침에 따라 모든 대륙에서 수집하고 약탈한 방대한 유물들을 소장 및 전시하고 있다. 이 박물관은 세계 각 문명권의 800만 점 이상의 유물과 민속 예술품을 소장하고 있다. 2000년부터 한국 전시실도 마련되어 250여 점의 도자기와 유물을 전시하고 있는데, 7~8세기 통일 신라 시대 불상과 13세기 고려청자, 조선 후기 백자 및 18세기 김홍도의 풍속 도첩 등이 있다.

▲ 영국 박물관

▲ 웨스트민스트 사원

웨스트민스트 사원(Westminster Abbey) : 영국 고딕 양식으로 지어진 거대한 성공회 성당으로 1066년 이후부터 영국왕의 대관식이나 왕실의 주요 행사 및 국가 주요 행사 장소로 쓰이고 있으며, 왕이나 왕

▲ 타워브리지

족 또는 위인들이 안장되어 있는 무덤이기도 하다.
 1997년에는 우리가 언론을 통해서 알고 있는 다이애나 왕세자비의 장례식이 이곳에서 거행되었고, 2011년 4월 29일 세계적인 이목이 집중되었던 윌리엄 아서 필립 루이스 왕세자와 캐서린 미들턴의 결혼식이 이곳에서 있었다.

 타워브리지(Tower Bridge) : 영국을 대표하는 다리로 런던 시내 템스강의 가장 하류에 위치한다. 1894년에 완공한 이 다리의 총 길이는 260m이며 현수교이다. 선박의 통행을 위한 도개교와 보행자를 위한 거더교의 복합교량이며, 양쪽에는 높이 64.9m의 타워가 세워져 있다.

 런던 탑(Tower of London) : 템스강 북부에 위치한 유서 깊은 성이자 궁전으로 노르망디 공작인 정복왕 윌리엄이 잉글랜드 정복 이후인 1078년에 기존에 사용하던 요새를 기반으로 하여 중앙의 핵심 건

▲ 런던 탑

▲ 옥스퍼드 대학교

▲ 글로스터 대성당

물인 화이트 타워를 세운다. 1272년 헨리 3세가 성곽을 마무리 하면서 건물이 완성된다. 이 탑이 유명한 이유는 왕족들 간의 권력 다툼으로 인한 이른바 피의 역사 때문이다. 수많은 왕족과 고위층이 이곳에 유폐되거나 처형되었다.

옥스퍼드(Oxford)

런던 북서쪽에 위치한 옥스퍼드 시는 세계적인 명문 대학인 옥스퍼드 대학교가 있는 도시이다. 중세와 현대 건축물이 조화를 이루는 이 도시는 옥스퍼드 대학에서 공부하기를 희망하는 학생들과 부모들이 많이 견학을 오는 교육 도시이다.

옥스퍼드 대학교(University of Oxford) : 55명의 노벨상 수상자를 배출한 명문대학교로 1096년에 설립되었다. 1088년에 설립한 볼로냐 대학교에 이어 세계에서 두 번째로 오래된 대학이다. 옥스퍼드 대학교는 39개의 칼리지(college)와 6개의 홀, 여러 개의 학부로 이루어져 있다. 옥스퍼드 대학교에는 총장이 있지만 총장은 명예직으로 대학교의 실질적인 운영이나 행정 업무는 부총장 몫이다.

글로스터 대성당 : 우리에게 잘 알려진 21세기 베스트셀러 판타지 영화 〈해리포터〉의 촬영지는 영국 전역에 여러 장소가 있지만 그중에서도 옥스퍼드 시에 있는 글로스터 대성당이 영화 배경으로 선정되면서 많은 관광객들이 몰린다. 원래

이 성당은 1089년에 노르만 양식으로 기공하였지만 14세기 이후 개조를 여러 번 거치면서 현재는 고딕 양식의 특징을 갖춘 건축물로 바뀌었다.

리버풀(Livepool)

흑인 노예 무역의 메카이기도 했던 리버풀은 영국의 4인조 록 밴드 비틀즈가 이곳에서 결성된 점을 홍보하면서 종전의 산업 도시에서 관광 도시의 이미지로 바뀌기 시작했다.

▲ 비틀즈 동상

> **읽어두기**
>
> 펍(pub)은 영국에서 발달한 술집으로, Public House의 약자이다. 주로 맥주를 많이 마시지만 음료, 간식, 간단한 식사를 해결할 수 있는 대중적인 장소이다. 사람들과 쉽게 어울릴 수 있는 사교의 장이자 영국의 문화이다. 여행의 기회가 있을 때 한번 체험해 볼 만하다.

앨버트 독(Albert Dock) : 앨버트 독은 영국의 가장 훌륭한 19세기 건축물이다. 이곳은 대규모 창고와 유압 기중기를 이용하여 작업할 정도의 세계 최첨단 항구였으나, 무역의 상당 부분이 증기 기관 열차로 대체되면서 점점 쇠퇴하다 1920년 무렵 상업용 항구 기능을 사실상 상실한다. 그러나 1990년대에 쓸모가 없어진 옛 건물을 리모델링하여 세계적인 문화 명소로 탈바꿈시켜 오늘에 이른다.

▲ 앨버트 독

▲ 비틀즈 스토리

▲ 안필드 스타디움

비틀즈 스토리(Beatles Story) : 세계 음악사에서 큰 영향을 끼친 그룹 비틀즈는 1956년 존 레넌이 리버풀에서 결성한 고교밴드 쿼리맨이 전신이다. 비틀즈는 음악뿐만 아니라 정치, 사회, 문화적인 면에서 많은 업적을 남긴 그룹으로써 우리나라 사람들에게도 잘 알려질 정도로 유명했다. 필자는 요즘도 〈Yesterday〉, 〈Let it be〉 등의 비틀즈 노래를 혼자서 간혹 불러본다.

안필드 스타디움(Anfield Stadium) : 리버풀에 위치한 축구 경기장으로 1884년에 건설되었는데, 처음에는 에버턴 FC의 홈구장으로 사용되었으나 1892년부터 리버풀 FC의 홈구장으로 사용되고 있다. 이 스타디움은 유럽축구연맹에서 공인한 경기장이어서 국제 축구가 열리는 곳이기도 하다.

> 📖 **읽어두기**
>
> **영국의 프리미어 리그(Premier League)** : 1992년에 시작한 잉글랜드의 최상위 축구 리그로 프리미어 리그는 스페인의 라리가, 이탈리아의 세리에 A, 독일의 분데스리가, 프랑스의 리그 1과 함께 세계 5대 프로 축구 리그로 꼽힌다. 매 시즌은 8월부터 5월까지 진행되며 홈 앤드 어웨이 방식으로 20개 클럽이 각 38경기를 치른다. 최하위 3개 팀은 풋볼 리그 챔피언십으로 떨어지며, 풋볼 리그 챔피언십의 상위 2개 팀과 풋볼 리그 챔피언십의 3위에서 6위까지 겨룬 플레이오프의 승자 한 팀이 다음 해 프리미어리그로 올라오게 되는 시스템으로 운영된다.

에든버러(Edinburgh)

옛 스코틀랜드의 수도이며, 글래스고 다음으로 큰 도시이다. 정치, 문화, 교육, 관광의 중심지로 '북쪽의 아테네'라 불리며 2004년 유네스코 문학의 도시로 선정되었다. 주요 산업은 금융업과 관광업이다. 특히, 관광객을 런던 다음으로 많이 유치하여 해마다 1,300만 명이 이곳을 찾아온다.

에든버러 성(Edinburgh Castle) : 7세기 때 처음 건설된 에든버러 성은 캐슬 록이라는 바위산 위에 우뚝 세워진 요새로 한 번도 외지인에게 정복당한 적이 없다는 천혜의 요새이다. 에든버러 시내를 한눈에 바라 볼 수 있는 탁 트인 조망과 수많은 전설 때문인지 성은 에든버러의 상징이 되어 전 세계인의 사랑을 받고 있다.

▲ 에든버러 성

로열 마일(Royal Mile) : 중세 건물, 역사 유적, 쇼핑 센터, 박물관 및 다양한 먹

▲ 로열 마일

을거리로 유명한 로열 마일은 수백 년간 스코틀랜드 귀족들만 다녔던 약 1마일의 자갈길을 말하는데, 거리 단위인 마일이 여기에서 시작되었다고 한다. 에든버러 성에서 홀리루드 궁전까지 이어지는 1마일의 거리에는 옛 스코틀랜드의 과거가 고풍스럽게 남아있다.

에든버러 인터내셔널 페스티벌(Edinburgh International Festival of Art) : 8월에 3주 동안 클래식 음악, 오페라, 연극, 춤판이 열리는 축제로 1947년 제2차 세계대전 이후 전쟁의 상처를 치유하고 예술을 통한 단합과 문화 부흥을 위해 조직된 페스티벌이다. 전 세계 공연예술의 중추적인 역할을 해왔으며, 아비뇽 페스티벌, 퀘백 시티 썸머 페스티벌, 세르반티노 인터내셔널 페스티벌 등과 함께 세계 4대 주요 공연 예술 축제로 우리나라의 '난타, 점프' 등도 이곳 에든버러 인터내셔널 페스티벌에서 큰 주목을 받았다.

▲ 에든버러 인터내셔널 페스티벌

📖 읽어두기

런던 날씨의 특징은 흐리고 안개가 자주 끼며 비가 갑자기 내리는 경우가 많다. 그래서 항상 우산이나 우비를 챙겨 다니는 것이 좋다. 또한 현지인과 함께 사진 찍을 때 검지와 중지를 내밀며 브이(V)자를 표시하는 것은 피하는 것이 좋다. 영국이나 그 영향권 아래 있었던 나라들은 욕을 할 때 브이(V)자 표시를 하기 때문이다.

2 프랑스 문화

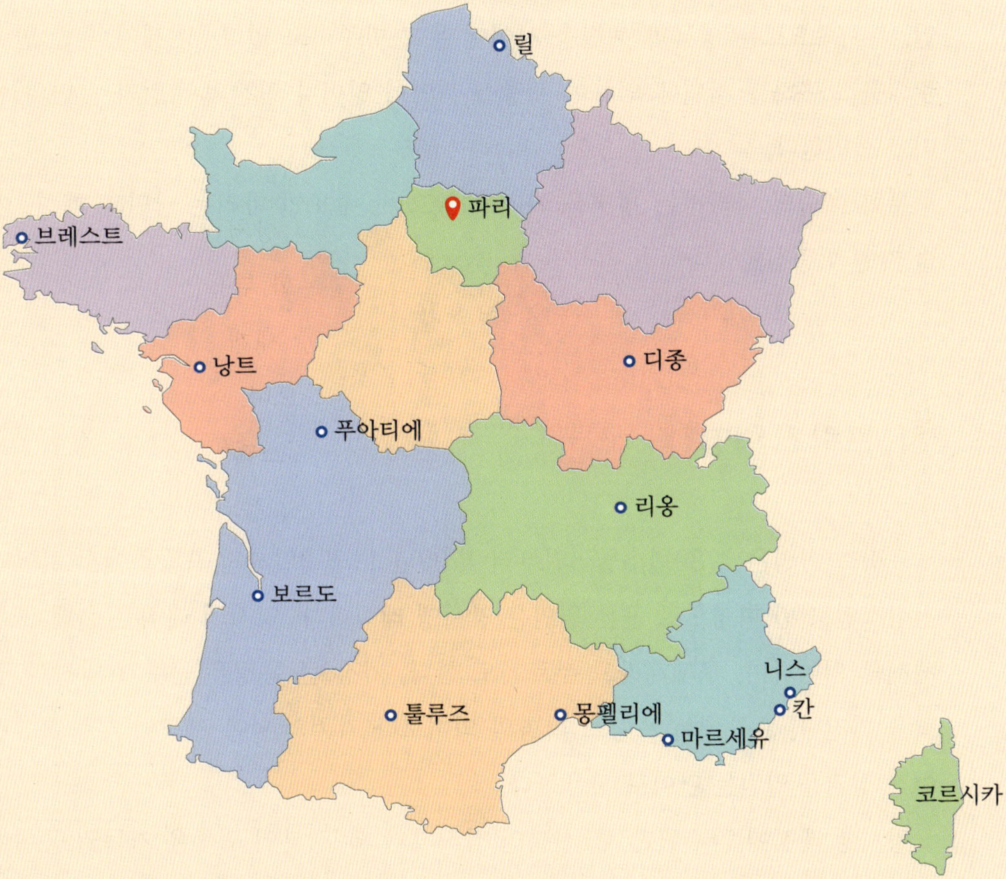

✦ 프랑스(France)

수도	파리	언어	프랑스어
인구	66,549,000명(KOSIS)	종교	가톨릭 84.1%, 이슬람 6.9%
면적	551,695km²	화폐	유로(EUR, €)
민족	골족(Gaul)	1인당 GDP	44,408$

프랑스의 정식 명칭은 프랑스 공화국(République française)이다. 서쪽의 대서양, 남쪽의 지중해, 북쪽의 북해와 접해 있다. 동쪽으로는 이탈리아, 스위스, 독일과 국경을 맞대고 있으며 북동쪽으로는 룩셈부르크, 벨기에, 남쪽으로는 스페인, 북서쪽으로는 영국과 해협을 사이에 두고 마주하고 있다. 18세기 후반 민주주의를 요구하는 시민에 의하여 프랑스 혁명이 일어나 인간의 존엄과 시민의 권리를 선언한다.

문화 예술의 나라라는 별명을 가지고 있으며, 수도인 파리는 낭만과 패션, 예술 자원의 중심지이다.

1. 프랑스 혁명

프랑스 혁명은 1789년 5월 5일부터 1799년 11월 9일까지 프랑스에서 일어난 전형적인 시민 혁명으로 근본 원인은 앙시앵 레짐이다. 앙시앵 레짐은 절대 군주체제를 의미하며, 구체제라고 부르기도 한다. 가장 큰 특징은 군주가 막강한 권력을 가진다. 요즘에는 프랑스 혁명의 의미보다 기존의 낡은 제도나 무능력했던 이전 정권을 일컫는 단어로 사용한다.

앙시앵 레짐에 안주했던 제1신분인 성직자와 제2신분인 귀족은 기득권 옹위에만 매달려 당시 프랑스 인구 2,700만 명 가운데 제1신분의 숫자는 10만 명 남짓했으나 국가의 땅 10%를 소유하였으며 40만 명 정도인 제2신분도 국토의 20%를 가지고 있었다. 막대한 땅을 가진 제1, 2신분은 세금을 내지 않고 부를 축적한 반면, 제3신분은 온갖 세금을 다 내면서도 정치에는 참여할 권리가 없었다.

제3신분에는 매우 부유한 사람부터 걸인에 이르기까지 다양한 계층이 있었는데, 그중 상공업과 금융업에 종사하는 사람들과 법률가, 의사 등 전문직에 종사하는 사람들, 즉 부르주아라고 불리는 시민 계급이 있었다. 부르주아는 원래 성

안의 사람이란 뜻이었으나 현대에는 자본가 계급을 뜻한다. 이들 부르주아의 재력과 재능은 사회 발전에 없어서는 안될 요인이 되었지만 그들은 평민 계층으로 귀족 계급 아래에 있었고 정권으로부터 철저히 배제되어 있었다. 이들은 구제도의 모순을 타파하고 자신들에게 적합한 새로운 사회를 건설하려 했다. 이런 불만은 계몽사상 때문에 더욱 커지게 된다. 계몽사상이란 18세기 유럽, 특히 프랑스가 중심이 되어 발전한 것으로 인류의 무한한 진보를 위하여 이성의 힘으로 현존 질서를 타파하고 사회를 개혁하려는 시대적인 사조로, 프랑스 혁명에 큰 영향을 미친 사상 운동이다.

프랑스 혁명의 주요 원인은 구제도의 모순에도 있었지만 직접적인 원인은 왕실의 재정 위기에 있었다. 재정 위기를 핑계로 절대 왕정에 타격을 가한 것은 귀족 계급이었다. 루이 14세부터 시작된 재정 위기는 루이 15세 때에도 크게 개선되지 않으면서 위기는 만성화되어 갔다. 루이 16세에 이르러 미국의 독립 전쟁(1775~1783년) 때 군사비를 지원한 것이 무리가 되어 왕실 재정의 결정적인 위기를 가져오게 된다. 결국 루이 16세는 세금을 면제 받았던 귀족과 성직자에게 세금을 거두어 국고를 채워 보려 했지만 귀족들은 반발했다.

세금을 거두려면 먼저 모든 신분의 대표자들이 회의를 하여 세금 동의를 받으라고 요구했다. 이른바 삼부회의를 거쳐서 결정하라는 것이었다. 1789년 5월 5일 루이 16세는 175년 만에 삼부회를 베르사유 궁전에서 열었다. 성직자 290명, 귀족 270명, 평민 585명의 대표가 참석하였다. 그러나 삼부회의 표결 방식을 두고 의견이 크게 엇갈린다. 이때 제3신분인 부르주아들은 1인당 1표씩 행사하는 것이 민주적이라 요구하지만 채택되지 않자 자신들이 국민의 98%를 대표한다고 주장하며 6월 17일에 별도로 국민 의회를 결성하여 자신들의 동의 없이 어떠한 세금도 징수할 수 없다고 선언한다. 루이 16세는 국민 의회의 해산을 명한 후 회의장을 폐쇄해 버린다. 1789년 6월 20일 국민 의회측은 테니스장으로 이동하여 헌법이 제정될 때까지는 국민 의회를 해산하지 않겠다며 이른바 테니스 코트 선서를 하게 된다. 이곳에 진보적 사고를 갖고 있던 로마 가톨릭 사제와 자유주의 귀족 47명이 합류 의사를 밝히자 루이 16세는 군대를 동원해 국민 의회를 해산시키려고 한다. 그러자 평민들은 국민 의회를 지키기 위한 마지막 항의 수단으로 직접 무기를 들고 행동에 나선다.

7월 14일 파리 민중들은 정치범 수용소 바스티유 감옥 습격 사건을 계기로 혁명의 회오리바람을 전국으로 확산시킨다. 전국의 각 도시에는 자치위원회가 구성되고, 농민들이 혁명에 동참한다. 결국 8월 4일 봉건제가 폐지되면서 영주제와 농노제 폐지, 개인적 예속의 폐지, 소득에 비례한 세금 납부 등 국민 의회의 개혁은 빠르게 진행되었다.

8월 26일에 인권 선언이 발표되면서 혁명이 지향하는 정의와 이념을 확고히 한다. 구체제의 모순을 바로잡고 시민 계급의 자유를 공표한 인권 선언은 헌법 제정을 위한 강령으로써 미국의 독립 혁명에서 영향을 받았다.

재정 적자와 엄청난 부채 문제를 해결하기 위해 성직자의 재산을 국유화하고, 국유 재산을 담보로 프랑스 혁명기의 토지 채권인 아시냐를 발행했다. 또한 길드와 같은 동업 조합을 폐지하고 내국 관세와 통행세를 폐기하므로 경제 활동의 자유와 자본주의의 발전을 도모했다.

혁명에 반발한 귀족과 성직자들 중 국외 망명자가 증가함에 따라 국왕이 의지할 국내 세력은 점차 약해져 갔다. 루이 16세는 왕비의 친정인 오스트리아로 피신할 계획으로 파리를 탈출한다. 그러나 국경 앞에서 민중들에게 발각되는 일이 발생한다. 이 사건으로 국왕을 아예 없애 버리고 프랑스를 공화정으로 만들어야 한다는 여론이 형성되기 시작했다.

1791년 9월 국민 의회는 절대 군주제를 폐지하고 정치 권력을 의회가 장악하는 입헌 군주제를 도입한다.

오스트리아, 프로이센, 영국, 러시아 등은 프랑스 혁명으로 탄생한 공화국을 심하게 반대했다. 특히, 오스트리아, 프로이센의 내정 간섭이 도를 넘을 정도가 되자 프랑스 혁명 정부가 먼저 선전 포고를 하며 전쟁을 시작하는데, 이 전쟁을 프랑스 혁명 전쟁이라고 한다. 그러나 프랑스군 장교들은 보수적인 귀족 계급으로 혁명 정부에 소극적이었다. 결국 전쟁이 발발하자 9,000명의 장교들 중 약 6,000명이 주변국으로 망명한다. 훈련과 경험이 부족한 상태로 충원된 의용병들은 전의를 상실한 상태로 희생될 수밖에 없었다.

▲ 프랑스 혁명

조국 프랑스가 위태롭다는 호소에 전국 각지로부터 의용군이 속속 파리로 몰려들었다. 조국애와 혁명열에 불탄 의용군은 우선 국내의 적을 타도해야 한다는 생각에서 왕궁을 습격한다. 이에 입법 의회는 왕권을 정지하고 왕족을 감금하는 한편, 새로운 헌법 제정을 위한 국민 공회의 소집을 결정했다. 1792년 9월 20일 프랑스 의용병은 잘 훈련된 프로이센군을 상대한 발미 전투에서 승리를 거두었고, 1792년 9월 22일 국민 공회는 왕정을 정식으로 폐지하고 공화제를 선포한다.

혁명 세력이 장악한 국민 공회는 혁명의 후퇴를 막고 혁명 성과를 공고히 하기 위해서 루이 16세를 혁명 재판에 회부했다. 1793년 1월 14일 국민 공회는 찬성 387, 반대 334로 루이 16세의 사형을 의결했지만 찬성 중 26표는 집행 유예를 검토해야 한다는 조건부였다. 진통 끝에 1월 18일 집행 유예에 대한 투표가 진행됐다. 찬성 380 대 반대 310으로 집행유예 없음이 의결되었기 때문에 사형이 확정되었다.

1793년 1월 21일 2만여 명의 시민이 지켜보는 가운데 루이 16세는 파리의 혁명 광장(현재 콩코드 광장) 단두대에서 처형되었다. 프랑스 혁명일은 7월 14일이다. 혁명의 발단이 된 바스티유 감옥 습격일인 1789년 7월 14일을 기리기 위해 그 이듬해 진행된 혁명 기념 축제가 프랑스 혁명일의 기원이 되었다.

2. 나폴레옹(Napoleon)

코르시카 출신의 나폴레옹(1769~1821)은 1779년 10세의 나이에 브리엔 유년학교에 입학했다. 브리엔 학교 입학은 기회였다. 전통 귀족이 몰락하던 시기 정부는 가난한 귀족의 자제들에게 무상 교육을 확대하는 정책을 펴기 시작할 때였다. 코르시카 출신이 쉽게 입학 할 수 없는 학교였지만 당시 코르시카 총독의 특별한 도움으로 입학의 기회를 잡을 수 있었다. 그 후 1784년 파리 육군사관학교에 입학하여 소위로 임관한 나폴레옹은 포병 장교로 부임하였다. 초임 장교 시절에는 두각을 나타내지는 못하다 1793년 왕당파가 프랑스 남부 툴롱에서 반란을 일으키자 나폴레옹은 이를 성공적으로 진압하며 군인으로는 최초로 무훈을 세웠다. 이후 그는 고속으로 진급하여 24세에 장군이 되었다. 당시 혁명 정부를 반대한 귀족 출신 장교들의 집단 망명으로 젊고 유능한 지휘관이 절대적으로 부족했던 시절이라 가능한 일이기도 했다.

프랑스 정치 파벌 중의 하나인 지롱드파를 숙청하고 집권한 자코뱅파의 수장인 로베스피에르는 혼란한 국내외의 문제 해결과 혁명 성과 등을 이유로 반혁명 세력과 반대파를 단두대로 보내며 공포의 독재 정치를 하게 된다. 이에 불만을 품은 반대파들이 1794년 7월 27일 반란을 일으켜 로베스피에르 일당을 처형하였다. 나폴레옹은 로베스피에르의 동생인 오귀스탱과 친분이 있다는 이유와 몇 가지의 혐의로 투옥되었지만 곧 석방되었다. 그러나 부당한 인사 발령에 항의하다 무급 상태가 되어 파리에서 궁핍한 생활을 하고 있을 때, 1795년 10월 5일 파리에서 폭동이 일어난다. 나폴레옹에게는 좋은 기회가 찾아온 것이다. 신속하게 폭동을 진압하면서 정부로부터 능력을 인정받아 파리의 치안을 담당하는 사령관이 된다.

1796년 나폴레옹의 나이 27세 때 이탈리아 원정군 사령관으로 발탁된다. 젊고 패기 있는 나폴레옹은 이탈리아 북구의 주요 도시를 차지한 후 오스트리아 빈까지 밀고 들어가 위협하자 오스트리아와 이탈리아는 프랑스에 굴복하여 협약을 맺는다.

혁명 정부는 나폴레옹의 인기가 높아지자 견제의 목적으로 이집트 파병을 명하자 1798년 나폴레옹은 5만여 명의 병력을 이끌고 이집트의 알렉산드리아 항에 상륙한다. 그는 두 달 만에 카이로에 입성하여 피라미드 전투를 승리로 이끈다.

그러나 영국의 호라시오 넬슨의 영국 함대에 의해 프랑스의 지중해 함대 주력이 패하여 나폴레옹과 이집트 원정군이 고립된다. 나폴레옹은 혁명 정부의 명령을 받지 않은 상태에서 이집트를 탈출하여 10월에 프랑스로 귀국한다. 이 행위는 탈영에 해당되었지만 프랑스 국민들은 무능한 혁명 정부 탓이라는 생각이 지배적이었다.

1799년 11월 나폴레옹은 혁명 정부의 온건파 수장인 시에예스의 쿠데타 제안을 받아들여 권력을 쟁취한다. 나폴레옹은 헌법을 만들고 초대 제1통령이 되는데, 이때 그의 나이가 겨우 30세였다. 주변의 영국 등과 평화 조약을 체결하고, 해외로 도망간 왕당파나 귀족들에게도 헌법을 준수한다면 재산 등을 돌려줄 것을 약속한다. 차츰 사회가 안정되자 나폴레옹은 1802년 국민 투표를 통해 종신통령이 되고, 2년 후 1804년 다시 국민 투표를 통해 프랑스 황제에 등극한다. 이른바 나폴레옹 1세가 된 것이다. 나폴레옹은 세금 제도와 행정 제도를 정비하고 동시에 산업 전반의 부흥에 힘을 쏟았다. 또한 법률을 정리하여 하나의 법전으로 통일시킨 나폴레옹 법전을 제정한다. 이 법전은 이후 유럽 각국의 법체계에도 상당한 영향을 미쳤다.

그는 망해 가는 프랑스 경제를 되살리고 프랑스 중앙 은행을 만들어 화폐 발행 남발을 엄격히 통제했다. 1803년 해외 식민지인 루이지애나를 헐값에 미국에 매각하고 매각 대금은 전쟁 비용으로 사용하였다.

프랑스 경제에 가장 큰 도움은 전쟁이었는데, 전쟁에 승리할 때 마다 점령지 약탈과 많은 전쟁 배상금까지 받았다. 유럽 대륙을 제패한 나폴레옹은 영국을 굴복시키기 위해 베를린 칙령을 발표하며 대륙 봉쇄를 단행했다.

▲ 나폴레옹

1810년 러시아가 대륙 봉쇄령을 지키지 않자 나폴레옹은 1812년 러시아 원정을 감행하지만 실패로 돌아간다. 이것을 계기로 다시 대 프랑스 동맹이 결성된다.

동맹군은 라이프치히에서 나폴레옹을 격파하고 그를 엘바 섬에 유배시킨다. 1815년에 나폴레옹은 섬을 탈출하여 재기를 노렸으나 워털루 전투에서 패하여 아프리카 앙골라 서쪽 대서양 한 가운데 있는 세인트헬레나 섬으로 유배된다. 이곳에서 나폴레옹은 1821년 5월 5일 52세를 일기로 사망한다.

나폴레옹은 가문이나 혈연이 아닌 능력 위주로 운영되는 관료제를 확립하고, 인재를 키워내기 위해 근대적 엘리트 육성 교육 제도인 그랑제콜 제도를 도입하였다는 업적이 있다.

프랑스에서는 나폴레옹을 국가의 영웅이라 칭송하는 사람들과 나라를 전쟁터로 만든 전쟁광이라 비난하는 사람들이 공존한다.

3. 프랑스의 대표 도시

파리(Paris)

프랑스의 수도인 파리는 그 이름만으로도 낭만이 느껴지는 예술과 패션뿐만 아니라 정치, 경제, 외교 및 오랜 역사가 만들어 낸 문화 등에서 큰 영향력을 가진 세계적인 도시이다.

에펠탑(Eiffel Tower) : 파리를 상징하는 에펠탑은 1889년에 프랑스 혁명 100주년 기념 파리 만국 박람회 때 세워진 조형물이다. 도시 미관을 훼손하는 흉물스럽고 추악한 철 구조물이라는 등의 비난이 있었으나, 지금은 매년 수백만 명의 관광객이 방문할 정도로 파리에서 빼놓을 수 없는 명물이 되었다.

루브르 박물관(Louvre Museum) : 파리의 중심가인 리볼리가에 있는 국립박물관이다. 1793년에 설립된 루브르 박물관은 원래 루브르 궁전을 개조한 것으로, 센강 주변을 포함하여 유네스코 세계문화유산으로 지정되어 있다. 레오나르도 다빈치의 〈모나리자〉를 비롯하여 61만점에 달하는 소장품을 보유하고 있다.

▲ 에펠탑

▲ 루브르 박물관

▲ 노트르담 사원

노트르담 사원(Notre Dame Cathedral) : 1163년에 착공해 182년 만인 1345년 완공된 노트르담 대성당은 프랑스 가톨릭 문화 유산의 최고봉이며, 프랑스 고딕 양식 건축물의 대표작이다. 나폴레옹 보나파르트의 대관식과 빅토르 위고의 소설 『파리의 노트르담』의 무대가 되기도 했다. 2019년 4월 15일 노트르담 대성당에서 일어난 화재로 큰 피해를 입었으나, 다행히도 성당의 가장 기본적인 골조와 정면 탑의 붕괴는 막았다. 재건 방식을 둘러싸고 논쟁이 뜨거웠으나 19세기 원형대로 복원한다는 원칙하에 공사를 진행했다. 그리고 2024년 12월 재개관했다.

에투알 개선문(Arc de Triomphe) : 우리에게 익숙한 에투알 개선문은 파리의 대표적인 랜드 마크로 샹젤리제 거리의 서쪽 끝에서 샤를 드골 광장 한복판에 위치

▲ 에투알 개선문

해 있다. 프랑스 혁명과 나폴레옹 전쟁 시기에 죽은 프랑스 병사들을 기리기 위하여 1836년 7월 26일에 지었다. 원형식 계단을 통해 개선문 옥상에 올라가면 에펠탑이 보인다.

▲ 몽마르뜨 언덕

몽마르뜨 언덕(Montmartre hill) : 루이 14세 시절부터 산(Mont)과 순교자 (Martyre)를 뜻하는 두 단어를 합하여 '순교자의 산', 몽마르뜨(Montmartre)라 불렀다. 속세의 형식적인 삶을 거부하고 진정한 자유를 꿈꾸는 가난한 화가와 시인들의 낭만적 고향인 몽마르뜨 언덕에는 언제나 관광객들의 발걸음이 끊이지 않는다.

마르세유(Marseille)

프랑스의 가장 오래된 지중해 연안의 항구 도시이다. 프랑스 해외 식민지의 무역이 진행되었던 곳으로 수백 명의 마르세유 출신 의용군이 프랑스 대혁명 때 파리로 진군하면서 불렀던 노래 '라 마르세예즈(La Marseillaise)'가 프랑스의 국가로 제정되었다는 자부심을 갖고 있는 도시이다.

노트르담 드 라 가르드 대성당(Basilique Notre Dame de la Garde) : 마르세유에서 가장 높은 곳에 위치하고 있어 도시 전체를 한 눈에 조망할 수 있으며, 신 비잔틴 양식으로 지어졌다. 성당 내부는 황금빛 종교화와 모자이크, 서로 다른 색깔의 대리석으로 아름답게 장식되어 있다.

▲ 노트르담 드 라 가르드 대성당

▲ 이프 성

이프 성(Chateau d'If) : 해상 침투를 막기 위한 요새로 1524년 프랑스의 르네상스를 이끌었던 프랑수와 1세 때 건설되었지만, 고도의 입지와 주변의 거센 파도가 죄수들의 탈옥을 어렵게 할 수 있다는 이유를 들어 17세기까지 수많은 정치범들을 가두는 악명 높은 감옥으로 이용되었다. 알렉산드르 뒤마의 소설 『몬테크리스토 백작』의 주인공이 수감되었다 탈출하는 배경지로 유명하다.

니스(Nice)

지중해 연안에 위치해 있는 항만 도시로 겨울에도 따뜻한 지중해성 기후와 맑고 푸른 바다를 자랑한다. 니스에는 샤갈 미술관과 '프롬나드 데 장글레'라고 부르는 긴 산책로가 있다.

샤갈 미술관(Chagall Museum) : 러시아 출신의 프랑스 화가 마르크 샤갈은 초현실주의 화가로 유명하다. 1966년 샤갈의 부부가 프랑스 정부에 기증한 17점을 시작으로 점점 많은 작품을 기증했다. 이 미술관에는 샤갈의 후기 작품을 전시하고 있는데, 주로 성서를 주제로 한 작품이 대부분이다. 샤갈 미술관은 1973년에 개관하였다.

▲ 샤갈 미술관

프롬나드 데 장글레(Promenade des Anglais) : '영국인의 산책로'라 부르는 프롬나드 데 장글레는 19세기 초 니스에 모여든 배고픈 사람들에게 일자리를 만들어주기 위해 영국인들이 기획한 산책로라

▲ 프롬나드 데 장글레

하여 붙여진 이름이다. 지중해를 따라 조성된 길이 7km의 산책로를 보기 위해 매년 400만 명 이상이 방문한다. 이곳에서는 니스 카니발이나 꽃 장식 퍼레이드 등 수많은 축제와 행사가 열린다.

칸(Cannes) : 세계적인 국제영화제가 열리는 칸은 니스 남쪽 지중해의 리비에라에 있는 휴양 도시이다. 한국의 봉준호 감독이 만든 영화〈기생충〉이 한국 영화 최초로 이곳 칸 영화제에서 황금종려상을 수상하였다. 연중 다양한 행사가 열리는 칸은 세계 각국의 스타들뿐만 아니라 수많은 여행객들이 즐겨 찾는 문화의 도시이다.

▲ 칸

읽어두기

프랑스 여행의 최고 시즌은 여름이다. 여름 세일이 7월 초에서 8월 말 사이에 진행되므로 알아두는 것이 좋다. 또한 유럽은 대부분의 화장실이 유료이다. 필자는 수십 개의 나라를 여행해 보았지만 우리나라처럼 공중 화장실이 깨끗하고 휴지까지 무료인 나라를 본 기억이 없다.

3 독일 문화

✦ **독일(Germany)**

수도	베를린	언어	독일어
인구	84,552,000명(KOSIS)	종교	개신교 30.8%, 구교 31.5%, 이슬람교 4%
면적	357,114km²	화폐	유로(EUR, €)
민족	게르만족 91.5%, 터키인 2.4%	1인당 GDP	51,040$

국가의 정식 명칭은 독일 연방 공화국(Bundesrepublik Deutschland)이며, 유럽 연합(EU) 회원국 중 인구가 가장 많은 독일은 북쪽으로 발트 해와 북해, 남쪽으로 알프스 산맥 사이에 위치하여 많은 나라와 국경을 접하고 있다. 1866년 8월 18일 프로이센이 주도하는 북독일 연방이 수립되고 프랑스와의 전쟁을 통해 1871년 독일 제국이 세워진다.

2차 세계 대전의 패배로 독일은 소련군이 진주한 동독과 서방 연합군이 진주한 서독으로 나뉘어 분할 통치되다가 1990년 10월 3일 분단되었던 독일이 하나의 국가로 통일되었다.

1. 맥주 문화

독일이 맥주가 발달한 이유는 토양이 석회암으로 이루어져 있어 수질이 식수로 사용하기에는 부적합했기 때문이다. 정부는 맥주의 지속적인 품질을 유지하기 위해 1516년에 맥주의 주조와 비율에 관해서 명시한 맥주 순수령을 발표한다. 여기에는 호프, 맥아, 물 등 3가지 성분만으로 맥주를 제조하여야 한다고 명시하였다.

1906년부터 독일 전역에 맥주 순수령이 적용되면서 양조장들은 일정한 품질의 맥주를 생산하는 데 유리한 강점을 가지게 된다. 2016년 열린 맥주 순수령 500주년 기념식에는 앙겔라 메르켈 총리도 참석하여 맥주를 마실 정도로 맥주에 대한 독일인들의 자부심은 매우 강하다.

옥토버페스트(Oktoberfest)는 전설적인 맥주 축제로 뮌헨에서 개최된다. 세계 3대 축제 중 하나인 이 축제는 매년 9월 15일 이후의 첫째 토요일부터 10월 첫째 일요일까지 지속된다.

옥토버페스트가 맥주 축제가 된 이유는 1880년 바이에른 지역에는 맥주 출하 시기가 정해져 있었다. 그러나 여러 가지 이유로 출하하지 못하고 남은 맥주를 소진하기 위해 축제를 열었는데, 이것이 성공하면서 옥토버페스트 축제의 기원이 되었다.

축제의 시작은 뮌헨 시장이 맥주 통을 열면서 "맥주 통이 열렸다(O'zapft is!)"라고 외치면 축포가 터지고 축제가 시작된다. 옥토버페스트는 무려 200년이 넘는 전통을 가진 축제이다.

축구의 나라 독일에는 분데스리가가 있다. 총 18개 팀이 참가하는 독일의 최상위 프로 축구 리그로 유럽을 대표하는 축구 명문 리그 중 하나이다. 대표적인 팀으로는 FC 바이에른 뮌헨이 있다.

독일은 축구와 맥주가 절묘한 조합을 이루며 오랜 세월 동안 독일인의 문화에 상당한 영향을 미쳤다. 예를 들어 바이에른 뮌헨은 300년 역사를 가진 맥주 회사 파울라너와 오랜 스폰서십 계약을 맺고 있어 바이에른 팀이 우승 세리머니를 할 때 이 회사는 독일 전통 의상인 반바지를 입고 커다란 맥주잔을 들어 올린다는 재미있는 이야기도 있다. 이처럼 축구와 맥주는 독일인의 일상이고 자부심이다.

2. 라인 강의 기적

2차 세계 대전 종결 이후 폐허가 된 서독은 아데나워 정부의 경제 정책과 미국의 마셜 플랜을 통한 원조에 힘입어 1950년대부터 급속한 경제 성장을 이룬다. 이를 '라인 강의 기적'이라 부른다. 서독은 숙련된 노동력과 기술력을 보유했지만 전쟁으로 인해 산업 기반의 파괴와 자본이 고갈되면서 아무것도 할 수가 없는 처지가 되었다. 여기에 연합군 군정의 가격 통제로 인해 서독의 경제는 회복 불가능한 상태가 되었다. 나치즘이 끝나고 독일 사회가 가야 할 방향을 정확하게 제시한 발터 오이켄과 당시 자유주의자였던 루트비히 에르하르트가 독일 경제를 맡게 되었다. 통화 개혁과 중앙 은행의 독립, 가격 규제 철폐 등을 성공적으로 완수하고,

라이히스마르크 대신에 독일 마르크를 도입하면서 인플레이션도 진정되기 시작했다.

독일은 1차 세계 대전과 2차 세계 대전의 뼈아픈 역사를 경험하면서 배운 것으로 국민 모두가 풍요롭게 사는 나라를 만들고자 하는 것이 목표가 되었다. 자유와 경쟁을 최고의 가치로 두고 연대와 협력을 실천하는 사회 경제 시스템을 구축한 것이다.

2차 세계 대전이 끝나고 1973년 오일 쇼크 이전까지의 시기를 자본주의의 황금기라 한다면 이 무렵 독일도 아데나워 정부의 경제 정책으로 역사상 전례 없는 경제 부흥을 이루었다. 이것은 단순한 경제 회복이 아닌 기적이었다. 서독의 경제 복구와 부흥을 가능하게 만든 중요한 요소는 정부의 적극적인 경제 철학과 지원 그리고 국민들의 의지가 있었기 때문이다.

3. 독일의 대표 도시

베를린(Berlin)

통일된 독일의 수도이자 아픈 역사의 흔적이 남아있는 베를린은 정치, 경제, 과학, 문화의 중심지로 유럽 연합에서 가장 인구가 많은 도시이다. 분단국가의 기억 때문인지 우리에게는 더욱 남다른 느낌으로 다가온다. 제2차 세계 대전 후 독일이 양분되면서 베를린도 동베를린과 서베를린으로 나누어지게

▲ 베를린 장벽

▲ 브란덴부르크 문

▲ 체크포인트 찰리

된다. 이후 동베를린은 동독(독일 민주 공화국)의 수도로 지정되지만 동독에 둘러싸여 있는 서베를린은 서독(독일 연방 공화국) 본토에서 떨어져 있어 수도의 역할을 본에게 내어주고 말았다.

브란덴부르크 문(Brandenburger Tor) : 1791년 완공된 브란덴부르크 문은 프로이센의 국력을 과시할 목적으로 지어졌다. 프리드리히 빌헬름 2세의 명에 의하여 건설된 이 건축물은 아테네의 아크로폴리스 정문을 모델로 하여 지어진 신고전주의 양식이다. 냉전시대를 거치면서 방치되었지만 1989년 베를린 장벽이 무너지면서 동서독의 정상이 브란덴부르크 문을 통해 만나면서 이 문은 분단이 아닌 통일의 상징이 되었다.

체크포인트 찰리(Checkpoint Charlie) : 냉전으로 인해 분단된 동베를린과 서베를린의 경계에 있던 유일한 국경 검문소였다. 현재 이 검문소 옆에 체크포인트 찰리 박물관을 세워 냉전시대의 역사를 재현해 놓았다.

프랑크푸르트(Franfurt)

독일의 행정 수도는 베를린이지만, 경제의 수도는 프랑크푸르트라 할 만큼 독일 경제의 중심 도시이다. 유럽 중앙 은행과 프랑크푸르트 증권 거래소가 있는 이

▲ 뢰머 광장　　　　　　　　　　　▲ 괴테하우스

도시를 영국의 런던과 함께 유럽의 금융 허브라 부른다. 도시의 정식 명칭은 프랑크푸르트 암 마인(Frankfurt am Main)이다.

뢰머 광장(Roemer Square) : 뢰머 광장의 뢰머는 로마인을 뜻한다. 고대 로마군이 이곳에 주둔한 탓에 로마인들이 많이 살았다하여 붙여진 이름이다. 구시가지 중앙에 있는 뢰머 광장은 프랑크푸르트의 랜드마크이며, 광장을 중심으로 프랑크푸르트 대성당과 시청사 등 역사적인 건축물이 있다.

괴테하우스(Goethe House) : 1749년 8월 28일 괴테는 이곳에서 태어났다. 그의 정식 이름은 요한 볼프강 폰 괴테이다. 독일 고전주의 대표 작가로 그의 대표작『젊은 베르테르의 슬픔』과『파우스트』가 이곳에서 만들어졌다. 특히 괴테의 나이 26세 때 쓴『젊은 베르테르의 슬픔』은 이곳 자신의 방에서 단 4주 만에 원고 집필을 완성한 것으로 알려져 있다.

뮌헨(München)

독일의 남부 바이에른 주의 최대 도시 뮌헨은 알프스 북부의 이자르 강가에 위치하고 있으며 다양한 양식의 건축물들이 고풍스럽고 이색적이다. 자동차, 기계, 전기 등의 공업이 발달된 이곳은 철도 교통의 중심이며, 독일 최대의 맥주 축제인

3. 독일 문화　41

▲ 마리엔 광장

옥토버페스트로 유명하다.

마리엔 광장(Marienplatz) : 뮌헨의 중심이라 할 수 있는 이 광장에는 막시밀리언 황제가 세운 마리아의 탑이 있다. 광장의 동쪽에는 구시청사가 있고 북쪽에는 뮌헨의 랜드마크인 네오고딕 양식의 신시청사가 있다. 이 신시청사 건물의 뾰족한 첨탑에서 펼쳐지는 인형극은 세계적으로 유명하다.

호프브로이하우스(Hofbräuhaus) : 바이에른 왕실의 지정 양조장이며, 세계에서 가장 유명한 맥주 집으로 2천 명 이상이 들어갈 수 있는 커다란 홀에 전통의상을 차려 입은 종업원들이 안내를 한다. 과거 히틀러가 나치스의 전신인 노동자 집회를 이곳에서 열었다고 한다. 호프브로이하우스의 대표적인 상품은 델리케이터라고 하는 조금 독한 맥주로 하루 판매량이 1만 리터에 이른다고 한다.

▲ 호프브로이하우스

노이슈반슈타인 성(Neuschwanstein Castle) : 바이에른의 왕 루트비히 2세가 지은 성으로 로마네스크 양식이다. 신백조석성(新白鳥石城)을 의미하며 신비롭고 마법 같은 분위기에 동화의 나라처럼 아름다운 이 성은 루트비히 2세가 애정을 가지고 지었지만 실제로 본인이 이곳에 머문 기간은 며칠에 불과하였다.

▲ 노이슈반슈타인 성

함부르크(Hamburg)

함부르크는 독일 제2의 항구 도시이다. 우리나라의 부산이라 이해하면 된다. 유럽에서 가장 크고 붐비는 항구이며, 독일에서 1인당 소득이 가장 많은 부촌이다. 전 세계인이 즐겨먹는 음식 햄버거(Hamburger)의 어원이 된 도시다.

슈파이허슈타트(Speicherstadt) : 창고 시설로는 세계에서 규모가 가장 큰 건물 군집이다. 창고로 사용하기 위해 엘베강에 있는 몇 개의 작은 섬들 위에 지어졌으

▲ 슈파이허슈타트

▲ 함부르크 시청사

▲ 엘필하모니

나 2차 세계 대전 때 손상된 것을 재건하였다. 2015년 유네스코 세계유산에 등재되었다.

함부르크 시청사(Hamburg city hall) : 함부르크 도심에 자리 잡고 있는 신 르네상스식 시청사 건물은 1897년에 지어졌다. 이 건물은 높이 112m의 시계탑과 건물 외부에 새겨진 정교한 조각과 내부의 아름다운 장식이 여행객의 눈길을 끈다.

엘필하모니(Elbphilharmonie) : 함부르크에서 가장 높고 현대적인 건물이다. 흔히 '엘피(elphi)'라고 불리는 이 건물은 바다의 전망이 한눈에 보이는 콘서트 장으로 2017년에 완공되었다. 수용 인원이 2,000명 정도되는 이 콘서트 장은 건물 자체가 굉장히 웅장하고 아름답다.

읽어두기

독일을 여행할 때 주의할 점 : 교통신호와 표지판이 없는 교차로에서는 항상 우측에서 진입하는 차량에게 우선권이 있으므로 운전 시 조심하여야 한다. 또한 아우토반(Autobahn)을 운전할 때 속도가 무제한이기는 하지만 구간에 따라서 속도 제한 구간이 있으니 조심하여야 하며 1차선은 추월차선으로 위반 시에는 과태료가 부과된다.

4 오스트리아 문화

✦ **오스트리아 공화국(Republic of Austria)**

수도	빈	언어	독일어
인구	9,121,000명(KOSIS)	종교	가톨릭 52.5%, 개신교 3.8%, 이슬람 8.3%
면적	83,879km²	화폐	유로(EUR, €)
민족	오스트리아계 81%	1인당 GDP	53,371$

정식 명칭은 오스트리아 공화국이며, 유럽 대륙 중앙에 위치하고 있다. 1156년 바벤베르크 가문의 공국으로 건국되었지만 13세기 말부터 합스부르크 가문의 지배를 받게 된다. 세력을 확장한 합스부르크 가문은 1452년부터 신성 로마 제국의 황제를 배출하기 시작하면서 사실상 신성 로마 제국을 통치한다. 그 후 제1차 세계 대전에 참전하였지만 패배하여 왕가와 제국이 해체되고 연방 공화국이 되었다.

1938년에 오스트리아 출신의 아돌프 히틀러가 독일의 지도자가 된 후 오스트리아를 나치 독일에 합병시켰다. 그러나 제2차 세계 대전에서 나치 독일이 패배하자 오스트리아는 독일과 비슷하게 미국, 영국, 프랑스, 소련에 의해 분할 통치 당하는 시기를 겪지만 1955년 들어 연합국의 군대가 오스트리아에서 완전히 철수하자 그 해 10월 26일에 오스트리아 의회는 영세 중립국 결의안을 통과시켜 독립 주권을 회복한다. 오스트리아는 이날을 국가 기념일로 지정하고 있다

1. 합스부르크 가문

합스부르크 가문은 10세기까지만 해도 알프스 산맥 언저리에 모여 살던 시골 귀족 가문이었으나 세력을 확장하면서 13세기부터 20세기 초까지 오스트리아를 거점으로 중부 유럽의 패권을 휘어잡으며 신성 로마 제국의 제위를 세습한 근세 유럽에서 보기 드문 황제 가문이다.

신성 로마 제국은 1256년부터 황제의 추대가 제대로 이루어지지 않고 있었다. 이를 대공위 시대라 하는데, 약 20년간 황제를 선출하지 못하여 혼란한 상황이 이어졌다.

교황 그레고리오 1세는 1273년 공석이었던 황제를 뽑기 위해 프랑크푸르트 선제회의를 요청한다. 이 회의에서 합스부르크가의 루돌프 1세를 황제로 선출하게 되는데, 그가 바로 600년 넘게 신성 로마 제국과 이후 등장한 오스트리아-헝가

리 제국을 다스린 합스부르크 가문의 첫 번째 황제였다.

　합스부르크 가문이 대제국으로 성장하는 과정을 보면 피를 흘리는 전쟁보다 혼인을 이용하여 통합을 이루는 경우가 많았다. 당시 왕가와 귀족들의 혼인은 대부분 가문의 이해 관계에 따라 배우자를 결정하는 정략 결혼 형태가 주였다. 합스부르크 가문의 막시밀리안 1세는 1477년 부르고뉴 공작의 무남독녀 마리 드 부르고뉴와 결혼하여 오늘날의 네덜란드 및 벨기에 지방을 합스부르크의 영토에 편입시켰으며, 1498년 아들 펠리페 1세를 스페인의 공주 후아나와 결혼시켜 스페인 통치의 근거를 마련하였다. 특히 막시밀리안 1세의 손자인 카를 5세는 이른바 결혼 정책의 가장 큰 수혜자로 합스부르크 가문의 수장이자 신성 로마 제국의 황제이며 스페인의 국왕과 이탈리아의 군주가 되어 거대한 영토를 지배하게 된다. 그러나 프랑스 대혁명 이후 합스부르크 가문의 신성 로마 제국은 1806년 프랑스의 나폴레옹 군대에게 참패를 당하면서 해체된다.

　사실 합스부르크 가문의 정략 결혼 정책은 크게 성공하여 무려 600년이나 그 힘을 발휘했다. 신성 로마 제국 황제는 적대적 관계인 프랑스를 제외하고 유럽 전역을 지배하다시피했다. 그들은 나라를 통치하는 국왕이기에 앞서 위대한 합스부르크 가문의 혈통을 이어받은 후손들로서 자신들의 가문에 충성할 수밖에 없었다. 일부 학설에는 합스부르크 가문은 권력유지를 위해 수십, 수백 년간 근친혼을 권장하였고 그 결과 유전자가 병들어 패망하였다고 한다.

2. 오스트리아의 대표 도시

빈(Vienna)

　빈은 오스트리아의 수도이며 영어로 비엔나라 부른다. 유럽 예술의 중심지답게 사계절 내내 음악 소리가 끊이지 않는 클래식 음악의 고향이다. 기후가 온난하여 거리의 가로수가 울창하게 잘 가꾸어져 있으며 도나우 강이 도시를 관통하고

▲ 쇤브룬 궁전

있어 환경과 치안 상태가 양호하고 교통 체증도 심하지 않아 세계에서 가장 살기 좋은 도시 중 하나로 평가 받기도 한다.

쇤브룬 궁전(Schönbrunn Palace) : 아름다운 샘이라는 뜻을 가진 쇤브룬 궁전은 1996년 유네스코 세계문화유산에 등재되었다. 이 궁전은 오스트리아에서 가장 큰 궁전이다. 합스부르크 왕가의 여름 별궁으로 바람이 잘 통하는 장소에 위치하고 있다. 구조는 바로크 형식이며, 현재 1,400여 개의 방 중에 40개의 방이 공개 중이다.

▲ 슈테판 대성당

슈테판 대성당(Stephen's Cathedral) : 빈의 심장부인 슈테판 광장에 자리 잡고 있는 대성당이다. 이 성당은 1147년에 로마네스크 양식으로 건축을 시작하였지만 화재 등으로 인해 수차례 보수되거나 재건되었다. 1359년 합스부르크 왕가가 로마네스크 양식의 성당을 헐어버리고 지금의 오스트리아 최대의 고딕 양식 건물로 개축하였다. 1782년 음악가 모차르트가 이곳에서 결혼식을 올렸지만 9년 뒤인 1791년에 이곳에서 장례식을 치른다.

호프부르크(Hofburg) 왕궁 : 13세기에 건축된 합스부르크 왕가의 왕궁으로 구왕궁과 신왕궁으로 구분된다. 신성 로마 제국과 오스트리아-헝가리 제국의 궁전으로 사용된 호프부르크 왕궁은 오랜 세월 여러 구역을 증축하여 르네상스, 바로크, 신고딕 등의 양식이 섞여 있지만 건물 간의 조화가 돋보인다. 현재 일부 공간을 대통령 관저로 사용하고 있다.

▲ 호프부르크 왕궁

잘츠부르크(Salzburg)

잘츠부르크는 다양한 역사가 살아 숨 쉬는 도시로, 모차르트의 고향이자 영화 사운드 오브 뮤직의 실제 촬영지로 유명하다. 잘츠부르크는 바로크 양식의 건축물이 잘 보존된 도시다. 1996년 잘츠부르크 역사지구가 유네스코 세계문화유산에 등재되어 있으며, 특히 잘츠부르크 페스티벌은 세계적으로 유명한 음악 축제이다.

호헨잘츠부르크 성(Festung Hohensalzburg) : 해발 542m 산 위에 세워진 웅장한 요새 호헨잘츠부르크 성은 11세기 후반 로마 교황과 신성 로마 제국 황제가 주교 서임권을 두고 다툼을 벌이고 있을 무렵 교황 측의 게브하르트 대주교가 남부 독일의 침략에 대비하여 이 성을 축조하였다. 유럽에서 규모가 가장 크고 보존이 잘 된 성채로, 이곳 전망대에서는 시내를 한눈에 내려다 볼 수 있다.

▲ 호헨잘츠부르크 성

 ▲ 미라벨 궁전과 정원
 ▲ 모차르트 생가

미라벨 궁전과 정원(Mirabell Palace & Garden) : 잘츠부르크 신시가지에 있는 바로크 양식의 궁전으로, 1606년 대주교 볼프 디트리히가 그의 부인과 15명의 자식들을 위해 지었다. 이 궁전은 그가 실각한 이후에도 대주교의 별궁으로 사용되었으며, 1950년부터는 시청이 이곳에 들어가 있다.

모차르트 생가(Mozart's Birthplace) : 오스트리아의 천재 음악가 볼프강 아마데우스 모차르트가 1756년에 태어나 17살까지 살았던 집이다. 이집에는 모차르트가 어릴 때 사용했던 침대나 생활용품, 손때 묻은 악기, 자필 악보 등이 전시되어 있다. 생가 주변의 거리는 무척 화려하며 가게에서 판매하는 상품에는 모차르트의 모습이 새겨져 있어 흥미롭다.

인스브루크(Innsbruck)

해발 574m 높이에 형성된 인스브루크는 로마 시대부터 동부 알프스의 교통 요지로 성장하였다. 알프스의 아름다운 풍경과 경치가 여행객을 부르는 이 도시는 서유럽에서 가장 인기 있는 겨울 스포츠 관광지이다. 1964년과 1976년에 동계올림픽이 개최된 도시이기도 하다. 참고로, 같은 도시에서 2회 이상 동계올림픽을 개최한 도시는 전 세계 세 곳뿐이다.

▲ 황금 지붕

▲ 하펠레카르슈피츠

황금 지붕(Golden roof) : 건물의 발코니를 덮고 있는 지붕에 금박을 입힌 동판 2,700여 개가 올라가 있다. 처음 티롤의 지배자들이 거주를 목적으로 지은 성이었지만 황제 막시밀리안 1세가 1497년에 개조하여 발코니를 만들고 그 위에 황금 지붕을 얹었다. 황제는 이 발코니에 앉아 넓은 광장에서 펼쳐지는 각종 공연을 관람했다. 발코니에는 막시밀리안 1세와 두 아내, 무희들의 모습 등이 부조되어 있다.

하펠레카르슈피츠(Hafelekarspitze) : 하펠레카르슈피츠는 노르트케테 산맥의 산봉우리로 높이는 해발 2,334m이다. 정상에 올라가면 눈 덮인 알프스의 웅장한 고봉과 인스부르크 시내를 한눈에 감상할 수 있으며, 자연 경관을 즐기기 위해 계절을 가리지 않고 많은 여행객들이 찾아온다.

> **읽어두기**
>
> 오스트리아에서는 2017년 10월부터 베일금지법이 시행되고 있어 대중교통이나 공공장소에서 얼굴을 가리는 것을 금지한다. 베일금지법은 오스트리아에 체류 중인 모든 사람들에게 적용되므로 경찰이 요청할 때에는 얼굴을 보여주어야 한다.

5 스페인 문화

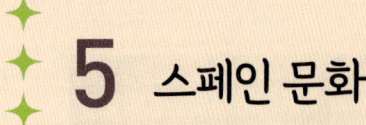

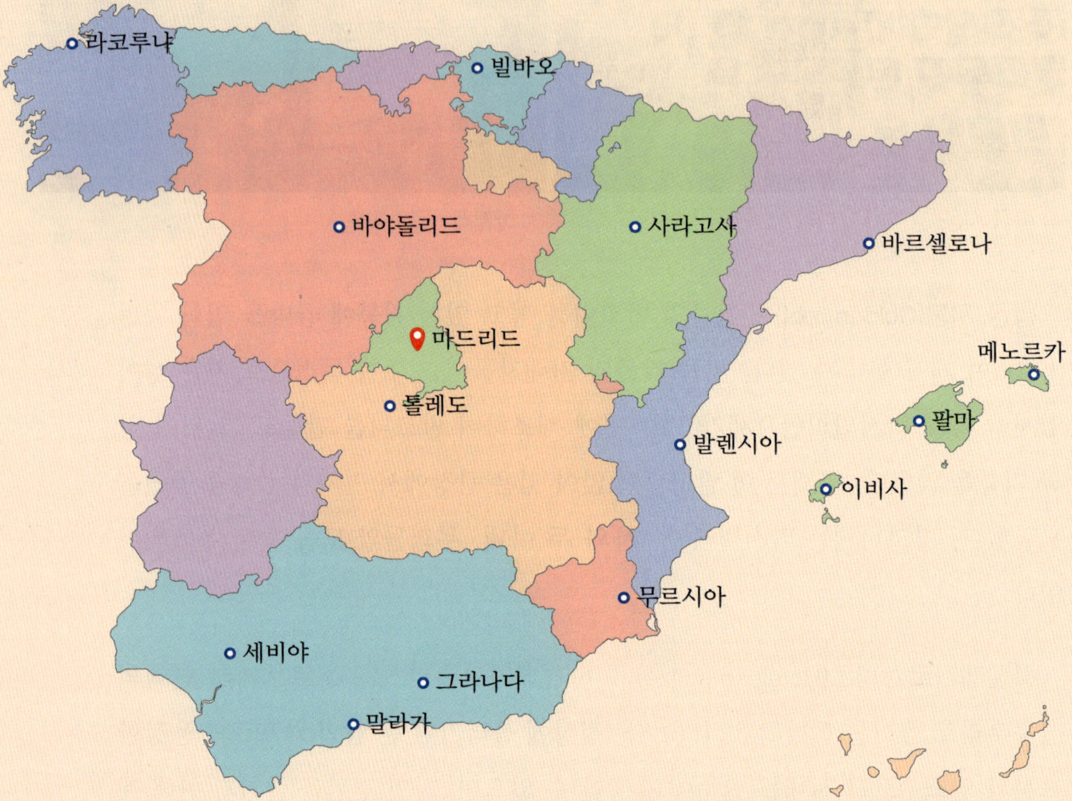

✦ **스페인 왕국(Kingdom of Spain)**

수도	마드리드	언어	스페인어
인구	47,911,000명(KOSIS)	종교	가톨릭 60%
면적	505,370km²	화폐	유로(EUR, €)
민족	라틴족	1인당 GDP	30,157$

정식 명칭은 스페인 왕국이다. 남유럽의 이베리아 반도에 위치하며 서쪽은 포르투칼, 북쪽은 프랑스, 남쪽은 아프리카 모로코와 국경을 마주하고 있으며, 몇 개의 섬 등을 포함하고 있다. 스페인은 전성기 시절 무적함대로 대표되는 강력한 해양 국가였으나 18세기 초부터 시작된 프랑스의 침공으로 스페인의 국력은 힘을 잃게 된다. 이후 19세기 들어 나폴레옹의 침입과 라틴아메리카 식민지국 독립으로 국력을 상당부분 상실하게 되면서 큰 경제 위기를 겪는다. 1931년 스페인 제2공화국이 들어서고 나치 독일과 파시스트 이탈리아의 지원을 받은 프란시스코 프랑코의 지독한 독재 정치를 겪지만 1975년 11월 그가 죽자 스페인 왕정이 복고되어 황태자가 국왕에 즉위하였고, 2014년에 아들에게 양위하고 물러난 국왕 후안 카롤로스 1세의 결단으로 스페인은 입헌군주제에 기반한 민주주의가 시작되었다.

1. 무적함대

콜럼버스는 스페인 여왕 이사벨 1세의 후원으로 1492년 8월에 산타마리아호, 핀타호, 니냐호 등 3척의 배에 90명의 선원을 태우고 스페인의 팔로스 항구를 출발하였다. 향신료와 비단을 구하기 위해 아시아로 가는 항로를 찾기만 한다면 엄청난 부를 챙길 수 있다는 확신으로 막대한 비용이 드는 모험을 시작한 그는 서쪽 바다로 배를 몰아가기 시작했다. 열악한 조건을 이겨내며 오랜 항해 끝에 육지를 발견하는데, 그곳이 지금의 산살바도르이다. 콜럼버스는 이 아름다운 곳을 아시아 대륙 인도라 생각했다. 이 때문에 아직까지 이곳을 서인도 제도라 부른다. 참고로 그 당시 세계 지도에는 아메리카 대륙이 없었다.

아메리카에 식민지를 건설하던 1500년대 초반까지는 스페인이 아메리카에서 얻을 수 있는 것이 별로 없었지만 1545년 잉카 제국의 포토시(Potosi)에서 은광이 발견되면서 스페인은 막대한 재화를 벌어들인다. 부강해진 스페인은 1571년

레판토 해전에서 오스만 제국을 물리치고 무적함대라는 영광된 별명을 얻게 된다. 그러나 오스만 제국의 해군은 곧 지중해의 패권을 회복하게 된다. 스페인은 잠시나마 지중해의 최강국으로 군림하는 영광을 누렸다.

스페인은 16세기에서 17세기 중반까지 150년간 유럽에서 가장 넓은 해외 영토를 지배한 국가였다.

> 📖 **읽어두기**
>
> 포토시(Potosi)의 은광은 정복자 스페인에게는 소중한 자산이었지만 원주민에게는 기억하고 싶지 않은 고통의 장소였다. 은을 얻으려면 모래에서 채굴되는 사금과 달리 단단한 광석을 캐낸 후 화덕에 끓여야 하는데, 이때 기화된 수은이 화덕 천장에 달라붙게 된다. 이것을 긁어모아 은으로 가공하는데, 이때 식지 않은 화덕의 수증기를 얼굴에 쐰 작업자는 수은 중독으로 사망하게 되었다. 또한 포토시의 은광산은 도로가 없는 높은 산에 있었기 때문에 채굴한 은광석과 장비 등은 원주민들의 혹독한 노동력 없이는 이동이 불가능했다.
>
> 은광이 발견된 후 이곳에는 스페인 사람들과 원주민인 인디언들이 몰려들었다. 몇 년 지나지 않아 포토시에는 임시 야영지가 만들어지고 인구가 10만 명 이상으로 늘어났다.
>
> 프랑스를 제외한 서유럽 전역과 대서양 건너 아메리카 대륙의 상당 부분을 지배했던 제국의 왕 카를 5세는 포토시를 제국의 도시(imperial city)라고 불렀다.

2. 스페인의 대표 도시

마드리드(Madrid)

마드리드는 스페인의 수도로써 정치, 경제, 문화, 예술의 중심이며 만사나레스 강을 끼고 있다. 현대적 인프라와 역사적인 거리를 간직한 마드리드는 1561년 펠리페 2세가 수도로 지정 하면서 발전하기 시작한다. 마드리드는 해발 640m 높이의 메세타 고원에 위치하며 주변은 높은 산들로 둘러싸여 있다.

마드리드 왕궁(Madrid Royal Palace) : 오리엔테 궁전이라 불리는 이 왕궁은 스페인 왕실의 공식 거처이지만 국가적인 행사가 있을 때에만 사용하고 있으며, 행사가 없는 평소에는 일반에게 일부를 공개하고 있다. 9세기 무렵 이슬람의 성곽이 있던 자리에 세워진 이 왕궁은 펠레페 2세가 마드리드로 수도를 옮기면서 왕궁으로 사용하였다. 1734년 크리스마스 이브에 화재로 소실된 것을 1764년에 지금의 모습으로 완성하였다.

▲ 마드리드 왕궁

마요르 광장(Plaza Mayor) : 유럽에서 규모가 가장 큰 마요르 광장은 여행객들과 지역주민들이 많이 찾는 분주한 광장으로 주말에는 이곳에서 골동품을 판매하기도 한다. 마요르 광장에서는 공공 행사나 가면무도회, 투우, 왕실의 결혼식이 열리기도 했지만, 종교 재판이 성행하던 시절 이단자나 큰 죄를 지은 자를 공개 처형했던 장소이기도 하다.

▲ 마요르 광장

산 미구엘 시장(Mercado San Miguel) : 과거부터 있었던 재래시장에 1916년에 전통시장을 만들었다. 2009년부터 오래되어 불편하고 낡은 곳을 대대적으로 리모델링하여 새로 오픈한 산 미구엘 시장에는 신선한 과일이나 식재료가 즐비하고

▲ 산 미구엘 시장

간단한 식사나 음료를 즐길 수 있는 작은 바(bar)들이 있어 여행객의 쉼터가 되고 있다.

바르셀로나(Barcelona)

스페인에서 두 번째로 큰 도시이자 지중해 연안의 항구 도시 바르셀로나는 1992년 하계올림픽을 개최하여 우리에게 익숙하다. 역사적으로 보면 스페인에서 가장 산업화가 빨랐던 도시로 화가 파블로 피카소, 호안 미로와 건축가 안토니오 가우디 등 많은 예술가를 배출한 도시이다.

사그라다 파밀리아 성당(Basilica And Expiatory Temple Of Holy Family) : 바르셀로나의 상징으로 불리는 사그라다 파밀리아 성당은 스페인이 낳은 천재 건축가 안토니오 가우디가 설계한 건축물로, 1882년 착공되어 142년이 지난 지금까지

▲ 사그라다 파밀리아 성당

▲ 까사 바뜨요

▲ 몬주익 언덕

도 지어지고 있다. 성당에 담긴 역사적인 가치와 건축미를 인정받아 미 완공 상태임에도 유네스코 세계문화 유산으로 등재되었다.

까사 바뜨요(Casa Batlló) : 세계적인 건축가 안토니 가우디가 설계한 건축물로, 바다를 형상화해서인지 구불구불한 곡선이 많다. 까사 바뜨요는 '바뜨요의 집'이라는 뜻으로 처음에는 직물업자 바뜨요의 저택으로 지어졌다고 한다. 바르셀로나의 랜드마크 중 하나인 이 건축물은 2005년 유네스코 세계문화유산에 등재되었다.

몬주익 언덕(Parc de Montjuic) : 몬주익 언덕은 해발 213m의 나지막한 언덕으로 바르셀로나 시내와 바다를 한눈에 조망할 수 있다. 이곳이 우리에게 익숙한 이유는 1992년 바르셀로나 올림픽 마라톤 대회에서 우리나라 황영조 선수가 금메달을 따면서 소개되었기 때문이다.

세비야(Sevilla)

스페인의 남서부에 위치하며 열정의 플라멩코와 투우로 유명한 도시이다. 콜럼버스의 항해가 시작된 곳으로 유명하고 콜럼버스의 묘도 이곳에 있다. 과거에는 세비야를 가로지르는 과달키비르 강의 수심이 깊고 유량이 많아 무역선이 분

▲ 세비야 스페인 광장

주히 오고가는 항구 도시로 크게 번성하였지만 지금은 수위가 낮아지고 유량이 적어 항구 도시의 기능은 사실상 사라진 내륙 도시이다.

세비야 스페인 광장(Spain square) : 1929년 라틴 아메리카 박람회를 위해 20세기 세비야의 최고 건축가인 아니발 곤잘레스가 설계한 반원형 광장이다. 광장을 둘러싼 고풍스러운 건물과 잔잔한 운하 그 위에 세워진 네 개의 다리는 이국적이고 아름답다.

▲ 세비야 대성당

세비야 대성당(Seville Cathedral) : 고딕 양식으로 지어진 이 성당의 제단 정면에는 콜럼버스가 신대륙에서 가지고 온 금 1.5톤으로 만든 성모 마리아의 품에 안겨 있는 예수상이 있다. 또한 이곳에는 콜럼버스의 관이 안치되어 있는데, 관을 받치고 있는 국왕 4명의 조각상이 재미있다. 앞의 두 왕은 고개를 들고 있으며, 뒤의 두 왕은 고개를 숙이고 있는데 과거 콜럼버스를 지지했던 왕과 지지하지 않았던 왕들을 표현한 것이라고 한다.

플라멩코(Flamenco) : 플라멩코의 유래는 14세기 경부터 스페인 남부에 위치한 안달루시아 지방의 전통적인 민요와 향토 무용, 기타 반주 세 가지가 어우러져 독특한 음악과 춤으로 발전한 것이다. 캐스터네츠 소리에 맞춰 손뼉을 치고 발을 구르며 격렬하게 추는 춤이 특징이다.

▲ 플라멩코

그라나다(Granada)

스페인 남부 안달루시아 지방에서도 내륙에 위치하고 있으며 이슬람 문화와 가톨릭 문화가 적절히 어우러진 그라나다는 과거 이베리아 반도에서 이슬람의 마지

▲ 알람브라 궁전

막 세력인 나스르 왕조의 수도였다. 특히 이들이 남긴 알람브라 궁전은 이슬람의 역사를 고스란히 간직한 대표적인 유적이자 건축의 정수로 손꼽힌다.

알람브라 궁전(Alhambra Palace) : 아랍어로 '붉은 성'이란 뜻을 지닌 아름다운 알람브라 궁전은 1238년 나스르 왕조를 세운 무함마드 1세가 건설을 시작하여 100년에 걸쳐 완공되었다. 스페인 땅에 가장 마지막까지 남아 있던 나사르 왕조의 운명과 함께했던 이 궁전은 오랜 세월 훼손과 복원을 거듭하며 지금의 모습이 되었다. 밤이 되어 건물 외벽에 불이 켜지면서 아름다운 모습은 배가 된다.

알바이신(Albaicin) : 이슬람 거주 지역인 알바이신 유적은 1984년 유네스코 세계문화유산에 등재되었다. 15세기 후반 이슬람교도들이 지배하던 그라나다를 함락한 이사벨 여왕과 남편 페르난도 2세는 이슬람교도들을 이 땅에서 몰아내거나 개종시키기 시작했다. 이때 갈 곳을 잃은 이슬람교도들이 이곳에 모여 정착하기 시작하였다. 그러나 지금은 대부분의 이슬람교도들이 떠나고 그리스도교도들이 살고 있다.

▲ 알바이신

📖 읽어두기

바르셀로나를 여행할 때는 소지품에 특히 주의해야 한다. 또한 성당 내부를 관람할 시에는 선글라스나 모자, 짧은 옷차림이나 슬리퍼 등을 착용하지 않는 것이 좋다. 입장이 허용되지 않을 수도 있으니 주의하여야 한다.

6 포르투갈 문화

✦ **포르투갈 공화국(The Portuguese Republic)**

수도	리스본	언어	포르투갈어
인구	10,425,000명(KOSIS)	종교	로마가톨릭 90% 이상
면적	92,226km²	화폐	유로(EUR, €)
민족	이베리아족, 켈트족, 라틴족, 게르만족, 무어족 등의 혼혈	1인당 GDP	24,495$

정식 명칭은 포르투갈 공화국이며, 남유럽 이베리아 반도의 서부에 위치하며 북대서양 상의 군도들로 구성된 국가이다. 포르투갈은 15세기 이른바 대항해 시대를 맞아 해외 원정으로 영토를 확장하고 남미의 브라질을 비롯해 여러 나라를 식민지화하였다. 1807년 나폴레옹 군대의 침략을 받은 포르투갈 왕실은 브라질로 도망가 리우데자네이루를 수도로 지정한다. 이 같은 상황은 1821년까지 지속되었다. 1910년 10월 5일 혁명을 계기로 마누엘 2세의 왕정은 끝이 나고 포르투갈 제1공화국이 수립되었다.

1. 파두(Fado)

파두는 스페인의 플라멩코와 더불어 이베리아 반도의 대표적인 음악 장르로 1820년 이후 수도 리스본을 중심으로 유행하기 시작했다. 포르투갈어로 운명, 숙명을 뜻하는 파두는 바다와 연관되어 살아가는 사람들의 고단한 삶과 바다가 삼켜버린 남편을 그리워하는 여인의 고독함 등을 애절한 멜로디로 표현한 것이다.

파두는 도시 노동자나 하층 계급 사이에서 장르화되어 유행되었지만 서서히 주변 지역의 청중들까지 사로잡으며 포르투갈을 대표하는 음악으로 자리 잡았다.

▲ 파두

구전에 의해 계승되어 온 파두는 지금도 새로운 선율과 가사가 계속해서 만들어지는 등 레퍼토리가 끊임없이 확대되고 있다. 주로 검은 옷을 입은 솔로 가수와 포르투갈 기타, 클래식 기타가 어우러지는 파두 공연은 2011년 유네스코 무형문화유산으로 지정되었다.

리스본은 파두 음악의 역사가 시작된 곳으로 파두 공연을 전문으로 하는 파두

하우스와 공연을 보면서 식사를 즐길 수 있는 레스토랑이 있어 여행객의 발길이 끊이지 않는다.

2. 포르투갈의 대표 도시

리스본(Lisbon)

포르투갈의 수도인 리스본은 바다같이 넓은 테주(tejo) 강 하구에 위치하며 지중해와 북해를 잇는 중개무역항으로 발달한 도시이다. 리스본은 천년의 역사를 가진 도시로 문화유적이 많이 있어야 하지만, 1755년 리스본 대지진으로 인해 건물의 70% 이상이 파괴되어 그 이전의 역사적인 건물이 많이 남아있지 않다. 오늘날 격자형 도로망을 갖춘 리스본은 대지진 이후 재건설한 도시이다.

제로니무스 수도원(Zeronimus Monastery) : 포르투갈 예술의 백미로 꼽히는 석

▲ 제로니무스 수도원

조 건축물로 1497년 탐험가 바스쿠 다 가마(Vasco da Gama)가 인도 항해를 위해 뱃사람들과 함께 이곳에 머물며 출정식을 하였다. 1499년 항해를 끝내고 무사 귀환한 이들을 축하하고 기념하기 위해 마누엘 1세가 이 자리에 수도원을 지었다.

> **읽어두기**
>
> 에그타르트(egg tart)의 시작은 제로니무스 수도원이다. 18세기 이전에는 수도원에서 수녀들이 달걀 흰자로 제복에 풀을 먹여 입고 다녔다고 한다. 이때 사용하고 남은 노른자를 요리로 만든 것이 에그타르트이다. 수도원 근처 어느 작은 베이커리 가게에서 에그타르트 레시피를 수녀원으로부터 전수받아 일반 시민에게 판매한 것이 에그타르트의 기원이다.

▲ 벨렝 탑

벨렝 탑(Belém Tower) : 아름다운 건축물 벨렝 탑은 1512년에 착공하여 1519년에 완공된 마누엘 양식의 4층탑이다. 이 탑은 태주 강이 대서양으로 흘러가는 지점에 세워져 있기 때문에 선박 출입을 감시하는 요새 역할을 하였으며, 바다를 탐험하는 사람들의 전진기지이기도 했다. 또한 스페인이 지배하던 시기에는 정치범 수용소로 사용되기도 하였다.

코메르시우 광장(Praça do Comércio) : 바다 같이 넓은 테주 강변에 위치해 있으며, 마누엘 1세의 리베리아 궁전이 있었다하여 '궁전 광장'이라 불리기도 한다. 1755년 리스본 대지진으로 궁전이 파괴되자 그 자리에 지금의 광장을 만들었다. 광장의 중앙에는 대지진 당시 포르투갈을 통치하던 조제 1세의 기마상이 있고, 광장 북쪽 아우구스타 거리로 통하는 길목에는 대지진의 극복을 상징하는 승리의 아치가 세워져 있다.

▲ 코메르시우 광장

포르투(Porto)

포르투갈 북부의 도루 강 하구 언덕에 펼쳐진 아름다운 항구 도시로, 대항해 시대에는 해양 무역의 거점이기도 했다. 포르투의 역사지구는 1996년 유네스코 세계문화유산으로 지정되어있으며, 세계적으로 유명한 포르투 포도주의 생산지이다. 또한 포르투는 지중해성 기후로 여름철에는 비가 거의 오지 않아 건조하며 그다지 덥지 않고, 추워야 할 겨울철에 눈 대신 비가 자주 내려 습하다.

클레리구스 성당(Clerigos Church) : 포르투를 대표하는 바로크 양식의 건축물로 성당과 종탑으로 이루어져 있으며, 종탑의 높이는 75.6m이다. 이 탑은 이탈리아 투스카니 출신의 니콜라우 나소니가 18세기 초 설계한 것으로 자신의 보수조차

▲ 클레리구스 성당

▲ 동 루이스 다리

▲ 렐루 서점

받지 않을 정도로 열정을 불태우고 죽어서는 이곳에 묻혔다.

동 루이스 다리(Dom Luis Bridge) : 도루 강 위에 설치된 아치형 철교로, 너비는 8m, 높이는 85m이다. 이 다리는 루이스 1세 때 건설되었다 하여 '루이스 1세 다리'라 부르기도 하며 하층부와 상층부로 구분된다. 하층에는 보행자와 자동차용 도로가 있고, 상층에는 트램용 철길과 보행자용 도로가 있어 강 너머 풍경을 즐길 수 있다.

렐루 서점(Lello Bookstore) : 포르투갈에서 가장 오래된 서점으로 2013년 포르투갈 특별보전구역으로 지정되었다. 이 서점은 세계에서 가장 아름다운 3대 서점 가운데 하나로 손꼽히며, 노동의 존엄성이 새겨진 천장 스테인드글라스가 인상적이다. 또한 작가 조앤 롤링이 『해리포터』 시리즈를 집필할 때, 이 서점에서 큰 영감을 받았다하여 유명해졌다.

읽어두기

포르투갈의 치안 상태는 비교적 양호하지만 리스본, 포르투 등에서 외국인 관광객을 대상으로 날치기, 소매치기 및 노상 강도가 발생하고 있으니 항상 주의해야 한다. 또한 마약 판매가 의심되는 사람이 접근할 수 있으니 불필요한 말은 무시하는 것이 좋다.

7 그리스 문화

✦ **그리스 공화국(The Hellenic Republic)**

수도	아테네	언어	그리스어
인구	10,048,000명(KOSIS)	종교	그리스 정교 90%, 기독교 3%
면적	131,957km²	화폐	유로(EUR, €)
민족	그리스인 93%	1인당 GDP	20,940$

정식 명칭은 그리스 공화국이며, 남유럽 발칸 반도 남쪽 끝에 위치한다. 그리스는 고대 그리스 문명에 뿌리를 두고 있으며 동로마 제국 시대 그리스인의 후손이다. 흔히 로마인으로 부르기도 하였다. 15세기 중반부터 약 450년 동안 이슬람 국가인 오스만 제국의 지배를 받다가 1829년에 독립했다. 그리스는 서양 문명의 요람으로 유럽의 철학, 예술, 수학, 과학 등 모든 학문의 토대가 되었고 민주주의도 그 기원을 그리스 역사에서 찾을 수 있다.

1. 고대 그리스 민주주의

고대 그리스의 도시 국가를 폴리스라고 하는데, 폴리스의 형성은 불안한 시대에 자신들의 생명이나 토지를 지키려는 군사적 공동체로부터 시작되었다. 폴리스는 지리적이나 사회적 조건 또는 종교에 따라 규모나 형태 등이 다양하였지만 군사적인 요새로 대부분 성벽을 갖추고 있었다. 한때 폴리스는 그리스 본토에 158개가 존재했지만 그 형태나 규모가 크지 않았다. 그중 폴리스의 가장 전형적인 면을 보여준 곳이 아테네이다.

기원전 6세기 아테네는 귀족과 평민이 심각하게 대립하면서 내란의 위기로 치닫게 된다. 이때 시인이자 아테네 민주주의의 시조로 평가받는 솔론이 나타나 새로운 법률을 제정하고 재산의 소유 정도에 따라 시민의 계급을 4등급으로 구분하여 시민의 참정권과 귀족의 권력독점을 과감히 수정하였다. 솔론은 전광석화처럼 '솔론의 개혁'을 관철시키며 아테네를 위기에서 구한 다음 스스로 권좌에서 물러났다.

솔론이 물러난 이후 아테네에서는 비합법적이고 통제되지 않는 절대 권력의 참주 정치(tyrant)가 시작된다. 이와 같은 경향은 대부분의 폴리스에서 찾아볼 수 있는데 아테네에서는 페이시스트라토스(Peisistratos)가 초대 참주 자리에 앉는다. 그는 다른 폴리스의 참주들과 다르게 온화한 지도력으로 폴리스를 통치했다. 귀족의 토지를 몰수하여 농민에게 분배하였고 양극화 해소를 위해 노력하였다. 또한 그는 대외적으로도 국위를 크게 선양하여 그리스를 상업의 중심지로 만들었으며 강력한 해양 국가가 될 수 있는 초석을 다졌다.

페이시스트라토스가 죽은 후 그의 두 아들이 차례로 참주가 되었지만 권력을 남용하거나 가혹한 정치로 인해 아테네 시민의 불만이 극에 달한다. 급기야 시민들은 새로운 지도자로 클레이스테네스를 선택한다. 그는 아테네 민주 정치의 기틀을 닦은 인물로 선거 제도를 근본적으로 고쳐 모든 시민에게 평등한 참정권을 부여하고 참주의 출현을 막기 위해 도편 추방제를 도입하는 등 민주적인 정치 개혁을 추진했다. 오늘날의 민주주의가 이때부터 시작되었다고 보는 이유이다.

2. 올림픽 유래와 역사

그리스는 산악국이면서 도서해안국이다. 영토의 80% 이상이 산과 구릉 그리고 수많은 섬들로 이루어져 있어 하나의 나라로 통일되기가 어려웠다. 지리적 특성상 작은 폴리스로 쪼개져 공동체를 이루며 살아야 했다. 이들은 주변의 폴리스와 충돌이 잦았고 그로 인해 큰 피해를 입게 되자 각각의 폴리스들은 피해를 줄이고 전쟁에서 승리하기 위해 높은 언덕에 단단한 요새를 지었다. 고대 그리스 사람들은 폴리스가 달라도 같은 종교와 같은 언어를 사용하였다. 그들은 지역이 다를 뿐 뿌리는 하나라 생각하였다.

올림피아라는 폴리스가 있었다. 이곳에서는 제우스신을 주신으로 모시는 성지가 있어 4년에 한 번씩 제우스신에게 큰 제사를 지내는데, 제사 의식 중에 폴리스들끼리 체력을 겨루는 운동 경기가 포함되어 있었다. 각각의 폴리스에서는 이 제사에 자신들의 대표 선수를 파견해 제전 경기를 벌였다. 그리스인들이 대회를 개최한 것은 인간의 신체와 정신은 신에게서 물려받은 것이므로, 이를 단련시켜 그

결과를 보여주는 것이 신을 숭배하는 최선의 방법이라고 믿었기 때문이다.

올림피아 제전은 기원전 776년에 처음 열린 이후 차츰 그리스의 모든 폴리스들이 참가하는 축제로 발전했다. 처음에는 단거리 달리기 한 가지뿐이었으나 점차 창던지기 및 원반던지기, 전차경주, 중장거리 경주, 레슬링 등이 추가되었다.

올림피아 제전은 모든 폴리스가 4년마다 한 번씩 만나 단합을 다지는 축제가 되면서 대회가 열리는 전후 한 달 동안은 선수와 관객의 안전을 위하여 그리스 전역에 휴전이 선포되었다. 그러나 여성에게는 선수로 참가하는 것을 허용하지 않았고 참관조차 할 수 없게 하였다.

초기에는 대회 기간이 하루였으나 국력이 신장됨에 따라 대회 기간도 늘어나고 참가자도 지중해의 식민지까지 확대되었다. 제7회 대회 때부터 승자에게는 신의 나무로 상징되는 올리브 나무의 가지와 잎으로 된 월계관이 씌워졌다. 또한 올림피아에는 승리자의 상을 세워 축하했고 고국에서는 성벽의 일부를 헐어 승리자를 맞이하였다.

그러나 폴리스끼리의 경쟁이 점차 국가주의적인 경향으로 흘러가면서 선수를 전문적으로 양성하는 등 축제의 순수성은 쇠퇴하기 시작하였다. 올림피아 제전은 기원후 394년을 끝으로 막을 내렸다.

근대 올림픽의 창시자이면서 올림픽의 아버지라는 별명이 있을 정도로 올림피아 제전 연구 및 올림픽 부활에 큰 공헌을 한 인물이 프랑스의 피에르 드 쿠베르탱이다. 그의 헌신에 힘입어 1896년 4월 6일 그리스 아테네에서 제1회 근대 올림픽이 개최된다. 근대 올림픽은 고대 올림픽과 달리 참가자들의 국적과 성별에 관계없이 모든 사람이 참여할 수 있게 하였다. 1908년 영국 런던에서 개최된 제4회 대회 때부터 종래의 개인 자격이 아닌 국가를 대표하는 선수들이 참가하였다. 1916년 제6회 대회는 제1차 세계 대전으로 개최되지 못하였다.

1928년 네덜란드 암스테르담에서 개최된 제9회 올림픽은 성화의 기원이 된 대회로 경기장 마라톤 탑 꼭대기에 큰 접시를 올려놓고 그곳에 불을 피워 대회가 끝날 때까지 타도록 하였다.

　1936년 독일 베를린에서 개최된 제11회 올림픽부터 그리스 신전에서 성화를 채화하여 대회가 열리는 경기장 성화대로 옮겨 점화하는 성화 의식을 시작하였다.

　1940년 제12회 올림픽과 1944년 제13회 올림픽은 제2차 세계 대전으로 개최되지 못했다.

　현재 올림픽은 동계올림픽과 하계올림픽으로 나뉘어 개최되는데, 1924년 프랑스 샤모니(Chamonix)에서 제1회 동계올림픽이 개최되었다.

3. 그리스의 대표 도시

아테네

　아테네는 그리스의 수도이다. 도시 전체를 산들이 에워싸고 있는 형태이며 남쪽은 바다로 연결된다. 제1회 하계올림픽 대회와 제28회 하계올림픽 대회가 이곳에서 개최되었으며, 역사만큼이나 많은 고대 건축물과 유적들을 보기 위해 매년 전 세계에서 많은 여행객들이 모여들고 있는 관광 도시이다.

　파르테논 신전(Parthenon) : 그리스 아테네의 아크로폴리스에 있는 대리석 건축물로 고대 그리스 시대 아테네의 수호신인 아테나 여신을 모시기 위해 세워졌다. 건축물의 주재료는 대리석이며, 기원전 448년에 착공하여 기원전 432년에 당대 최고의 예술가와 건축가의 설계로 완공되었다. 파르테논 신전은 오랜 세월을 지나오면서 교회에서 회교 사원

▲ 파르테논 신전

으로 바뀌기도 하고 무기고 등의 군사용 창고로 사용되기도 하였다. 필자가 몇 년 전 이곳을 방문하였을 때에는 많은 부분이 훼손되어 보수 공사를 하고 있었다.

아크로폴리스 박물관(Acropolis museum) : 그리스의 도시 아크로폴리스의 발굴 현장에서 출토된 문화재를 주로 소장하고 전시하는 고고학 박물관이다. 이 박물관은 1874년에 완공하여 개관하였지만 공간이 부족해 2009년에 현재의 박물관을 새로 지었다. 구분을 위해 '뉴 아크로폴리스 박물관'이라고도 부르기도 한다.

▲ 아크로폴리스 박물관

판아테나이코 경기장(Panathenaea Stadium) : 그리스 아테네에 있는 경기장으로 기원전 4세기 아테네의 수호신이자 전쟁과 지성의 여신 아테나를 기리기 위해 축제를 열었던 곳으로 유명하며, 1896년 제1회 올림픽이 열렸던 역사적인 장소이다. 2004년 제28회 아테네 올림픽을 치르기 위해 문화재 복원 및 개선 작업을 하여 오늘에 이른다.

▲ 판아테나이코 경기장

산토리니(Santorini)

그리스를 대표하는 휴양지 산토리니는 에게 해 남부에 위치한 작고 둥근 모양의 화산섬으로 공식적인 이름은 티라이다. 과거 산토리니는 지금보다 더 큰 하나의 섬이었지만 17세기 화산이 폭발하면서 현재의 모습으로 바뀌었다. 지중해의 꽃이라 불리는 산토리니는 자연 경관이 정말 아름답다.

▲ 이아 마을

▲ 피라 마을

이아 마을(Oia village) : 산토리니를 여행하는 사람들이 가장 많이 찾는 이아 마을은 화산으로 인해 절벽이 된 가파른 땅에 흰색으로 칠해진 건물들과 파란 지붕의 예배당들이 절묘하게 조화를 이룬다. 필자가 찾은 이아 마을의 일몰은 세계 어느 나라에서도 느껴보지 못한 환상적인 모습이었다.

피라 마을(Fira village) : 영화의 한 장면을 보는 듯 매혹적인 도시 피라 마을은 산토리니 섬 중앙에 위치하고 있다. 호텔을 비롯해 다양한 상점들이 모여 있는 번화가이지만 일반적인 도시의 중심과는 다른 분위기이다. 특히 크루즈 여행객이 모여드는 구 항구에서 피라 마을까지는 케이블카가 설치되어 있어 오르내리기 편리하다.

읽어두기

시에스타(siesta)는 그리스를 비롯해 지중해 연안 및 라틴아메리카 같은 열대기후의 국가에서 볼 수 있는 낮잠 문화이다. 시에스타는 나라마다 시간대가 조금씩 다르기 때문에 방문하기 전에 알아두면 편리하다. 그리스는 주요 관광지를 제외하면 오후 2시경부터 5시까지 시에스타의 영향으로 상점 대부분이 문을 닫는다.

8 스웨덴 문화

✦ **스웨덴 왕국(Kingdom of Sweden)**

수도	스톡홀름	언어	스웨덴어
인구	10,607,000명(KOSIS)	종교	루터교(국교, 60%)
면적	449,964km²	화폐	크로나(SEK, kr)
민족	북구 게르만족 95%	1인당 GDP	67,978$

정식 명칭은 스웨덴 왕국이며, 북유럽 국가 중에 1,000만 명이 넘는 인구를 가진 유일한 나라이다. 전통적으로 스웨덴은 스칸디나비아 지역을 주도했던 국가로 덴마크, 노르웨이와 함께 바이킹의 후손으로 알려져 있다. 스웨덴은 남부와 북부의 기온차가 큰 나라로 국토의 15% 정도가 북극권의 북쪽에 위치하여 하지를 전후로 약 1달 정도는 24시간 해가지지 않고, 동지를 전후로 하여 24시간 해가 뜨지 않을 정도로 기후 조건이 좋지 않다. 수도는 스톡홀름이며 스웨덴의 안정적인 정치와 높은 경제력은 세계의 모범이 되고 있다.

1. 노벨상

스웨덴의 발명가 알프레드 노벨은 평생을 폭약 연구에 헌신하였는데, 그의 대표적인 발명품 다이너마이트가 군사적으로 이용되는 걸 보고 회의감을 느꼈던 그는 발명 특허료로 모은 엄청난 재산을 기금으로 헌납한 후 인류를 위해 유익한 발명을 한 사람이거나 크게 공헌한 사람에게 기금의 일부를 상금으로 수여하라는 유언장을 작성하였다. 그 후 노벨 재단이 설립되고 1901년부터 지금까지 120여 회의 노벨상이 수여되었다.

노벨상은 처음에 물리학, 화학, 생리학 및 의학, 문학, 평화의 다섯 개 부문에서만 개인이나 단체를 선정하여 시상하였지만, 1968년에 추가로 경제학상이 제정되었다. 경제학상은 노벨의 유언과는 관련이 없어 한동안 논란이 있었지만 지금은 노벨재단이 총 관리하고 있어 사실상 여섯 개 부문으로 노벨상을 구분한다.

노벨 물리학상과 화학상 및 경제학상은 스웨덴 왕립과학원이 수상자를 결정하고, 문학상은 스웨덴 아카데미에서, 생리학상 및 의학상은 카롤린스카 의과대학교 노벨총회에서 수상자를 결정한다. 다만 평화상은 스웨덴이 아닌 노르웨이 노벨위원회에서 결정하고 시상한다.

노벨상 시상식은 노벨의 기일인 12월 10일 스웨덴의 스톡홀름 시청사에서 거행되지만 평화상은 같은 날, 같은 시간에 노르웨이 오슬로 시청사에서 거행한다.

> **읽어두기**
>
> 노벨상 수상자는 금메달과 표창장 그리고 상금을 받게 되는데, 상금은 노벨 재단의 당해 수익금에 따라 조금씩 달라진다. 2023년 상금은 약 1100만 크로네(13억 5000만원)였다.

2. 스웨덴의 대표 도시

스톡홀름(Stockholm)

스웨덴의 수도로 문화, 미디어, 정치, 경제의 중심지이다. 스톡홀름은 스웨덴의 동쪽 해안에 위치하며 많은 섬을 끼고 있어 '북방의 베네치아'라는 별명이 있다. 도시의 약 30% 정도가 수로로 이루어져 있어 교통 수단으로 페리(ferry)를 활용하기도 한다. 파란 하늘에 푸른 바다로 상징되는 스톡홀름은 2010년에 유럽연합 집행위원회(European commission)에서 주관하는 유럽 녹색 수도에 선정되기도 했다.

바사 박물관(Vasa Museum) : 스웨덴의 바사 왕가의 구스타브 2세가 건조한 거대한 전함 바사 호는 1628년 8월 10일 국내외 귀빈 등이 지켜보는 가운데 진수식을 하고 나서 처녀 항해를 시작하자마자 침몰한다. 침몰한 바사 호는 333년 만인 1961년에 인양되어 임시 박물관에 보관되었다가 1990년 바사 박물관이 개관되면서 이곳으로 옮겨져 전시되고 있다.

▲ 바사 박물관

▲ 스톡홀름 시청

스톡홀름 시청(Stockholm City Hall) : 세계에서 가장 아름다운 시청사로 꼽히는 이 건물은 1923년에 세워졌다. 800만 개의 벽돌과 1800만 개 이상의 타일이 사용된 것으로 유명하다. 특히, 매년 12월 10일 노벨상 시상식 후 축하 만찬회가 이곳에서 열리는데, 스웨덴 왕실의 왕족과 수상자 가족만이 참석한다. 바다 물 위에 지어진 듯 아름다운 풍광과 두 개의 종탑이 조화를 이루는 스톡홀름 시청사에는 일 년 내내 많은 관광객이 찾아온다.

예테보리(Gothenburg)

스웨덴 서부에 위치하며 우리나라 부산이 연상되는 제2의 도시이자 항만 도시이다. 북방의 사자로 불렸던 구스타프 아돌프 2세에 의해 도시의 기초가 확립된 곳으로 스웨덴 대외 교역의 30% 이상이 이곳을 통해 이루어진다. 북게르만 족의 한 부족인 고트족이 살고 있는 도시라하여 '고텐부르크'라 불리기도 한다.

▲ 리세베리

▲ 예테보리 어시장

리세베리(Liseberg) : 북유럽 최대 규모인 리세베리 놀이 공원은 매년 수백만 명의 관광객이 찾아와 스릴 넘치는 롤러코스터를 비롯해 34가지의 놀이기구를 즐긴다. 이뿐만이 아니라 야외 무대에서는 최고의 공연이 이어지고 공원 한쪽에서는 유명 인사들의 핸드프린팅 행사가 진행되기도 한다.

예테보리 어시장(Gothenburg Fish Church) : 예테보리 시내에 위치한 실내 수산 시장은 규모가 크지는 않지만 신선한 생선을 직접 고를 수 있고, 포장된 새우 샐러드 등을 구입해 바깥 테이블에 앉아 먹을 수 있다.

교회같이 생긴 건물 디자인 때문에 주목을 받기도 하는데, 1874년 노르웨이의 목조 교회와 고딕 스타일의 영향을 받아 세워졌다.

> **읽어두기**
>
> 스웨덴의 일반 슈퍼마켓에서는 알코올 도수 3.5% 이하의 약한 술만 구입이 가능하며, 그 이상의 높은 도수의 술은 지정된 판매장 시스템볼라겟(Systembolaget)에서 구매해야 한다. 참고로 이곳은 국영 주류 판매점이기 때문에 영업시간이 공무원 근무시간과 동일하다.

9 러시아 문화

✦ **러시아 연방(Russian Federation)**

수도	모스크바	언어	러시아어
인구	144,820,000명(KOSIS)	종교	러시아 정교
면적	17,090,000km^2	화폐	러시아 루블(RUB, ру6)
민족	슬라브계	1인당 GDP	12,575$

정식 명칭은 러시아 연방이며 세계에서 가장 큰 면적을 보유한 국가로 북아시아와 동유럽에 걸쳐 있다. 국토의 70%는 사람이 살기 힘든 열악한 인프라와 얼어붙은 동토이기 때문에 러시아 인구의 대부분인 80%는 유럽과 인접해있는 서부 지방에 몰려 살아가고 있다.

러시아는 세계적인 산유국이며, 천연가스 생산국으로 다른 서유럽의 국가들에 비해 자원부국으로 유엔 안전보장 이사회 영구회원국이다.

1. 러시아 혁명

19세기 후반 산업화가 빠르게 진행되자 노동력 이외에는 생계 수단을 갖지 못한 프롤레타리아트(Proletariat)가 증가하기 시작하고 자유주의와 사회주의 같은 이념이 확산되면서 혁명의 기운이 싹트기 시작했다. 특히 1904년 시작된 러일 전쟁으로 인한 높은 물가는 이를 더욱 부채질했다. 1905년 1월 9일 상트페테르부르크에 20만 명이 넘는 노동자들이 모여 차르인 니콜라이 2세에게 빵과 평화를 외치며 탄원하기 위해 궁전으로 향했다. 평화적인 행진이었지만 정부 당국은 군을 동원해 무지비한 총탄을 퍼부어 수천여 명의 사상자를 내게 된다. 이른바 '피의 일요일 사건'이 일어난 것이다.

이 사건을 계기로 사업장의 파업과 농민들의 폭동이 전국에서 일어나기 시작하자 위기를 느낀 차르는 입헌군주제 헌법을 제정하고 선거를 통한 의회 구성과 개혁을 약속한다. 그러나 개혁은 이루어지지 않았고 혁명 세력은 철저하게 탄압받았다. 이 무렵 사라예보 사건으로 인해 제1차 세계 대전이 발발하면서 차르인 니콜라이 2세는 서둘러 전쟁에 참전하게 된다.

개전 초 러시아는 처음 예상과 달리 전쟁이 장기전의 양상으로 흘러가자 식량과 생필품 부족으로 국민들은 큰 고통을 받았다.

1917년이 시작되면서 러시아의 식량 사정은 최악의 상태에 놓이게 되고 병사들의 사기는 땅에 떨어졌지만 전쟁은 계속되었다. 결국 1917년 전국에서 또다시 파업과 시위가 일어나지만 차르는 대화를 거부하고 군대를 동원해 시위대를 진압하라 명령한다. 그러나 근위대는 차르의 명령을 무시하고 따르지 않았다. 이후 차르인 니콜라이 2세는 폐위되고 러시아 제국은 멸망한다. 이 사건을 '2월 혁명'이라 부른다.

사회주의 신봉자인 레닌은 스위스로 망명을 갔다가 독일의 도움으로 러시아에 돌아온다. 그는 소수의 부르주아가 주도하는 정부를 즉각 해체하고 노동자와 농민이 국가의 주인이 되는 세상을 만들자고 외쳤다. 러시아 제국이 멸망하고 들어선 임시 정부가 독일 공격에 실패하자 민심과 군은 임시 정부를 버리고 레닌 혁명에 가담한다. 1917년 10월 레닌은 노동자와 농민의 대표로 구성된 적위대(Red army)를 앞세워 임시 정부를 몰아내고 권력을 잡는다. 이렇게 성공한 세계 최초의 사회주의 혁명을 10월 혁명 또는 볼셰비키 혁명이라 한다.

> **읽어두기**
>
> **볼셰비키(Bolshevik)**: 구소련의 공산당을 일컫는 볼셰비키는 과격한 혁명주의자 또는 과격파의 뜻으로 쓰이기도 한다. 1903년 러시아 사회주의 노동당의 제2차 전당 대회 때 레닌을 지지하는 파가 다수라 하여 '볼셰비키'라 칭하고 대립했던 마르토프 지지파를 소수라 하여 '멘셰비키'라 불렀다. 이후 1918년 전당 대회에서 당명을 러시아 공산당, 즉 볼셰비키로 고친 뒤부터 볼셰비키는 공산당을 통칭하는 말이 되었다.

2. 소련의 붕괴

소련은 사회주의 제도 아래서 급속한 산업화를 이루었다. 미국과 맞설 수 있을 정도의 초강대국 반열에 올라섰지만 1970년대에 들어서면서 모든 경제 지표가 현저히 둔화되기 시작했다.

 소련 사회는 국가가 모든 것을 책임지고 인민은 국가에 의존하여 살아가는 국가사회주의 체제였다. 국가 중심의 계획경제와 통제 속에 오래 살다보면 상부에서 결정하고 아래에서는 그 결정을 따르는 것에 익숙해지기 마련이다. 인민 스스로 생산적이거나 참신한 아이디어를 낼 생각조차 하지 않게 되는 것이다.

 중앙집권적 계획경제의 특징을 보면 초창기에는 제품의 품목이 많지 않기도 하지만 빠른의사 결정으로 비교적 고속 성장을 할 수도 있다. 그러나 어느 정도 양적 성장을 이루고 나서 질적 성장 단계로 전환될 때 제품의 디자인 및 다양성에서 문제가 발생하게 된다. 통제된 중앙집권적 계획경제체제에서는 소비자들의 요구나 아이디어를 국가가 반영하여 생산해 내기가 원천적으로 불가능하다. 이같이 국가가 주도하는 사회주의 시스템이 비효율성을 만들어 내면서 소련의 경제는 침체의 늪으로 빨려 들고 말았다.

 가까운 미래에 소련 사회에 큰 변화가 일어날 것이라는 관측이 우세한 가운데 1985년 3월 15일 미하일 고르바초프가 소련 공산당 서기장에 선출되면서 사회의 고질적인 병폐를 치유하기 위해 개방(글라스노스트)과 개혁(페레스트로이카)정책을 추진하였다. 개방은 표현의 자유이며, 개혁은 자유 시장 도입이었다. 그동안 누적되어 온 공산당 내부의 부정부패와 무기력을 추방하는 분위기가 사회 전반에 퍼지면서 소련은 활력이 생기기 시작했다.

 1990년에 소련 경제는 세계 2위를 유지하였지만 소비재의 부족은 일상화되고 있었다. 특히 암시장 경제가 GDP의 10% 이상을 차지할 정도로 비정상적 경제 활동이 계속되고 있었다. 사실 1970년대와 1980년대의 소련 경제는 석유와 천연가스 같은 에너지 자원의 수출이 대부분이었다. 그러나 1986년 들어 유가가 급락하면서 소련 경제는 하향 곡선을 그리기 시작했다. 1990년 이라크가 쿠웨이트를 침공했을 때 유가가 일시적으로 오르기는 했지만 소련의 붕괴는 이미 진행되고 있었다.

이 무렵 미국 정부가 추진해오던 소련 붕괴 프로그램을 레이건 정부가 본격 가동시키기 시작하는데, 이른바 무한군비경쟁 게임에 소련을 끌어들이기 시작한 것이다. 적국에서 날아오는 미사일이 지상에 떨어지기 전에 미리 요격한다는 전략방어정책이었다. 이 정책은 경제가 부진할 때에도 군비는 충분하게 유지하고 있어야 한다는 소련의 군사 우선주의 정책을 파고든 것으로 고르바초프의 시장경제 전환을 방해하는 요인이 되었다.

1979년 12월에 소련은 아프가니스탄의 친소 정권을 보호한다는 명분으로 군인을 투입하여 무자헤딘이라 불리는 아프가니스탄 반군 세력과 치열하게 싸운다. 미국은 서방의 평화와 자국의 이익에 반한다는 이유를 들어 반군 세력에게 무기 등의 간접 지원을 하게 된다. 미국과 서방의 지원을 받은 아프가니스탄의 반군 세력이 사실상 승기를 잡으면서 소련은 딜레마에 빠진다. 1985년 고르바초프가 집권하고 1989년 12월 소련은 아프가니스탄에서 철수하지만 약 10년 간의 전쟁으로 엄청난 피해를 입은 소련은 견디지 못하고 국가가 붕괴할 정도로 큰 충격을 받는다.

전쟁이 끝나고 그동안 억눌려있던 인민들의 욕구들이 고르바초프의 개방, 개혁 정책으로 한꺼번에 분출되면서 곳곳에서 집회와 시위가 일어났다. 고르바초프는 보수파와 급진파 사이에서 강력한 지도력을 발휘하지 못하고 있었다. 점점 사회는 걷잡을 수 없는 혼란 속으로 빠져들고 개방, 개혁의 동력은 작동을 멈추었다.

1991년 12월 25일 미하일 고르바초프는 대통령직을 사임하고 소련의 핵무기 발사 시스템을 포함한 전권을 러시아의 대통령 보리스 옐친에게 승계했다. 이때부터 모스크바 크렘린에는 러시아 국기가 계양되었고 소련은 역사 속으로 사라져갔다.

3. 러시아의 대표 도시

모스크바(Moscow)

1922년 소련의 탄생과 함께 만들어진 모스크바는 현재까지 러시아의 수도로 자리 잡고 있다. 20세기 냉전 시대에는 공산주의 진영을 대표하는 도시이기도 했다. 1980년 하계올림픽을 개최한 모스크바에는 붉은 광장을 비롯하여 레닌의 묘와 성 바실리 성당, 크렘린 궁전 등이 있으며, 인구 1,300만 명이 모여 사는 유럽 최대의 도시이다.

붉은 광장(Red Square) : 필자가 방문한 모스크바의 심장인 붉은 광장은 특별히 붉다는 느낌이 없었다. 무슨 이유로 붉은 광장이라 부르게 되었는지를 찾아보았지만 유래가 명확하지 않았다. 다만 20세기 이후 소련군의 군사 퍼레이드 모습이나 전승기념행사 장면이 TV를 통해 전 세계에 보도되면서 붉은 광장의 이미지는 공산주의와 연관되어 뇌리에 각인된 것도 부인할 수 없다.

크렘린 궁전(Kremlin Palace) : 러시아 연방의 대통령궁으로 크렘린은 요새 안의 도시라는 뜻을 가지고 있다. 소련 시대에는 공산당의 본부로 사용되었지만 현재에는 러시아 대통령의 집무실이 자리 잡고 있다. 전체적으로 삼각형 모양이며 크

▲ 붉은 광장

▲ 크렘린 궁전

고 작은 여러 개의 궁전과 성당 및 탑 등이 붉은 성벽으로 둘러싸여 있다.

성 바실리 성당(Saint Basil's Cathedral) : 유네스코 세계문화유산에 등재되어 있는 아름다운 이 건물은 1560년에 건축된 러시아 정교회 성당이다. 이 성당을 지은 건축가가 누구인지 확실하게 밝혀지지 않았지만 건축가인 바르마와 보스트니크 2명이 이 성당을 설계하였다는 설이 다수이다. 이곳 사람들이 필자에게 들려주는 이야기에 의하면 폭군 이반 4세는 이 건물의 아름다움에 빠져 지구상 어디에도 이렇게 아름다운 성당을 다시는 지을 수 없게 이 성당을 지은 건축가의 두 눈을 뽑아버렸다고 한다. 전설이 구슬프다.

▲ 성 바실리 성당

볼쇼이 극장(Bolshoi Theatre) : 크다는 뜻을 가진 이 극장은 세계적으로 유명한 발레, 오페라 공연 극장으로 러시아 문화예술의 상징이자 자랑이다. 1776년에 설립되었으나 여러 차례 화재로 인해 소실되었다가 1856년에 다시 지어져 현재에 이른다. 정식명칭은 '러시아 국립 아카데미 대극장'으로 붉은 광장 입구 맞은편 길 건너에 자리 잡고 있다.

▲ 볼쇼이 극장

▲ 에르미타주 박물관

▲ 피의 사원

상트페테르부르크(Saint Petersburg)

네바 강 하구의 수많은 섬과 운하 위에 만들어진 러시아의 베네치아 상트페테르부르크는 러시아 제국의 표트르 대제가 러시아를 유럽의 대제국으로 만들겠다는 목표를 가지고 야심차게 건설한 도시이다. 이곳은 사회주의 혁명 이후 수십 년간 레닌그라드라는 이름으로 불렸지만 1991년에 상트페테르부르크라는 옛 이름을 되찾아 오늘에 이른다.

에르미타주 박물관(Hermitage Museum) : 프랑스 파리의 루브르 박물관, 영국 런던의 영국 박물관과 함께 세계 3대 박물관으로 꼽힌다는 에르미타주 박물관은 러시아 제국 로마노프 왕조의 겨울 궁전인 본관과 4개의 건물로 구성되어 있다. 이곳에는 레오나르도 다빈치, 라파엘로, 미켈란젤로, 렘브란트 등 세계적인 화가들의 작품이 전시되고 있다.

피의 사원(Church of the Savior on Spilled Blood) : 1881년 3월 1일 러시아 제국의 근대화에 공이 많은 황제 알렉산드르 2세가 급진적 혁명 운동 조직인 '인민의 의지파' 당원에 의해 폭탄 테러를 당해 사망한다. 1907년 알렉산드르 3세는 이 죽음의 장소에 성당을 지어 알렉산드르 2세를 추모하였다. 외관이 모스크바 붉은 광장에서 본 성 바실리 성당과 비슷하여 많은 사람들이 헷갈려한다.

페테르고프 궁전(Grand Peterhof Palace) : 러시아의 베르사유 궁전이라 불리는 아름다운 이 건물은 표트르 대제의 여름 궁전이었다. 과거 러시아 제국의 권력과 위엄의 상징이기도 했던 이 궁전은 제2차 세계 대전으로 인해 폐허가 되었다가 1945년부터 30여 년에 걸쳐 복원되었다. 자연의 아름다움과 예술적인 건축물이 조화를 이루는 페테르고프 궁전은 1990년 유네스코 세계문화유산에 등재되었다.

▲ 페테르고프 궁전

이르쿠츠크(Irkutsk)

시베리아의 파리라고 불리는 이르쿠츠크는 바이칼호 서쪽 안가라 강과 이르쿠트 강의 합류지점에 형성된 도시이다. 1825년 12월 러시아 제국에서 청년 장교들이 입헌 군주 공화국의 수립과 농노의 해방 등을 외치며 데카브리스트 난을 일으켰지만 실패로 끝이 난다. 이때 여기에 가담했던 저명 인사들을 붙잡아 일부는 처형하고 일부는 이곳 이르쿠츠크에 유배시켰다. 이후 20세기 초까지 많은 정치범들이 이곳으로 유배되어 왔다. 이들은 유배지인 이르쿠츠크에 살면서 그들만의 귀족 문화를 남겼다. 아마도 이곳을 '시베리아의 파리'로 부르는 이유일 것이다.

130번 지구(District 130) : 이르쿠츠 설립 350주년인 2011년에 오픈한 이곳은 양쪽에 늘어선 목조 건물에 레스토랑이나 카페 등이 입점되어 있어 문화 박물

▲ 130번 지구

▲ 바이칼 호수

관을 모아 놓은 것 같이 고풍스럽고 멋스럽다. 130번 지구 초입에 세워진 전설의 동물 바브르가 흑담비를 물고 있는 조각상은 언젠가 TV에 소개된 적이 있어서인지 눈에 익숙하다.

바이칼 호수(Lake Baikal) : 시베리아 남동쪽에 위치하며 3,000만 년 전에 만들어진 지구에서 가장 오래된 호수로 담수량을 기준으로 볼 때 세계 최대이다. 시베리아의 진주라 불리는 바이칼 호수는 수심이 1,700m 이상으로 바다의 표면보다 낮다. 호수 주변에는 세계의 희귀 동식물을 비롯해 수많은 생명체가 있어 생태학적으로도 중요한 곳이다.

> 📖 **읽어두기**
>
> 러시아 사람들은 앞 사람을 추월하면서 걸어가는 것을 예의가 없는 행동이라 생각한다. 부득이 추월해야 할 경우에는 간단하게 묵례 정도를 하는 것이 좋다. 또한 러시아는 추운 나라이다. 차량을 운전할 경우에는 각별한 주의가 필요하다.

10 이탈리아 문화

✦ **이탈리아(Italy)**

수도	로마	언어	이탈리아어
인구	59,343,000명(KOSIS)	종교	가톨릭 85.7%, 정교회 2.2% 이슬람 2%
면적	301,339km²	화폐	유로(EUR, €)
민족	프랑스계, 오스트리아계, 슬라브계, 남부에 알바니아계	1인당 GDP	36,812$

정식 명칭은 이탈리아 공화국(Repubblica Italiana)이며, 유럽의 이탈리아 반도에 위치한 나라로 국토의 모양이 장화처럼 생겼다. 지중해와 아드리아 해에 접해 있으며 로마 제국의 중심지였던 국가로서 고대 유럽 문화의 핵심이었고 라틴 문자의 발상지다.

로마 제국이 멸망한 뒤 이탈리아는 수많은 왕국과 도시 국가들로 분열되었다가 19세기에 일어난 이탈리아 재부흥 운동 '리소르지멘토'의 영향을 받아 통일을 이루었다.

이탈리아 산업은 뛰어난 디자인과 상품성이 돋보이는 명품 산업으로 유명하다. 이탈리아의 고질적인 문제는 남부와 북부의 심한 경제적 격차로 사회적, 경제적 불균형이 커지고 있다는 것이다.

1. 이탈리아 르네상스

르네상스(Renaissance)란 원래 재생을 뜻하는 말로 구체적으로는 14세기에서 16세기에 일어난 그리스·로마의 고전 문화 부흥을 의미한다. 신 중심의 사상과 봉건 제도로 인해 개인의 창조성을 억압하던 중세시대를 벗어나 그리스·로마 시대 그림의 주인공처럼 인간이 주인이 되는 세상을 만들어 보자는 운동으로 사회 전반에 걸쳐 새로운 시도와 실험들이 이 시기에 이루어졌다.

그리스도교 세계라는 중세적 이념에 대한 충성심보다는 인간 중심의 사상으로 변화를 요구하는 일종의 시대적 정신 운동이라고 말할 수 있다. 이러한 르네상스의 정신, 혹은 운동이 이탈리아에서 일어난 이유는 1453년 동로마 제국이 오스만 투르크에 의해 멸망하자 그곳의 수많은 학자나 지식인들 그리고 동방의 문화가 이탈리아로 유입된 것이 원인일 수 있다.

지리적으로 이탈리아 도시들은 십자군과 지중해 무역을 통해 경제적인 번영을 누려왔다. 특히 피렌체는 베네치아나 제노바 등의 항구 도시와는 다르게 내륙에 위치해 있어 다른 도시에 비해 뒤떨어졌지만 13세기 후반부터 모직물과 견직물의 산업화로 인해 급속하게 성장하였다. 그 당시 이곳의 언어는 이탈리아어로 이탈리아 문학의 황금기에 작가들과 시인들은 다른 지역의 언어를 버리고 피렌체 방언을 문학 언어로 채택하였다.

르네상스의 중심지 피렌체는 메디치 가문의 고향이다. 메디치 가문은 15~17세기 피렌체를 실질적으로 지배했던 가문으로 4명의 교황과 문인 및 수많은 예술가들을 후원하여 이탈리아 르네상스의 발달에 큰 영향을 끼쳤다.

중세 문학의 최고봉이라 일컬어지는 단테(1265~1321년)를 비롯해 많은 문학가들이 글을 통해 마음껏 세상을 풍자하고 사랑을 섬세하게 묘사하기 시작하는 등 다양하고 창의적인 문학 활동이 꽃을 피운다. 이 무렵 인쇄술도 크게 발전한다.

14세기 시에나와 피렌체, 베네치아를 중심으로 일어난 이탈리아의 르네상스는 16세기경에는 로마나 베네치아로 그 중심이 옮겨지면서 전성기를 맞는다.

르네상스 미술에서 가장 독창적으로 발전한 분야는 회화이다. 레오나르도 다 빈치, 미켈란젤로, 라파엘로 등 3대 천재 화가가 등장한 것도 이때다.

르네상스의 문화는 시민계급의 생활에서 발생한 것이지만 당시 이탈리아 시민은 귀족 계급을 타파하여 민주주의적인 생활을 이루는 데까지는 역부족이었다. 이탈리아 르네상스 문화의 발전은 대부분 전제군주의 보호와 후원 아래 성장하였다.

2. 이탈리아 독립

이탈리아는 로마 제국이 멸망한 이후 1800년대 말까지 여러 개의 도시 국가와 외국의 식민지로 이루어진 반도였다. 줄곧 도시 국가로 쪼개져서 단 한 번도 통일을 이룬 적이 없었다. 이탈리아인들은 자신이 살고 있는 나라의 국민이라기보다는 밀라노, 로마, 베네치아 등 각 도시 국가의 시민이라는 의식이 훨씬 강했다.

이러한 상황 속에서 프랑스 혁명을 통해 전파된 자유주의 사상이 강력하게 주민들에게 전파되기 시작했다. 1800년대에 결성된 카르보나리당이 빈 체제, 즉 자유주의, 민족주의 혁명에 반대하는 반동 복고 세력에 항거하며 혁명을 일으켰지만 실패했다. 그 이후 주세페 마치니가 청년 이탈리아당을 결성하여 카르보나리당의 뜻을 계승하며 통일 운동을 전개해 나갔다.

1852년 사르데냐 왕국의 재상이 된 카밀로 카부르는 현실 정치가였다. 그는 국내 정치의 안정과 국제적 지위 향상에 노력하였다. 그는 나폴레옹 3세의 지원을 받아 1859년 제2차 이탈리아의 독립 전쟁을 일으켜 오스트리아 제국군을 완파하며 승리를 거두기 직전에 나폴레옹 3세의 배신으로 전쟁을 멈추게 된다. 분노했지만 카밀로 카부르는 중부 이탈리아 왕국들을 합병해 북부이탈리아 일대에서 오스트리아 세력을 축출하는 데에 만족해야 했다. 그 이후 이탈리아 왕국이 프로이센과 동맹하여 오스트리아 베네토 지방을 합병하였다.

1860년 부르봉 왕조의 전복과 남부의 해방을 목표로 주세페 가리발디가 이끄는 붉은셔츠단 원정대가 시칠리아 섬에 상륙하여 양시칠리아 왕국의 수도 나폴리에 입성했다. 주세페 가리발디는 남부이탈리아 전체를 신속하게 장악하고 양시칠리아 왕국 전체를 에마누엘레 2세에게 바친다. 이로써 로마 교황령과 베네치아만을 남겨두고 이탈리아가 통일된다. 이후 사르데냐 왕국은 주민투표 결과 압도적인 찬성으로 이탈리아와 통합이 결정되었다.

1861년 3월 17일 토리노에서 신생 이탈리아 왕국의 탄생이 선포되었다. 이탈리아 왕국은 알베르토 헌법을 채택하고 의회를 구성하여 국민 주권적 원칙과 군주적인 전통을 융합시켜 마지막 남은 교황령을 침공하여 1870년 로마에 입성하였다.

1861년 10월 2일 주민투표를 통해 로마 및 라치오 지방을 공식적으로 병합하여 이탈리아 통일이 완수되었다.

3. 이탈리아의 대표 도시

로마(Roma)

이탈리아 반도 중부에 위치하며 이탈리아의 수도이자 과거 로마 제국의 수도였다. 유럽의 중심이며 세계 역사와 문화를 논할 때 절대 빠지지 않고 거론되는 도시이다.

콜로세움(Colosseum) : 서기 72년에 베스파시아누스 황제가 세우기 시작하여 그의 아들 티투스 황제가 서기 80년에 완공하였다. 이 경기장에서 로마인들은 검투사의 격투 시합과 맹수와의 잔인한 전투 경기를 즐겼다. 콜로세움은 원형 경기장으로 석회암, 응회암, 콘크리트 등으로 지어져 있고, 5만 명 이상의 관중을 수용할 수 있는 로마를 대표하는 관광지이다.

▲ 콜로세움

▲ 트레비 분수

▲ 판테온

트레비 분수(Trevi Fountain) : 서기 1732년에 지어진 바로크 양식의 트레비 분수는 로마에서 가장 크고 가장 인기 있는 분수이다. 세 갈래 길이 합류한다고 해서 붙여진 이름이다. 오른손에 동전을 들고 왼쪽 어깨 너머로 1번을 던지면 로마에 다시 올 수 있고, 2번을 던지면 사랑에 빠지고, 3번을 던지면 사랑하는 사람과 결혼한다는 속설은 유명하다. 영화 〈로마의 휴일〉에서 오드리 헵번이 분수에 동전을 던지는 장면의 배경지가 이곳이다.

판테온(Pantheon) : 그리스 말로 판테온은 모든 신들을 위한 전각이란 뜻으로 고대 그리스·로마 신들을 위해 지어졌다. 초기의 사각형 신전은 기원전 27년에 지어졌지만 트라야누스 시대에 파괴되었다. 돔 구조를 지닌 지금의 원형 신전은 하드리아누스 황제 때인 서기 125년에 재건된 것으로 로마 건축을 대표하는 걸작 중 하나로 로마에 현존하는 돔 구조 건물 중 가장 오래되었다.

▲ 나보나 광장

나보나 광장(Navona Square) : 도미티아누스 황제가 서기 86년에 만든 전차 경

▲ 바티칸

기장으로 5만여 명을 수용할 수 있었다고 한다. 광장 북쪽에는 경기장의 문이 아치 형태로 남아있고, 광장 중앙에는 1651년 교황 이노센트 10세의 명에 의하여 베르니니가 4대강을 의인화 하여 만든 분수가 있다. 4대강은 라플라타 강, 갠지스 강, 다뉴브 강, 나일 강을 의미한다.

바티칸(Vatican) : 세계에서 인구와 영토가 가장 작은 나라인 바티칸 시국은 1929년 2월 11일 파시즘을 주도한 이탈리아 무솔리니 정권과 교황청 간에 체결된 라테란 조약에 의해 독립국이 되었다. 비록 이탈리아 로마에 둘러싸인 조그마한 면적으로 존재하지만 바티칸의 중앙에 있는 성 베드로 대성당에는 교황청과 가톨릭교도의 영적 지도자인 교황이 머물고 있다.

피렌체(Firenze)

이탈리아 중부 토스카나 주의 중심 도시이며 중세 유럽의 무역과 금융의 중심지였다. 피렌체는 이탈리아 르네상스의 탄생지로 오랜 세월 동안 메디치 가문이

▲ 산타마리아 델 피오레 대성당

다스렸고, 1865년에서 1870년까지는 이탈리아 왕국의 수도였다.

산타마리아 델 피오레 대성당(Santa Maria del Fiore) : 피렌체 시 중심부에 자리 잡고 있다. '꽃의 성모 마리아'라는 뜻을 가진 산타 마리아 델 피오레 대성당은 높이 114.5 m를 자랑하는 성당이지만 외관이 섬세하고 조화롭다. 피렌체의 랜드마크인 이 성당의 돔은 세계에서 가장 큰 돔으로 서양 건축에 큰 영향을 끼쳤다.

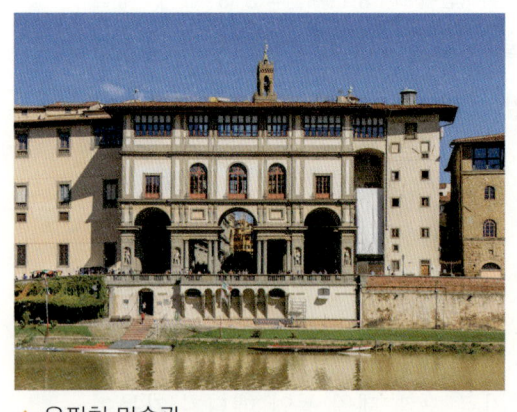

▲ 우피치 미술관

우피치 미술관(Uffizi Gallery) : 16세기 중반 메디치 가의 코시모 1세의 계획 아래 착공된 세계 최고의 르네상스 박물관으로 알려져 있다. 1584년도에 건설되어 르네상스 시기의 그림과 조각들이 아주 많다. 다빈치, 미켈란젤로, 라파엘로 등 르네상스 시대 거장들의 작품이 이곳에 전시되어 있다.

베키오 다리(Vecchio Bridge) : 아르노 강 위에 놓인 다리로 1345년에 건설되었으며 로마 시대 작품이다. 다리 위에 상가가 있는 것이 특징이며, 이 상가에는 과거 푸줏간이나 가죽 처리장 등이 있었으나 악취 등으로 인해 추방되고 지금은 금세공 가게가 입점되어 여행객의 발길이 끊이질 않는다. 이탈리아의 시인 단테와 그의 연인 베아트리체가 처음 만난 장소로 알려져 있어 사랑을 맹세하는 다리로 불리기도 한다.

▲ 베키오 다리

밀라노(Milano)

이탈리아 북서부에 위치한 밀라노는 이탈리아의 경제 중심지이다. 또한 밀라노는 세계 유명 패션 및 명품 브랜드의 본사가 위치하고 있어 박람회나 매년 열리는 패션 위크(fashion week)를 보기 위해 많은 관광객이 몰려온다.

밀라노 대성당(Cathedral of Milan) : 두오모라 부르는 밀라노 대성당은 거대하고 화려한 외관이 여행객을 압도한다. 성당의 꼭대기에 있는 황금색의 성모 마리아 상을 비롯하여 수천 개의 성인상이 성당을 장식한다. 고딕 양식으로 건축되었지만 사실은 600년 가까운 공사 기간(1386년~1951년)이 말해주듯이 복합 양식에 가깝다. 이탈리아어로 두오모(Duomo)는 대성당을 의미한다.

▲ 밀라노 대성당

▲ 스포르체스코 성

▲ 비토리오 에마누엘레 2세 갤러리아

스포르체스코 성(Sforzesco Castle) : 15세기 밀라노의 공작 프란체스코 스포르차 시대에 브라만테와 레오나르도 다빈치 등의 유명한 건축 예술가들이 참여하여 만들었다. 나중에 개조하고 확장하여 16세기와 17세기에는 유럽의 가장 큰 군사 요새 중의 하나가 되었다. 지금은 박물관과 예술품 전시장으로 쓰이고 있는데, 미켈란젤로의 피에타 중 미완성작 〈론다니니의 피에타〉가 이곳에 있다.

비토리오 에마누엘레 2세 갤러리아(Galleria Vittorio Emanuele II) : 두오모 광장에서 스칼라 광장까지 이어지는 지붕이 있는 보행자 거리 형태의 쇼핑 센터이다. 이 건축물은 1877년 완공되었으며 네오 르네상스 양식의 건축물에 대형 유리 천정이 인상적이다. 고급스러운 분위기의 카페와 레스토랑, 클럽 및 각종 명품 브랜드 매장이 주로 입점하여 있다. 이곳을 흔히 '밀라노 살롱'이라 부르는데, 그 이유는 밀라노의 부르주아들이 자주 찾는다 하여 붙여진 이름이다.

베네치아(Venezia)

영어로 베니스(Venice)라 불리는 베네치아는 과거 베네치아 공화국의 수도였다. 구 도시 전체에 수로가 뚫려 배를 타고 다닌다 해서 수상 도시이자 운하의 도시로 유명하며, 주요 교통수단은 수상버스와 수상택시이다. 현재는 지구 온난화

▲ 산 마르코 대성당

에 따른 해수면 상승과 기반 침식 및 많은 관광객들에 시달리고 있지만 여전히 매혹적인 도시이다.

산 마르코 대성당(Cathedral of San Marco) : 비잔틴 양식과 이슬람 양식을 섞어 이국적인 분위기를 풍기는 이 성당은 829년 이집트 알렉산드리아에서 순교한 예수의 열두 제자 중 한 사람인 성 마르코의 유해를 안치하기 위해 건립했다. 성 마르코는 최초의 복음서인 마가복음의 저자이기도 하다.

탄식의 다리(The Bridge of Sighs) : 이 다리는 두칼레 궁전(Doge's Palace)의 법정과 프리지오니 감옥을 잇는 구름다리이다. 종교나 정치범에 대한 재판은 두칼레 궁전의 최고 권력 기관인 10인 위원회에

▲ 탄식의 다리

▲ 곤돌라

의해 재판이 진행되었다. 여기서 유죄를 선고받은 자는 이 다리를 건너 지하 감옥에 수감되게 되는데, 이때 다리 중간의 격자무늬 구멍 사이로 보이는 베네치아의 아름다운 모습을 다시 볼 수 없을 것 같은 불안감에 탄식을 하는 모습에서 붙여진 이름이다.

곤돌라(Gondola) : 배의 양쪽 끝이 위로 굽어있고 바닥이 평평한 것이 특징이다. '흔들리다'라는 뜻의 곤돌라는 11세기부터 운행되어 온 베네치아의 명물로 현재는 교통수단이 아닌 관광 상품으로 활용되고 있으며, 뱃사공은 흰 바탕에 검정 줄무늬 셔츠를 입고 있다. 이들을 '곤돌리에르'라 부르는데, 자격증을 따야만 노를 잡을 수 있다고 한다. 곤돌라를 타고 좁은 섬 사이를 일주하는 관람 코스에는 항상 여행객이 넘쳐난다.

> **읽어두기**
>
> 수익이 좋은 베네치아 곤돌리에르 자격 요건은 관련 학과를 수료하고 4개 국어가 가능한 사람이어야 하며, 베네치아에서 태어나 베네치아에 주소를 두어야 한다는 엄격하고 까다로운 조건을 충족해야 한다.

나폴리(Napoli)

세계 3대 미항으로 꼽히는 나폴리는 이탈리아 통일 전까지는 양시칠리아 왕국의 수도였다. 나폴리는 이탈리아 통일전쟁 전까지는 북이탈리아와 전혀 다른 역사를 가진 남이탈리아의 중심지였지만 통일전쟁 이후 남이탈리아가 북이탈리아에 예속되면서 도시가 쇠퇴해지자 이곳의 주민들이 미국이나 아르헨티나 등 신대륙을 찾아 이민을 떠나게 된다. 피자의 본고장 나폴리는 스파게티가 유명하다.

스파카 나폴리(Spaccanapoli) : 나폴리에서 가장 오래된 주거 지역이다. 길이 좁고 복잡하지만 역사적인 건축물과 저렴하면서 맛있는 레스토랑, 기념품 가게 등이 모여 있어 나폴리 서민의 정겨움이 느껴진다. 스파카 나폴리의 스파카는 '자르다. 나누다'라는 뜻으로 이곳의 곧게 뻗은 길이 실제 시가지를 둘로 나누었다. 이곳의 치안은 우리나라와 달리 열악하므로 낮에 방문하길 추천한다.

나폴리 국립 고고학 박물관(National Archaeological Museum of Naples) : 이탈리아에서 가장 중요한 고고학 박물관으로 그리스·로마, 르네상스 시기의 유물들과 폼페이의 중요 유적물들이 대부분 전시되어 있다. 2,000년 전 베수비오 화산 폭발로 지도에서 사라져 버린 고대 폼페이의 유물을 보면서 거대한 자연의 위력에 인간은 얼마나 나약한 존재인가를 생각해 본다.

▲ 스파카 나폴리

▲ 나폴리 국립 고고학 박물관

▲ 폼페이

폼페이(Pompeii) : 남이탈리아 캄파니아 지방 나폴리만 연안에 위치한 도시이다. 서기 79년 8월 24일 베수비오 화산 폭발로 수천 명이 목숨을 잃었고 한순간에 도시는 사라져 폼페이 존재 자체가 사람들에게서 잊혀졌다. 서기 1592년 폼페이를 가로지르는 운하를 건설 하는 과정에 건물과 유적 등이 발견되면서 사람들에게 알려졌다. 잃어버린 도시 폼페이의 유적은 아직까지 발굴 중이다.

읽어두기

이탈리아 남부 나폴리 지역을 여행할 때는 다른 지역보다 소지품 관리나 안전에 더 많은 신경을 써야 한다. 특히, 로마에 있는 테르미니 역은 외국인이 많이 몰리는 환승역으로 역 주변에서 해야 할 일이 없다면 신속히 자리를 옮기는 것이 좋다.

제 2 장

앵글로아메리카(북미) 문화권

1. 미국 문화
2. 캐나다 문화

1 미국 문화

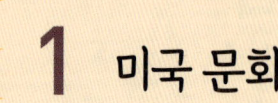

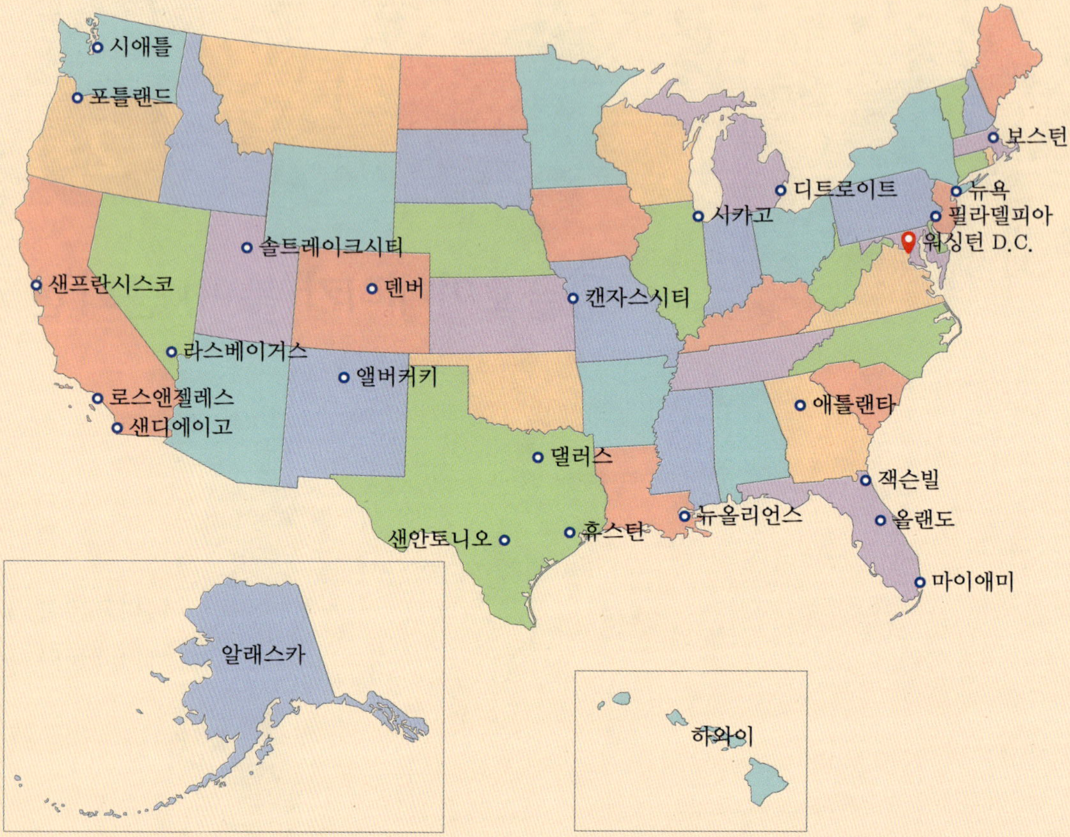

✦ 미국(United States of America, USA)

수도	워싱턴 D.C.	언어	영어
인구	345,427,000명(KOSIS)	종교	기독교/가톨릭(70.6%), 유대교(1.9%), 몰몬교(1.6%)
면적	9,833,517km²	화폐	미국 달러(USD, $)
민족	백인(59.3%), 라틴계(18.9%), 흑인(13.6%), 아시아인(6.1%), 인디언/알래스카 원주민(1.3%)	1인당 GDP	80,034$

미국은 북쪽으로는 캐나다, 남쪽으로는 멕시코와 국경을 맞대고 있으며, 미국 영토인 알래스카는 동쪽으로는 캐나다와 서쪽으로는 베링 해협을 경계로 러시아와 마주하고 있다. 또한 미국은 태평양과 카리브 해에도 영토를 보유하고 있다.

공식 국가 명칭은 아메리카 합중국으로 50개의 주와 1개의 특별구로 이루어진 연방 국가이다. 미국은 세계에서 총면적 기준으로 세 번째로 넓은 국가이고, 세 번째로 인구가 많은 국가이다. 다문화 국가인 미국은 1776년 영국으로부터 독립한 후 200여 년 만에 정치, 경제, 군사, 문화, 교육 등 거의 전 분야에서 세계 최강국이 되었다.

1. 미국의 독립

제임스 1세가 영국의 국왕에 오른 이후 그는 의회를 해산하고 청교도(캘빈주의자)들에게 영국 성공회로 개종할 것을 강요했다. 이에 불만을 품은 청교도들이 17세기 초부터 버지니아 주 등으로 이민을 떠나기 시작하였다. 1620년 12월 21일, 102명의 영국 출신 이민자와 청교도들을 태운 메이플라워호가 아메리카의 매사추세츠 연안에 도착했다. 이들을 '필그림 파더스(Philgrim Fathers)'라 불렀다. 그들은 아메리카 땅을 밟기 전 선상에서 성인 남성 모두가 뜻을 모아 서약서를 작성하였는데, 이것이 우리가 알고 있는 '메이플라워 서약'이다. 이 서약은 비록 초보적이기는 하지만 아메리카 최초의 헌법이라 부르기도 한다.

이를테면, '영국의 왕에게 충성을 다하고 아메리카 대륙을 식민지화할 것이다.', '질서 있고 안전한 자치 사회를 세워 공정하고 평등한 법률을 제정하고 준수한다.'라는 내용이었다.

그 후 18세기 초반까지 북아메리카 동쪽에 영국령 13주가 만들어진다. 초기 영국은 아메리카 식민지에 대해서는 지나친 간섭을 하지 않았으며 각 주에는 자치권을 부여한다. 그러나 7년 전쟁(1756년~1763년)에서 사실상 승리한 영국은 더 넓은 식민지를 확보하고 대영제국의 기초를 만들지만, 엄청난 전쟁 비용과 넓은 땅을 유지하기 위한 나라 빚이 천문학적으로 늘어나게 되었다. 이것을 해결하는 방법은 세금을 더 많이 거둬들이는 것이었다. 예를 들어 1764년, 설탕 등을 비롯한 당밀을 수입할 때 관세를 붙이는 설탕법(Sugar act)과 1765년, 모든 신문, 광고 심지어 졸업장에까지 인지를 붙이게 하는 인지법(Stamp act)처럼 새로운 세금을 만들어 식민지인들에게 부과하기 시작한 것이다.

이러한 영국의 가혹한 통치에 현지의 지식인들과 상인들이 반발하면서 'No Taxation without Representation', 즉 아메리카 식민지의 대표가 참여하지도 않은 영국 의회의 세금 징수에는 동의할 수 없다는 논리를 내세워 저항한다. 하지만 영국의 과도한 세금 정책은 멈춤이 없었다.

불만이 누적되어온 식민지 주민들은 1773년 12월 16일 강력한 항의의 수단으로 차(茶)가 실려 있는 영국의 선박을 습격하여 배에 실려 있는 차(茶) 수백 상자를 바다에 던져버리게 된다. 이른바 '보스턴 차(茶) 사건'이었다. 영국은 이에 대한 보복으로 군대를 파견하여 겁박하고 법을 만들어 손해배상 등을 요구한다. 결국 이 보스턴 차(茶) 사건은 무력 충돌의 도화선이 되었다. 전쟁의 포성이 멈추지 않은 1776년 7월 4일 대륙 회의에서 미국은 독립을 선언한다.

독립 선언서는 제3대 대통령이기도 한 토머스 제퍼슨(Thomas Jefferson)이 기초하고 프랭클린 등이 참여하여 대륙 회의에서 만장일치로 가결된 후 공포되었다. 이 독립 선언문에는 모든 인간은 평등하게 태어났으며 조물주로부터 부여받은 누구에게도 양도할 수 없는 생명, 자유, 행복 추구의 권리를 확보하기 위해 정부를 조직하며 그 정부의 권력은 국민의 동의로부터 시작한다. 그러나 정부가 이러한 목적을 파괴할 경우 이를 변혁 또는 폐지하고 국민의 안전과 행복에 기초를 두고 새로운 정부를 조직할 수 있다. 그러나 이 또한 오로지 국민의 권리임을 강조하는 내용을 담고 있다.

1776년에 미국의 독립 선언문이 발표되었지만 대영제국과 13개 식민지 사이의 전쟁은 계속되었다. 결국 미국의 승리로 전쟁은 끝이 나고, 1783년 파리 조약에서 신생국 미국의 독립이 승인된다. 독립 전쟁을 승리로 이끈 총사령관 조지 워싱턴은 1789년 초대 미국 대통령에 선출되어 내각을 구성하고 두 번의 대통령 임기를 마친 뒤 스스로 물러났다. 그는 혈연이나 세습이 아니라 국민이 선택한 세계 최초의 임기제 국가 원수였다는 평가를 받는다.

2. 남북 전쟁

1619년 미국 버지니아주의 제임스타운에서 흑인 노예 20명이 거래되었다. 이후 노예에 대한 수요는 급증하기 시작했다. 노예 제도는 법적 제도로써 미국이 독립하기 이전부터 남북 전쟁(1861년~1865년)이 끝날 때까지 미국에 존재했었다.

상공업이 발달한 북부에서는 자유로운 신분을 가진 노동자가 필요한 반면, 면화 농업 중심의 남부에서는 농장에 거주하며 노동할 노예가 절실했다. 남북 전쟁의 가장 근본적인 원인은 노예제 존속을 둘러싼 갈등이었다.

계몽주의자들의 노력과 미국 독립 선언문의 영향으로 인간은 최소한의 자유와 생명 그리고 행복을 추구할 권리가 있다는 사상이 퍼지기 시작했다. 이로 인해 북부의 주(州)들로부터 노예제 폐지 운동이 일어났고, 1850년대 들어서면서 노예제를 단계적으로 폐지하기에 이른다. 하지만 남부의 주(州)에서는 수익성이 좋은 노예가 절실히 필요했기 때문에 반대하기 시작했다.

▲ 남북 전쟁

1861년 4월 노예제 존속을 지지하던 남부의 주들이 이른바 남부 연합을 결성하여 미합중국으로부터 분리를 선언한 뒤 사우스캐롤라이나주의 찰스턴 항에 위치한 섬터 요새(fort sumter)에 포격을 시작하면서 남북 전쟁이 발발했다. 4년간의 치열했던 전쟁은 남부 연합군의 패배로 끝이 났다.

전쟁이 한창이던 1862년 9월 에이브러햄 링컨 대통령은 '노예 해방 예비 선언'을 발표하고 1863년 1월 '노예 해방령'을 공포한다.

> **읽어두기**
>
> **링컨의 게티즈버그 연설** : 남북 전쟁이 한창이던 1863년 11월 19일 격전지였던 펜실베이니아주의 게티즈버그에서 전사한 장병들을 위한 추도식이 열렸다. 대통령 에이브러햄 링컨은 이 행사에서 전몰한 병사들의 영혼을 위로하며 다음과 같은 명연설을 한다.
> '국민의(of the people), 국민에 의한(by the people), 국민을 위한(for the people) 정부'라는 이 연설은 간결하면서도 민주주의를 가장 잘 표현한 말로 우리에게도 익숙하다.

3. 미국의 프로 스포츠

미국은 프로 스포츠로 유명한 나라이다. MLB(야구), NFL(미식축구), MBA(농구), NHL(아이스하키)을 미국의 4대 스포츠라 부른다.

야구(MLB : Major League Baseball)

미국 프로 야구의 역사는 1871년 최초의 프로 리그인 NAPBBP(National Association of Professional Base Ball Players)부터 시작되었다.

미국 프로 야구는 내셔널 리그 8개 팀, 아메리칸 리그 8개 팀으로, 총 16개 팀이 미국 동부와 동부에 인접한 중부 지역의 대도시를 중심으로 시작되었다. 최초의 월드시리즈는 1903년 내셔널 리그 챔피언인 피츠버그 팀과 아메리칸 리그 챔피언인 보스턴 팀의 경기였다.

1994년에 지금과 같은 서부, 중부, 동부 지구로 재편하였고, 현재는 30개의 팀으로 구성되어 있다. 미국의 29개 팀과 캐나다 1개 팀이 있는데, 우리나라의 류현진 선수가 소속되어 있었던 토론토 블루제이스(Toronto Blue Jays)는 토론토를 연고지로 하는 팀으로 아메리칸 리그 동부 지구 소속이다.

▲ 야구(MLB)

두 리그는 하나의 예외를 제외하고는 같은 규칙을 적용하는데, 아메리칸 리그는 지명 타자 제도를 실시하는 반면, 내셔널 리그는 지명 타자 제도를 실시하지 않는다. 인터 리그와 월드시리즈에서 지명 타자제의 실시는 홈팀의 리그에 따라 결정되며 2010년 기준으로 올스타전은 개최지에 상관없이 지명 타자제를 사용한다.

미식축구(NFL : National Football League)

미식축구는 영국의 럭비가 대서양을 건너 미국으로 들어와 미국의 취향에 맞게 변형된 스포츠이다. 럭비와 비슷해 보이지만 많이 다른 스포츠이다. 수비를 할 때에는 상대편 선수들이 자기 진영으로 넘어 오는 것을 막고, 공격할 때에는 상대 영역에 침투하여 10야드 간격의 블록을 하나하나 전진하며 영역을 넓혀가는 방식으로 경기를 치른다.

▲ 미식축구(NFL)

1920년 오하이오주 캔턴에서 미국 프로미식축구협회로 시작하여 1922년 북아메리카 프로미식축구리그인 NFL로 명칭을 바꾸어 오늘에 이른다.

미국 프로미식축구리그 NFL은 아메리칸 콘퍼런스(American Football Conference, AFC) 16개 구단과 내셔널 콘퍼런스(National Football Conference, NFC) 16개 구단으로 구성되어 있다. 각각의 콘퍼런스는 동부·서부·남부·북부 등 총 4개 지구로 편성하고 각 지구는 4개 팀으로 이루어져 있다.

100여 년 가까이 미국에서 가장 인기 있던 프로야구를 밀어내고 그 자리를 차지한 스포츠가 아메리칸 풋볼(American football)이다. 미국에서는 보통 풋볼(football)로 줄여 부르는 것이 일반적이다.

프로리그인 NFL과 아마추어 리그인 대학풋볼의 인기까지 합치면 미식축구의 인기는 엄청나다. 프로리그인 NFL은 미국 연고 팀만 참가할 수 있으며, 결승전인 슈퍼볼(NFC와 AFC의 결승팀이 단판 승부를 벌이는 경기)은 세계 최대 규모의 단일 경기 스포츠 이벤트이다.

농구(NBA : National Basketball Association)

미국의 4대 프로 스포츠 중 NBA가 역사는 가장 짧다. NBA가 생기기 전에는 NBA의 전신인 BAA(Basketball Association of America)가 미국을 대표하는 농구 리그였고, 이후 1967년에 출범한 ABA(American Basketball Association)가 그 뒤를 이었다.

▲ 농구(NBA)

NBA는 1946년에 11개 팀으로 시작하였지만 팀이 늘어 현재 30개 팀으로 구성되어 있다. 이 중 29개 팀이 미국에 있으며, 토론토를 연고지로 하는 토론토 랩터스

(Toronto Raptors)는 캐나다에 있다. NBA의 경기 일정은 빡빡하기로 유명하다. 매년 11월 초에 개막해서 팀당 정규시즌 82경기를 하고, 이듬해 4월 말경에 플레이오프에 돌입하여 6월 중순쯤에 우승 팀이 결정된다.

참고로, NBA의 규칙은 국제농구연맹(FIBA)이 제정한 규칙과 조금 다른 점이 있다. 그러나 관중의 폭발적인 인기로 인해 FIBA는 NBA 규칙을 검토하기 시작했고 국제경기 등에 NBA 규칙을 표준으로 적용한 사례가 많다.

아이스하키(NHL : National Hockey League)

1917년에 설립된 미국과 캐나다의 최상위 프로 아이스하키 리그는 북미 4대 프로 스포츠 리그 중 유일하게 캐나다에서 먼저 시작되었다. 미국에서 아이스하키는 백인들의 스포츠라는 인식이 매우 강하다. 전통적 강호나 인기 팀들은 대부분 추운 지역인 캐나다와 미국 동북부 지역에 위치한 팀들이며, 이 지역들은 백인 인구가 압도적으로 높다.

▲ 아이스하키(NHL)

현재 미국과 캐나다 각지에 연고지를 둔 32개 팀 중에 25개 팀은 미국에, 나머지 7개 팀은 캐나다에 연고를 둔 팀이다. 매년 9월 하순 개막하여 장기레이스를 펼친 후 이듬해 4월부터는 플레이오프에 돌입하여 6월에 열리는 스탠리컵 결승에서 우승 팀을 가르는데, 챔피언 팀에는 스탠리컵이 수여되기 때문에 붙여진 이름이다.

4. 미국의 대표 도시

미국은 면적이 넓은 나라이지만 일찍이 도시화된 국가이다. 각각의 도시가 가진 문화적 특성과 차이를 알아보자.

워싱턴 D.C.(Washington D.C.)

미합중국의 수도이며 국제정치와 외교의 중심지이다. 워싱턴이라는 이름은 미국 독립 전쟁의 총사령관이자 초대 대통령인 조지 워싱턴의 이름에서 유래된 것이다. 워싱턴의 정식 명칭은 워싱턴 컬럼비아 특별구(Washington, District of Columbia)이지만 일반적으로 워싱턴 D.C.로 약칭되며 어느 주에도 속하지 않는 연방정부 특별자치구이다.

국제적으로도 막강한 정치적 영향력이 있는 도시이며, 금융 센터로서도 중요성이 높다. 수도로서의 기능이 가능하도록 설계된 계획도시이다.

백악관(White House) : 미국 대통령 관저와 집무실이 있는 역사 깊은 장소로 방문을 위해서는 사전 예약이 필수이다. 예약은 미국 의회 의원을 통하여 가능한데 원하는 날에 예약이 안 될 수도 있으니 여유롭게 일정을 조절하면 좋다. 방문 시에 여권은 필수이며, 모든 가방은 소지할 수 없다. 그러나 핸드폰, 렌즈가 3인치 이하인 작은 카메라와 지갑 등은 반입이 가능하다.

▲ 백악관

링컨 기념관(Lincoln Memorial) : 미국 16대 대통령을 기리는 기념관으로 1922년 5월에 완성되었다. 인권 인종 등을 상징하는 건물이기도 한 링컨 기념관은 많은 사람들이 찾는 중요한 관광지로, 건물 내부에는 동상과 함께 링컨 대통령의 게티즈

▲ 링컨 기념관

▲ 워싱턴 기념탑

버그 연설문과 그의 두 번째 취임식 연설문이 새겨져 있다.

워싱턴 기념탑(Washington Monumnet) : 워싱턴 D.C.의 랜드마크인 이 탑의 높이는 169.2m이다. 미국 최초의 대통령인 조지 워싱턴을 기리기 위해 세워진 오벨리스크로 36,000개의 화강암과 대리석으로 이루어져 있다. 1848년에 착공했지만 자금 부족과 남북 전쟁 등으로 중단되었다가 1884년에 완성되었다.

뉴욕(New York City)

인구 833만 명의 도시 뉴욕은 유엔 본부가 자리 잡고 있으며, 상업, 금융, 미디어, 예술, 기술, 교육, 엔터테인먼트 등에 많은 영향을 끼치는 세계 문화의 수도이다. 다양한 문화를 경험하고 즐길 수 있는 소호(SOHO)와 5번가의 근사한 거리를 둘러보고 센트럴 파크나 브라이언트 파크의 광대한 도시 녹지에서 휴식을 취할 수 있다. 또한 이 도시에는 브로드웨이 쇼와 거리 공연뿐만 아니라 늦은 밤까지 다양한 장르의 음악으로 불타는 지하 클럽이 많다.

센트럴 파크(Central Park) : 뉴욕에서 가장 큰 녹지이자 도시 공원으로 1858년에 개장되었다. 뉴욕의 상징인 이 공원에는 20개 이상의 놀이터와 인공 호수 그리고 넓은 산책로가 있어 봄과 여름에는 다양한 축제와 전시회, 콘서트 등이 개최

▲ 센트럴 파크

▲ 9. 11 국립 기념관

된다. 도심 속 허파 역할을 하는 이곳은 연간 4,000만 명 이상이 다녀갈 정도로 유명하다.

9. 11 국립 기념관(The National 9/11 Memorial & Museum) : 2001년 9월 11일에 발생한 테러에 목숨을 잃은 희생자들을 기리 기위해 세워졌다. 무너진 쌍둥이 빌딩을 상징하기 위해 만든 두 개의 인공 폭포와 반사풀은 아름답기도 하지만 한순간에 목숨을 잃은 희생자를 생각하면 가슴이 아프다. 연못 가장자리를 두르고 있는 청동판에는 2,977명의 희생자 이름이 새겨져 있으며 박물관 내부에는 당시 출동했던 소방차와 장비 및 테러 현장의 다양한 자료들이 전시되어 있다.

자유의 여신상(Statue of Liberty) : 미국 뉴욕 리버티 섬에 있는 건축물로 뉴욕을 상징하는 대표적인 건축물이며, 세계를 밝히는 자유(Liberty Enlightening the World)라는 이름으로, 프랑스가 미국의 독립 100주년을 축하하기 위해 1886년에 제작한 동상이다. 자유와 민주주의의 상징이며, 19세기 이후 지속적으로 유입

▲ 자유의 여신상

▲ 엠파이어스테이트 빌딩

되는 이민자들에게는 아메리칸 드림의 상징이 되기도 한다.

엠파이어스테이트 빌딩(Empire State Building) : 1931년 5월 1일에 개장한 이 빌딩은 필자가 학창 시절에 교과서에서 본 것 같아 많이 익숙하다. 86층 야외 전망대는 수많은 영화와 TV 프로그램에 자주 등장해서인지 관광객이 많다. 꼭대기 102층에 있는 전망대에서는 자유의 여신상, 센트럴파크, 브루클린 브릿지, 타임스퀘어와 같은 랜드마크가 보인다.

브로드웨이 연극(Brodway Theatre) : 브로드웨이는 종종 불야성의 거리(Great White Way)로 지칭되기도 한다. 브로드웨이의 극장들은 크기와 공연 성향에 따라 크게 3가지로 나누는데, 타임스퀘어를 비롯한 브로드웨이의 중심가에 위치한 수용 인원 500명 이상의 대형 극장들을 브로드웨이 극장이라 하고, 중심가를 벗어나 브로드웨이 골목길 안에 좀 작고 수용 인원도 500명 이하인 극장을 오프브로드웨이 극장이라 한다. 또한 이보다 더 작고 수용 인원도 100명 혹은 그 이하의 작은 극장들을 오프오프브로드웨이 극장이라 부른다.

▲ 브로드웨이

보스턴(Boston)

교육 도시 중에 역사가 깊고 오래된 도시로 최고의 명문 공대인 매사추세츠 공과대학교(MIT)를 비롯하여 하버드대학교, 보스턴대학교 등이 있다. 특히 바이오테크 산업 등의 최첨단 과학 연구 중심 도시이다.

가을의 단풍과 눈이 녹고 꽃이 피는 봄이 눈이 부시게 아름다운 보스턴은 평균 연령이 낮아 방문객들이 함께 즐길 수 있는 이벤트들이 많다.

MIT 공과대학교(Massachusetts Institute of Technology) : 미국 매사추세츠주의 케임브리지에 있는 연구 중심의 사립대학교이며 1865년에 개교하였다. MIT 교수나 졸업생 가운데 노벨상 수상자 83명을 비롯해 수많은 인물이 배출된 명문대학교이다.

하버드대학교(Harvard University) : 1636년에 매사추세츠 식민지 일반 의회가 설립하였다. 미국에서 가장 오래된 아이비리그 사립대학교로 책과 현금을 기증한 영국 청교도 목사 존 하버드의 이름을 딴 미국 최초의 대학교이다. 하버드대학교는 현재까지 졸업생과 교수를 포함해서 세계에서 가장 많은 157명의 노벨상 수상자를 배출하였으며, 프랭클린 루스벨트와 존 F. 케네디에 이르기까지 미국에서 가장 많은 총 7명의 미국 대통령을 배출했다.

▲ MIT 공과대학교

▲ 하버드대학교

보스턴 티 파티션 박물관(Boston Tea Party Ships & Museum) : 미국의 역사를 바꾼 1773년 12월 16일 밤 영국의 차 무역 독점 및 세금 인상에 반대한 보스턴 시민이 항구에 숨어 들어가 정박한 배에 실려 있는 차(茶) 상자를 바다에 던진 사건으로, 실제 미국 독립의 신호탄이 된 보스턴 차 사건의 자료와 역사를 쉽게 설명해 주는 수상역사박물관이다.

▲ 보스턴 티 파티션 박물관

샌프란시스코(San Francisco)

샌프란시스코는 미국 캘리포니아주에 위치하며 미국 서해안에서 가장 큰 도시이다. 서부의 금융과 상업뿐만 아니라 실리콘 밸리가 있어 IT나 첨단 산업 중심의 인기 있는 관광지이다. 시원한 여름과 안개, 급경사의 구불구불한 언덕, 조화롭고 다양한 건축물과 금문교, 그 외에도 앨커트래즈 섬이나 차이나타운 등이 유명하다.

금문교(Golden Gate Bridge) : 샌프란시스코의 금문교는 샌프란시스코 베이와

▲ 금문교

▲ 앨커트래즈 섬

마린 카운티 사이를 연결하는 세계 최초 현수교로, 1937년에 완공한 이 다리는 당시 세계에서 가장 큰 다리였다. 그 뒤 샌프란시스코의 랜드마크가 되었다.

앨커트래즈 섬(Alcatraz Island) : 19세기에는 남북 전쟁의 군사 요새였지만 이후 군사 감옥으로 사용하다가 연방 주정부의 형무소로 쓰였던 곳이다. 한 번 들어가면 절대 나올 수 없다고 해서 '악마의 섬'이라는 별칭이 있다.

유니언 스퀘어(Union Square) : 도심 한 가운데 있는 활기찬 광장으로 샌프란시스코의 명물인 케이블카를 비롯해 시내나 교외로 향하는 버스 노선, 고속 지하철이 유니언 스퀘어를 기점으로 운행되고 있어 교통이 편리하다. 케이블카는 언덕이 많은 샌프란시스코의 지리적 특성상 발달한 교통수단이었지만 샌프란시스코를 알리는 관광 상품으로 활용된다.

요세미티 국립공원(Yosemite National Park) : 캘리포니아주 시에라네바다 산맥 서부에 위치한 국립공원으로 샌프란시스코에서 약 280km 떨어져 있는 이 공원

▲ 유니언 스퀘어

▲ 케이블카

은 화려함과 생물 다양성을 인정받아 1984년 유네스코 세계문화유산으로 지정되었다. 미국에서 가장 아름답다는 산악 경관을 감상할 수 있는 존 뮤어(미국 자연 보호 운동가의 이름이며 그를 기리기 위해 만든 등산로) 트레일 코스가 유명하다.

▲ 요세미티 국립공원

로스앤젤레스(LA : Los Angeles)

미국에서 뉴욕에 이어 두 번째로 인구가 많은 도시이며 세계 영화 산업을 이끌어 가고 있는 할리우드는 비디오 게임, 음악 산업에 있어서도 세계를 선도하고 있다. 천사의 도시라는 별명을 가진 로스앤젤레스는 국제 무역, 엔터테인먼트, 미디어, 과학, 스포츠, 패션, 기술교육이 발달하였고 23만 명의 한인들이 거주하고 있다.

최적의 지중해성 기후와 아름다운 해변, 자유로운 분위기의 휴양지를 가진 로스앤젤레스는 1932년과 1984년에 하계 올림픽을 개최한 도시이며, 2028년에도 이곳에서 하계 올림픽이 개최된다.

> **읽어두기**
>
> **미국의 청바지 문화** : 1850년대 골드러시(gold rush) 시대에 미국 전역에서 금을 캐러 온 사람들이 넘쳐나며 천막촌이 형성되었다. 천막용 천을 생산하던 리바이 스트라우스(Levi Strauss)가 질긴 천막용천을 리벳으로 결합해 튼튼하게 만든 바지의 특허를 출원하여 판매하기 시작했다. 이것이 광부와 농부들의 작업복으로 크게 인기를 끌기 시작하면서 청바지 문화가 생겨났다. 리바이스(Levi's)라는 상표는 리바이 스트라우스에서 응용된 이름이다.

▲ LA 디즈니랜드

▲ 할리우드 사인

LA 디즈니랜드(Disneyland Park) : 아이들에게 행복을 선물하기 위해 월트 디즈니가 직접 기획한 세계 최초의 테마파크이다. LA 디즈니랜드는 크게 디즈니랜드 파크와 어드벤처 파크로 구분하여 놓았는데, 디즈니랜드 파크가 어드벤처 파크보다 먼저 지어져 아이들이 즐길 수 있는 놀이 기구가 조금 더 많다.

할리우드 사인(Hollywood Sign) : 1923년에 세워진 HOLLYWOODLAND는 단순한 광고판으로 만들어졌지만 차츰 이 도시의 상징물이 되었다. 이 사인은 오랜 세월과 강한 바람에 H자가 무너져 내려 복구하였다. 이때 LAND를 없애고 HOLLYWOOD로 사용하기 시작했다. 사인은 LA 시내를 내려 보고 있는 마운틴 리(Mt. Lee)에 설치되어 있다.

▲ 산타모니카 해변

산타모니카 해변(Santa Monica Beach) : 태평양을 붉게 물들이는 거대하고 아름다운 석양이 장관인 산타모니카 해변은 길이가 5.6km에 달한다. 우측 언덕에 위치한 퍼시픽공원은 규모가 작지만 태양열을 이용해 움직이는 회전식 관람차

▲ 그랜드 캐니언

와 롤러코스터 등의 놀이기구가 갖추어져 있어 가족 단위의 놀이공원으로 각광받고 있다.

그랜드 캐니언(Grand Canyon) : 애리조나주 북부의 그랜드 캐니언 국립공원은 숨이 멎을 만큼 아름답고 장엄하다. 그랜드 캐니언은 지질학적으로 지구의 역사를 확실하게 배울 수 있는 장소이다. 대체로 붉은 색을 띠지만 지층이나 지층군에서는 독특한 색이 나타난다. 1979년에 유네스코 세계자연유산으로 지정되었다.

시애틀(Seattle)

에메랄드 도시로 알려진 시애틀은 최근 빠른 속도로 성장하고 있다. 호수와 강, 바다가 있는 자연 친화적인 도시이자 세계적 기업의 본사가 모여 있는 곳이다. 아시아, 캐나다, 알래스카의 관문 역할을 수행하는 시애틀은 영화나 드라마의 소재가 되거나 배경으로 유명하다. 특히, 시애틀 도심을 배경으로 한 영화 〈시애틀의 잠 못 이루는 밤(Sleepless in Seattle)〉(1993)은 세계적으로 큰 흥행을 하였고 이 영화에 나왔던 수상 가옥은 지금도 관광지로 각광받고 있다. 우리가 즐겨 마시는 커피 전문점 스타벅스 1호점이 시애틀에 있다.

▲ 파이크 플레이스 마켓

▲ 스타벅스 1호점

파이크 플레이스 마켓(Pike Place Market) : 1907년에 개장한 재래시장으로 시애틀의 주방이라 불린다. 우리나라의 남대문시장 같이 외국인이 많이 찾는 관광 명소이다. 생산자와 소비자가 직접 물건을 팔고 사는 팜 투 테이블(Farm to Table, 농장에서 식탁으로) 시스템을 도입하여 물건들이 저렴하고 신선하다. 특히 생선을 파는 상인들의 손동작과 거리의 연주자가 들려주는 음악도 재미있다.

스타벅스 1호점(Starbucks) : 파이크 플레이스 마켓 근처에 처음 문을 연 스타벅스 1호점은 몇 차례에 걸쳐 리모델링을 하였지만 개장 초기의 모습을 비교적 잘 유지하고 있다. 창문에는 옛날 로고가 그려져 있으며, 내부에는 테이블이 없어 테이크아웃만 가능하다. 이곳은 미국에서 카페가 많기로 유명한 도시이기도 하다.

▲ 시애틀 항공 박물관

시애틀 항공 박물관(The Museum of Flight) : 세계에서 가장 규모가 큰 사립 항공 박물관이다. 초기 라이트 형제의 비행 시험부터 우주 탐험에 이르기까지의 많은 자료를 전시하고 있으며, 1·2차 세계 대전 때 사용되었던 전투기를 모아놓은 공간이 별도로 있다. 박물관을 찾는 관람객의 호기심을 자극하는 실제 비행 체험 시스템이 있어 많은 사람들이 몰려있다. 이 외에도 비행기와 미래 우주선에 관심이 많은 어린이와 청소년을 위한 다양한 프로그램이 운영되고 있다.

> **읽어두기**
>
> 미국에서 택시를 탈 때에는 무조건 뒷좌석에 타는 게 미국의 문화이며 예의이다. 만약 부득이하게 앞에 탈 일이 있을 경우에는 먼저 운전기사에게 양해를 구하고 타는 것이 좋다.

마이애미(Miami)

마이애미는 플로리다주의 중심 도시로 금융, 상업, 엔터테인먼트, 국제무역 등이 발달하였고, 세계최고 휴양지답게 아름다운 해변과 어우러진 화려한 고층빌딩이 멋스럽다.

스페인어를 쓰는 중남미계의 미국 이주민들을 히스패닉이라 하는데, 마이애미는 히스패닉 문화가 강한 도시로 실제 30% 이상의 쿠바인이 살고 있다. 마이애미는 비교적 따뜻한 날씨로 인해 여행객이 많다.

▲ 마이애미 사우스 비치

마이애미 사우스 비치(Miami South Beach) : 투명한 바다와 화려한 나이트클럽의 불빛이 어우러진 사우스 비치는 미국 여행이 아닌 남미 여행을 온 것 같은 느낌이 들게 할 정도로 남미 문화가 강한 도시이다. 화려하고 복잡한 사우스 비치를 여행하고 공원 근처의 식물원을 산책한 후 미드 비치나 노스 비치에서 휴식을 취하면 좋다.

▲ 리틀 아바나

리틀 아바나(Little Havana) : 마이애미 속 작은 쿠바 마을인 리틀 아바나는 1959년 피델 카스트로가 이른바 쿠바 혁명을 일으켜 공산 정권을 수립하기 시작하자 이를 피해 많은 쿠바인들이 이곳으로 이주해 오면서 만들어진 도시이다. 쿠바의 수도 아바나를 그리워하며 만들어진 리틀 아바나는 히스패닉이 가장 많이 사는 도시이다.

윈우드 월(Wynwood Walls) : 독특하고 거대한 윈우두 벽화가 여행객을 압도한다. 세계에서 가장 큰 야외 설치 미술 거리이다. 이 거리를 걷다 보면 그래피티

▲ 윈우드 월

(graffiti) 벽화를 만날 수 있다. 그래피티는 미술 용어이다. 벽이나 화면 등을 긁거나 스프레이 페인트로 그림을 그리는 미술 기법인데, 이곳의 작품들은 세계적인 예술가들이 참여하여 만들어졌다.

알래스카(Alaska)

미국 본토 면적의 약 20%나 되는 이 땅은 미국의 정식 영토이다. 1867년 미국의 국무 장관이었던 윌리엄 H. 수어드(William Henry Seward)가 러시아 정부로부터 720만 달러에 구입하였다. 알래스카로 자유여행을 간다면 렌터카가 필수인데, 앵커리지를 제외하고는 대중교통이 전무하기 때문이다. 특히 이곳에서는 여름 밤 백야를 체험해 볼 수 있다.

▲ 데날리 국립공원

데날리(Denaly) 국립공원 : 북아메리카에서 가장 높은 데날리 산(6,194m)은 몇 년 전까지 매킨리 산이라 불렀다. 우리나라로 보면 지리산 국립공원 같은 곳이다. 이 공원에는 알래스카의 새들과 회색곰, 아메리카 흑곰 등 다양하고 풍부한 포유동물들이 서식하고 있으며 순록들이 공원 도처를 자유롭게 돌아다니는 모습을 볼 수 있다.

▲ 오로라

오로라(Aurora) 여행 : 태양에서 방출되는 플라즈마 입자가 지구 대기권 상층부의 자기장과 마찰하면서 빛을 내는 광전 현상을 오로라라 부른다. 날씨가 좋으면 알래스카에서 이 오로라를 볼 수 있다.

하와이(Hawaii)

폴리네시아인의 전통이 살아있는 하와이는 미국 본토에서 3,700km 떨어져 있으며 1959년 미국의 50번째 주가 되었다. 우리가 흔히 부르는 하와이는 태평양 한가운데 있는 하와이 섬, 마우이 섬, 오아후 섬, 카우아이 섬, 몰로카이 섬 등 주요 8개 섬과 100여 개의 작은 섬으로 구성되어 있다.

아름다운 자연 경관, 리조트에서 휴양, 관광 및 쇼핑까지 모든 것을 즐길 수 있는 하와이는 전 세계인들의 신혼여행지이면서 가족여행의 최적지이다.

와이키키 비치(Waikiki Beach) : 오아후 섬에 있는 해변 휴양지이다. 하와이를 대표하는 상징적인 명소로 서쪽의 카하나모쿠 비치를 시작으로 동쪽의 카이마나 비치까지 약 3.2km의 해변을 일컫는다. 명소로는 데루시 성채, 카피올라니 공원과 수족관 등이 있다.

쿠알로아 랜치(Kualoa Ranch) : 하와이 오아후 섬 북서쪽에 위치한 목장이다. 옛날에는 왕족들이 이곳에 모여 교육을 받고 병법을 익히는 장소라 하여 신성시 여겼다. 자연이 잘 보존된 쿠알로아 랜치는 우리에게 잘 알려진 영화 〈쥐라기 공

▲ 와이키키 비치

▲ 쿠알로아 랜치

▲ 진주만

원〉을 비롯해 〈고질라〉, 〈진주만〉 등의 배경이 되기도 했다.

진주만(Pearl Harbor) : 우리에게 익숙한 이름인 진주만은 호놀룰루 서쪽에 위치한다. 아름답고 이색적인 문화와 독특한 전설이 깃든 진주만은 19세기 이전까지 주민들이 진주를 채취하며 살던 곳이라 하여 붙여진 이름이다. 제2차 세계 대전이 한창이던 때 아시아에서는 중일 전쟁을 비롯한 일본의 과격하고 잔악한 군사적 만행이 극에 달한다. 이를 중단시키려는 미국이 일본에 무거운 경제 제재 조치를 가하자 일본은 이를 타개하기 위해 1941년 12월 7일 항공모함 6척을 이끌고 미군함대를 무차별 공습한다. 이것이 태평양 전쟁의 시발이었다.

읽어두기

미국 사람들은 평소 'Excuse me'나 'Sorry'라는 말을 자주 사용한다. 예를 들어, 상대방과 몸이 가볍게 접촉했을 때에나 복잡한 엘리베이터 안에서도 'Sorry'나 'Excuse me'라는 말을 자주 듣는다. 이 표현은 개인적인 공간을 존중하겠다는 암묵적인 메시지이다.

또한 나이에 상관없이 대화하는 것을 좋아하는 미국인과 대화를 할 때에는 서로의 눈을 보면서 이야기하는 것이 매너이다. 눈을 보지 않고 대화를 하는 행동은 자신감이 없거나 무엇을 숨긴다고 생각해서 좋아하지 않는다.

2 캐나다 문화

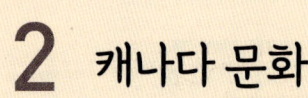

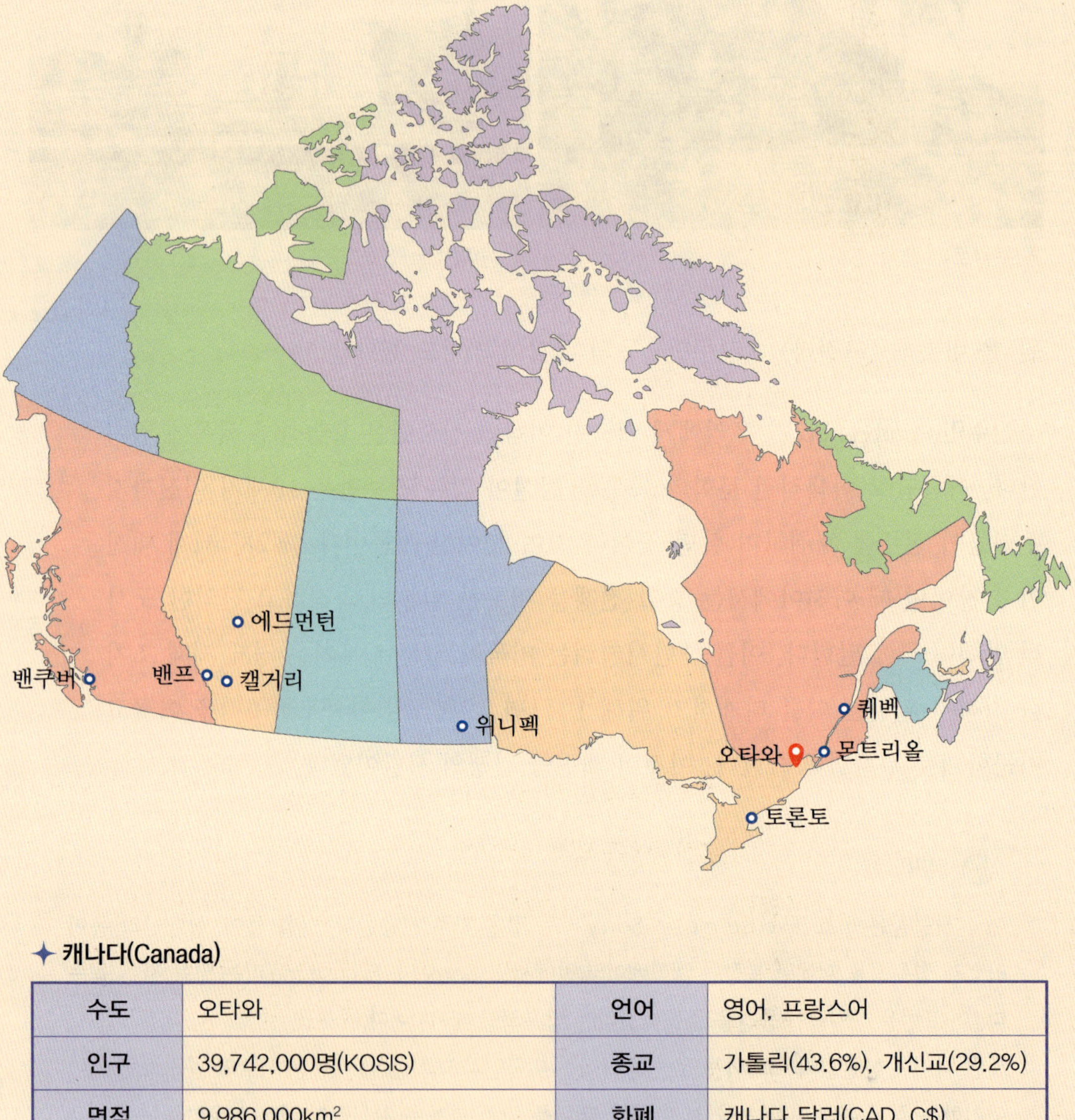

✦ 캐나다(Canada)

수도	오타와	언어	영어, 프랑스어
인구	39,742,000명(KOSIS)	종교	가톨릭(43.6%), 개신교(29.2%)
면적	9,986,000km²	화폐	캐나다 달러(CAD, C$)
민족	백인(75%), 아시아인(15%), 원주민(5%), 흑인(3%)	1인당 GDP	52,722$

1. 캐나다 연방

1604년 프랑스의 탐험가이자 뉴 프랑스의 아버지라 불리는 사뮈엘 드 샹플랭 선장의 탐사대가 퀘벡 지방에 도착해 마을을 만들고 이곳에서 자생하는 털이 부드럽고 광택이 나는 비버(Beaver, 바다삵) 모피를 생산하여 소규모 무역을 시작했다. 이곳에서 비교적 안정된 생활을 할 수 있다는 소문이 본국에 알려지자 프랑스는 이 지역으로 많은 사람을 보내기 시작했다. 이들은 캐나다 북동부 지역에 뉴 프랑스를 세웠다. 훗날 사람들은 이 지역을 '아카디아(Arcadia)'라 불렀다.

1610년부터 영국은 북아메리카 뉴펀들랜드를 시작으로 지금의 미국 땅까지 13개의 넓은 지역을 식민지화한다. 이후 프랑스와 영국 간의 북아메리카 식민지 각축전이 치열하게 전개되지만 끝내 영국이 승리하면서 캐나다는 사실상 영국의 지배하에 들게 된다.

1812년 미국은 영국과의 독립 전쟁에서 승리한 여세를 몰아 캐나다에 주둔한 영국군을 공격하였다. 이 전쟁은 결국 미국과 캐나다 간의 전쟁으로 확대되었지만 영국의 도움을 받은 캐나다가 승리하였다. 독립 전쟁이 끝나고 평화가 찾아오자 많은 영국인들이 캐나다로 이주하여 왔다.

갈수록 세력이 커진 캐나다의 주민들은 자치적인 통합 정부를 원했다. 결국 1837년에는 영국을 상대로 반란을 일으켜 캐나다 자치 정부가 구성되고, 1840년 연합법의 통과로 캐나다 전역을 하나의 정부가 통치하는 구상이 영국 의회를 통과한다.

1867년 빅토리아 여왕이 영국령 북아메리카 법을 제정하여 통과시킴으로써 캐나다 자치령이 탄생했다. 같은 해 캐나다 자치령에서 첫 연방 선거를 실시해 존 알렉산더 맥도널드가 총리에 당선되면서 캐나다 제1대 의회가 구성되었다. 캐나다의 헌법은 영국령 북아메리카 법을 기초로 만들어졌다.

캐나다는 온타리오주, 퀘벡주, 노바스코샤주, 뉴브런즈윅주로 구성되었으며 캐나다 자치령(Dominion of Canada)이라는 이름의 연방 국가로 출발하였다.

2. 캐나다 국기

캐나다의 옛날 국기는 영국 해군 국기를 차용해 만든 깃발이었다. 이 국기는 세계 대전 동안에도 캐나다 군을 대표하는 국기로 사용되었다. 하지만 1956년에 이집트 수에즈 전쟁의 중요 중재자로 노벨평화상을 수상한 레스터 피어슨 외무부 장관은 이집트에 평화 유지군을 파병하려 했으나 당시 전쟁에서 영국군과 대치중이었던 이집트의 지도자가 캐나다 깃발에 포함된 영국기를 보고 캐나다군의 진입을 거부한다. 이에 피어슨은 캐나다만을 상징할 수 있는 국기의 중요성을 느끼게 된다. 이것뿐만이 아니라 예전부터 동부 퀘벡을 비롯한 다수의 프랑스계 캐나다인들도 자신들은 영국계가 아닌데 나라의 상징인 국기에 영국 국기가 들어간 것을 용납할 수 없다며 반발했다.

1964년 전 국민을 대상으로 국기 디자인 응모전을 실시하여 1965년 2월 15일 지금의 캐나다 국기로 정식 채택되었다.

국기의 색깔은 캐나다의 상징색인 빨간색과 흰색을 사용하였다. 빨강은 영국, 흰색은 프랑스를 뜻하고 좌우에 있는 빨강색은 태평양과 대서양을, 중앙에 있는 단풍나무 잎은 캐나다를 상징하는 나무의 잎이다.

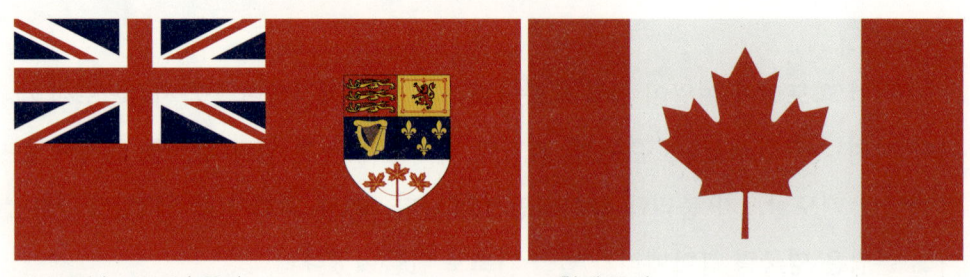

▲ 1922년~1965년 국기　　　　　　　▲ 현재 국기

3. 캐나다의 대표 도시

오타와(Ottawa)

캐나다의 수도인 오타와는 계획도시로, 청결하고 정치와 문화가 고루 발전해 온 도시이다. 주요 관광지는 다운타운에 집중되어 있으며 오타와 강 북쪽 기슭과 이웃한 퀘벡주의 가티노는 여러 개의 다리로 연결되어 있다. 봄이면 많은 튤립을 한 자리에서 볼 수 있는 메이저스 힐 공원(Major's Hill Park)과 유네스코 세계문화유산에 등재된 리도 운하(Rideau Canal)와 캐나다 국립 미술관은 훌륭한 관광 상품이다.

메이저스 힐 공원(Major's Hill Park) : 오타와 시내에 있는 아늑하고 아름다운 이 공원은 튤립이 유명하다. 리도 운하 위에 만들어진 메이저스 힐 공원 주변에는 국회의사당과 캐나다 국립 미술관 그리고 바이워드 마켓이 있다.

▲ 메이저스 힐 공원

리도 운하(Rideau Canal National Historic Site) : 온타리오주에 있는 운하이다. 이 운하의 총 길이는 202km로 오타와에서 온타리오 호수와 접한 킹스턴까지 이어진다. 리도 운하는 미국과의 전쟁을 대비하여 전략적 목적으로 건설되었지만 지금은 관광 콘텐츠 중의 하나이

▲ 리도 운하

▲ 캐나다 국립 미술관

다. 대부분의 시설들이 잘 보존되어 2007년 유네스코 세계문화유산으로 등록되었다.

캐나다 국립 미술관(National Gallery of Canada) : 프랑스의 루브르 박물관과 미국의 메트로폴리탄 미술관에 이어 세계에서 세 번째로 소장품이 많은 미술관이다. 25,000여 점을 보유하고 있는 캐나다 최고의 미술관인 이곳에 가면 원주민의 작품에서부터 최근의 현대 미술품까지 다양하고 풍부한 예술 작품들을 감상할 수 있다.

토론토(Toronto)

캐나다에서 가장 큰 도시로, 인구 3백만 명이 살고 있는 토론토는 명실상부한 캐나다의 최대도시이다. 관광 명소로는 CN타워와 신·구시청 건물 그리고 이곳에서 약 130km 떨어진 나이아가라 폭포를 꼽을 수 있다.

토론토는 우리에게 익숙한 지명이다. 아마도 메이저 리그 야구팀인 토론토 블루제이스를 기억하고 있기 때문일 것이다. 메이저 리그 팀 중 유일하게 캐나다 국적의 야구팀으로 동부 지구 소속이다.

▲ CN 타워

CN 타워(CN Tower) : 토론토에서 가장 유명한 랜드마크로 알려진 CN 타워는 1976년에 세워진 높이 555.33m의 송신 타워이다. 이 타워의 전망대에는 관광객이 창밖으로 나가서 너비 1.5m의 좁은 길을 한바퀴(약 150m) 걸어볼 수 있게 만든 엣지 워크가 있다. 365m 높이의 야외 건물 보행로인 엣지 워크는 바닥이 유리로 되어 있어 아찔하다.

▲ 구시청 건물

▲ 신시청 건물

구시청 건물(Old City Hall) : 100년이 넘는 구시청 건물은 토론토 퀸 스트리트에 위치하고 있다. 이 건물은 캐나다 출신 건축가 에드워드 제임스 레녹스가 설계하여 1899년에 건립하였다. 완공 당시에는 북아메리카 전역을 통틀어 가장 큰 건물이었다. 지금은 법원청사로 이용하고 있다.

신시청 건물(Toronto City Hall) : 1965년에 완공된 신시청 건물은 돔을 올린 원형의 건물과 높이가 서로 다른 곡선 형태의 타워로 이루어져 있다. 신청사 앞 네이션 필립스 스퀘어 광장은 토론토 시민의 휴식 공간으로 여름에는 농산물 시장이 서기도 하고, 무료 공연을 비롯하여 연중 다양한 행사가 끊이질 않는다. 겨울에는 광장 분수가 아이스 스케이트 링크로 바뀐다.

나이아가라 폭포(Niagara Falls Canada) : 미국과 캐나다 국경에 걸쳐있는 폭포로, 북아메리카에서 가장 큰 폭포이며 이구아수 폭포, 빅토리아 폭포와 함께 세계 3대 폭포이다. 나이아가라 폭포는 두 개의 대형 폭포와 하나의 소형 폭포로 나뉜다. 나이아가라 폭포의 높이는 캐나다 쪽 폭포가 약 53m, 미국 쪽 폭포가 약 30m이다.

▲ 나이아가라 폭포

미국보다는 캐나다 토론토에서 접근하는 것이 시간 소모가 적다.

몬트리올(Montréal)

몬트리올은 캐나다의 수도 오타와에서 동쪽으로 196km 떨어져 있는 도시로, 1976년에 올림픽이 개최되었다. 토론토에 이어 두 번째로 인구가 많은 몬트리올 시의 공용어는 프랑스어이다. 참고로 현지를 여행하다 보면 프랑스어가 공용어인 지역이지만 현지인은 영어를 같이 사용한다. 대표적인 관광지로는 노트르담 대성당, 몽루얄 공원, 몬트리올 올림픽 스타디움 등이 유명하다.

노트르담 대성당(Notre-Dame Basilica) : 1824년에 지어진 이 거대한 성당은 로마 가톨릭 대교구의 원형 성당이다. 이 성당은 캐나다에서도 가장 역사 깊은 성당으로 종교적인 것을 떠나 건축물의 자태와 내부 스테인드글라스(stained glass) 창은 화려하고 아름답다. 몬트리올을 대표하는 가톨릭 성당 중 하나로 예배당 주변에는 수많은 조각상과 종교화가 있다. 때때로 콘서트 공연이 이곳에서 열리기도 한다.

몽루얄 공원(Mont-Royal Park) : 뉴욕의 센트럴파크를 설계한 도시공원설계자 프레드릭 로 옴스테드(Frederick Law Olmsted)가 디자인한 이 공원은 몬트리올의 중심에 있는 233m의 동산이다. 2개의 전망대와 다양한 산책로가 있으며 빛나

▲ 노트르담 대성당

▲ 몽루얄 공원

는 십자가로도 유명하다.

몬트리올 올림픽 스타디움(Montreal Olympic Stiadium) : 1976 몬트리올 하계올림픽을 위해 지어진 개폐식 돔 경기장으로 약 8만 명을 수용할 수 있다. 지금은 FIFA 월드컵 경기장과 메이저리그 야구경기장으로 사용되며 콘서트 등이 이곳에서 자주 개최되고 있다.

▲ 몬트리올 올림픽 스타디움

밴쿠버(Vancouver)

캐나다에서 세 번째로 큰 서부의 대표 도시로 2010년 동계 올림픽이 개최했으며, 북아메리카 북서쪽 가장 위쪽 해안에 위치한다. 도시 구성 인구 비율로 보면 아시아인이 가장 많으며 우리 교민 약 60,000여 명이 거주한다. 다문화 도시인 밴쿠버는 신비로운 대자연의 보고로 대표적인 관광지로는 밴쿠버 스탠리 파크, 캐나다 플레이스 등이 있다.

밴쿠버 스탠리 파크(Stanley Park) : 시내에서 잉글리시 베이 방향으로 튀어 나

▲ 밴쿠버 스탠리 파크

▲ 캐나다 플레이스

온 반도에 위치한 공원으로 원래는 캐나다 인디언 부족들이 살았으나 1888년 공원으로 개방되었다. 밴쿠버 시내 한복판에 있는 이 공원은 너무 커서 근처에 있는 가게에서 자전거를 빌려 타고 해안가를 한 바퀴 돌았던 기억이 난다.

캐나다 플레이스(Canada Place) : 1986년 엑스포를 위해 세워진 건물로 지금은 개조하여 국제회의장으로 사용된다. 우리나라로 보면 서울 코엑스 같은 곳으로, 다섯 개의 돛대를 형상화한 지붕이 인상적이며, 마치 밴쿠버 해안선을 돋보이게 연출하는 듯하다. 매년 7월 1일 캐나다 데이(Canada day)를 이곳에서 개최하여 많은 관광객의 발길을 머물게 한다.

캘거리(Calgary)

해발 1,045m에 위치한 도시로 1988년 동계올림픽이 열렸던 곳이다. 1902년에는 캘거리의 성장 원동력인 석유가 앨버타주에서 처음 발견되었지만 모래가 섞인 오일 샌드로 일반 석유보다 시추 비용이 많이 들어 시도하지 못하였다. 그러나 1970년대 이후 가파르게 인상되는 석유 값으로 인해 오일 샌드를 개발하게 된다. 캘거리에 석유 사업을 기반으로 하는 회사들이 유입되면서 이 주변은 추운 날씨에도 불구하고 많은 이민자가 몰려와 부유한 도시가 되었다.

캐나다 로키산맥에서 약 80km 동쪽에 위치한 캘거리는 밴프 국립공원의 관문 역할을 하고 있다.

헤리티지공원 역사 마을(Heritage Park Historical Village) : 캘거리의 100~150여 년 전 모습을 보여주는 곳이지만 단순하게 재연한 곳이 아니라 당시 있던 건물들을 고스란히 한 곳에 옮겨 놓은 곳이다. 증기 기관차를 타고 마을을 한 바퀴 돌

▲ 헤리티지공원 역사 마을

▲ 드럼헬러

거나 천천히 걸으면서 시간 여행을 해 보는 것도 좋다.

드럼헬러(Drumheller) : 미들랜드 주립공원의 인접 지역으로 캘거리에서 140km 떨어진 곳에 있으며, 캐나다에서 보기 드물게 협곡이 조성된 지역으로 로얄 타이렐 고생물학 박물관(Royal Tyrrell Museum of Palaeontology)이 있다. 무려 12만 점의 많은 공룡 화석이 있는 박물관으로 어린이가 있는 가족 단위의 관광객이 많이 온다.

밴프(Banff)

밴프 국립공원 내에 위치한 조그마한 마을로 로키산맥 관광의 핵심 지역이다. 여름과 겨울 등 계절을 가리지 않고 관광객들이 넘쳐나는 이곳은 지역 경제 대부분이 관광 산업으로 구성되어 있다. 하늘을 찌를 듯한 산봉우리와 보석같이 아름다운 호수를 품은 밴프 국립공원은 1885년에 캐나다 국립공원으로 지정되었다.

밴프 타운(Banff Town) : 1800년대 후반 온천이 발견되면서 이름을 알리기 시작한 곳으

▲ 밴프 타운

▲ 미네완카 호수

▲ 콜롬비아 아이스필드

로 밴프 타운을 중심으로 인근에 여러 볼거리가 많다. 이곳에 머물면서 로키산맥 주변을 걸어보는 것만으로도 충분한 휴식이 될 것이다.

미네완카 호수(Lake Minnewanka) : 밴프 국립공원에서 가장 큰 호수로 길이가 24km에 달하며 빙하가 녹아 고인 물빛이 아름답다. 수력 발전을 위해 댐을 만들었는데, 원주민들 사이에서는 죽은 자들의 영혼이 이곳에서 만난다 하여 '영혼의 호수'라고 불리기도 한다. 해질녘 붉은 노을과 원주민의 전설이 더해진 미네완카 호수는 신비롭고 아름답다.

콜롬비아 아이스필드(Columbia Ice Field) : 총 8개의 빙하로 이루어진 대규모 빙원 지대로 북극 다음으로 넓다. 마지막 빙하기인 1만 년 전부터 내린 눈이 얼고 녹기를 반복하면서 만들어진 엄청난 규모의 빙원이다. 전 세계에서 유일하게 산악장비 없이 설상차로 빙원 지대를 관광할 수 있는 유일한 곳이다.

> 📖 **읽어두기**
>
> 캐나다는 넓은 땅을 가진 나라이다. 밴프 등 산악 지역에서는 휴대폰 통신이 불가능할 수도 있으니 산악 지역을 여행할 시에는 안전을 위하여 가족, 친구 등에게 반드시 목적지나 숙소, 일정 등을 공유하는 것이 좋다.

제3장

라틴아메리카(남미) 문화권

1. 멕시코 문화
2. 페루 문화
3. 아르헨티나 문화
4. 브라질 문화

1 멕시코 문화

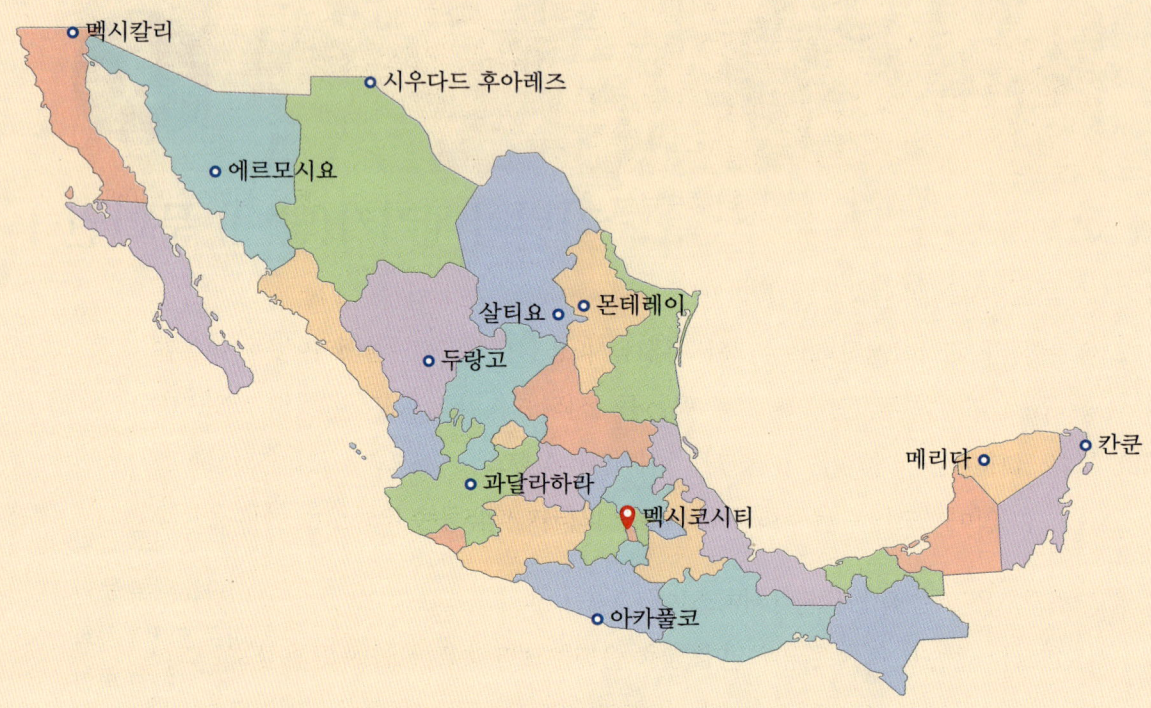

✦ 멕시코(Mexico)

수도	멕시코시티	언어	에스파냐어
인구	130,861,000명(KOSIS)	종교	가톨릭 89%, 기독교 6%
면적	1,973,000km²	화폐	멕시코 페소(MXN, Mex$)
민족	메스티소(아메리카인디언-스페인인 혼혈) 62%, 아메리카 인디언 21%, 아메리칸 7%,	1인당 GDP	12,673$

1. 마야 문명

지금의 메소아메리카(Mesoamerica, 중미) 지역을 중심으로 하는 마야 문명은 기원전 1500년경부터 스페인 정복 이전까지 대략 3천여 년에 걸쳐 번영을 누렸던 문명 및 문화권으로, 당시 아메리카 대륙에서 가장 발달한 언어 체계와 고도의 문화를 향유했으며, 높은 수준의 수학과 천문학, 의학 등과 뛰어난 건축 기술을 가지고 있었다.

마야는 당시 멕시코나 과테말라 등을 중심으로 중미 지역에 번성한 독자적 문명 또는 민족들을 통칭하는 단어이다.

마야 문명은 크게 선고전기, 고전기, 후고전기로 나뉜다. 선고전기는 기원전 2000년부터 기원후 250년까지를 말하며, 책력이 만들어지는 등 마야 문화의 기틀이 잡히는 시기이다. 서기 250~900년까지를 고전기라 분류하는데, 마야 문명을 통틀어 가장 전성기였다. 티칼, 코판, 팔렝케 등 우리가 알고 있는 대부분의 유적들이 이때에 만들어졌다. 도시의 인구가 10만 명에 이를 정도로 번성했으며 아름다운 피라미드와 사원, 석비들이 대규모로 건설되었다. 그러나 기후 변화 등 복합적인 요인들에 의해 도시국가들이 연달아 쇠퇴하면서 고전기는 끝이 난다. 이후 재기를 희망하는 사람들이 일부 도시를 중심으로 모여 과거의 영광을 되찾아보려 노력하는 이른바 후고전기가 시작되었지만 16세기 초 스페인의 침략으로 마야 문명은 초토화되었다. 이교도라는 이유로 마야인들은 무참히 학살당했고, 그들이 남긴 수많은 유적들은 잿더미가 되었다.

마야인은 다양한 작물들을 재배하여 먹었지만 그중에서도 옥수수가 주식이었다. 일단 옥수수는 습한 기후에 잘 자랐을 뿐만 아니라, 보관하기도 편했다. 옥수수는 가루를 내어 지금의 멕시코 빵인 토르티야를 빚어먹고 줄기나 뿌리로는 바구니나 밧줄 등을 만들어 사용했다. 그러나 시간이 갈수록 옥수수가 식단에서 차지하는 비중이 줄어들면서 나중에는 거의 50~60% 수준까지 감소했다. 그 이유는 아마도 기후 변화로 인해 농지가 황폐화되자 옥수수 외 다른 식물들을 재배하여 섭취했던 것으로 추정된다.

원산지가 메소아메리카 지역인 카카오는 마야인들이 신에게 제사를 지내거나 결혼식 등 중요한 의식이 있을 때 필수적으로 사용하던 신성한 음식이었다. 또한 카카오는 마야인들의 화폐이기도 했다.

2. 멕시코의 대표 도시

멕시코시티(Mexico City)

멕시코의 수도인 멕시코시티는 인구 밀도가 높고 정치, 문화, 경제, 교통, 교육 등에서 멕시코의 중심이 되는 도시이다. 또한 세계적으로 유명한 유적지와 박물관, 예술과 역사, 문화 등을 체험할 수 있어서 관광객들에게 인기가 많다.

국립인류학 박물관(National Museum of Anthropology) : 멕시코시티 차풀테펙 공원에 있는 라틴아메리카 최고의 인류학 박물관은 1964년에 설립되었다. 60만 점이 넘는 유물들이 23개의 전시실에 문명과 시대별로 구분되어 관람하기 좋게 전시되어 있다.

멕시코 조각품 중에서 가장 유명한 유물인 아스테카의 달력인 '태양의 돌'이 이곳에 소장되어있다. 태양의 돌은 무게가 25톤이고 지름이 358cm, 두께가 98cm인 거대한 석조 달력이다.

메트로폴리탄 대성당(Metropolitan Cathedral) : 멕시코에서 가장 소중한 건축물로 여기는 이 성당은 1573년에 시작해 1813년 완공하기까지 무려

▲ 태양의 돌

240년이 걸렸다. 고딕 양식과 바로크 양식 및 신고전주의 양식 등이 통합적으로 어우러진 것이 특징인 이 성당은 2개의 종탑과 중앙 돔 및 3개의 출입구로 구성되어 있으며 1967년 큰 화재로 많은 부분이 소실되었지만 지금은 복원되었다.

▲ 메트로폴리탄 대성당

소칼로 광장(Zocalo) : 멕시코시티 중앙에 있는 이 광장은 일찍이 아스테카 제국의 수도 테노치티틀란이 있던 곳이다. 아스테카 문화와 스페인 식민지 시대의 문화가 혼합된 넓은 공간으로 바로 옆에 국립궁전이 있으며 광장 주위에는 역사적인 건물 외에도 공공건물, 레스토랑, 호텔들이 있다.

타코 레스토랑(Taco Restaurant) : 타코는 멕시코 납작 빵인 토르티야에 고기, 해산물, 채소, 치즈 등의 다양한 재료를 넣어서 먹는 멕시코의 전통 요리로 손으

▲ 소칼로 광장

▲ 타코

로 음식을 들고 먹는다. 처음에는 옥수수로 만든 빵 자체를 의미하였으나, 현재는 멕시코식 샌드위치로 널리 알려져 있다. 멕시코에는 타코를 판매하는 레스토랑이 많지만 길거리 음식으로도 유명하다.

칸쿤(Cancun)

마야어로 '뱀의 둥지'를 뜻하는 칸쿤은 유카탄 반도의 동북부에 위치하며 UN 산하 세계관광기구의 인증을 받은 관광 특화 도시이다. 카리브 해의 물빛이 아름답기로 소문난 이곳은 호텔이 들어선 호텔 존과 주민들이 거주하는 다운타운 존으로 구분되어 있다.

기후는 건기와 우기가 뚜렷한 열대 사바나 기후이며, 1년 내내 덥다. 여행을 하기에는 온도가 30℃ 이하로 내려가는 봄과 겨울이 좋으며, 허리케인의 영향을 가장 많이 받는 9월에서 10월에는 200~300mm의 비가 내리기 때문에 주의하여야 한다.

▲ 칸쿤 비치

▲ 치첸이사의 엘 카스티요

칸쿤 비치(Cancun Beach) : 칸쿤의 도시 구성은 호텔 존과 다운타운 존으로 구분되어 있다. 흔히 배낭여행을 하는 사람들은 다운타운 존에서 머물러야 한다고 생각하지만, 호텔 존에도 배낭여행자가 쉴 수 있는 게스트하우스가 많으니 참고하면 좋겠다. 칸쿤의 해변은 특정 호텔이 사유권을 가지는 프라이빗 비치가 많지만, 그렇지 않은 퍼블릭 비치도 있다.

치첸이사(Chichen Itza) : 세계 불가사의 중에 하나인 마야 유적지 치첸이사는 종교적, 군사적, 정치적, 상업적 수도였다. 전성기에는 3만 5천 명의 인구가 거주했을 것으로 추정되는 이곳은 마야 문명의 도시들 중 가장 규모가 컸으며 '잊혀진 신의 도시'라 불리기도 했다. 우리가 많이 보아온 쿠쿨칸의 신전인 엘 카스티요(El Castillo)가 치첸이사의 랜드마크이다.

> 📖 **읽어두기**
>
> 멕시코 내륙 지방에서는 동양인을 차별하는 일이 자주 발생한다. 라틴아메리카에서는 백인 > 백인혼혈 > 비백인의 계급 구조가 오랜 세월 뿌리내리고 있었기 때문이다. 각별한 주의가 필요하다.

2 페루 문화

✦ **페루(Peru)**

수도	리마	언어	스페인어
인구	34,218,000명(KOSIS)	종교	가톨릭 94%
면적	1,285,216km²	화폐	페루 누에보 솔(PEN, S/.)
민족	토착민 45%, 메스티소 37% 백인 15%	1인당 GDP	6,963$

1. 잉카 문명

태양의 아들이라는 뜻을 가진 잉카는 남아메리카 안데스 중부 지역에서 발달한 문명으로 스페인이 지배하기 전까지 아메리카 대륙에서 가장 거대한 제국을 지배했다. 북쪽의 에콰도르에서 남쪽 칠레의 중부 지역까지 남서아메리카 대륙을 융합하는 거대한 제국이었다. 제국의 군주를 사파 잉카라 했으며, 이 군주 칭호를 따서 서양에서는 잉카 제국이라 불렀다. 지금의 페루인 쿠스코가 잉카 제국의 중심이었다.

쿠스코 왕조의 첫 번째 왕인 망코 카팍은 잉카 제국의 시조이다. 잉카 사람들은 약 12세기경 쿠스코에 작은 도시를 세우며 잉카 문명의 싹을 피웠다.

1438년경 쿠스코 왕조 아홉 번째 사파 잉카이자 잉카 제국의 첫 번째 황제인 파차쿠티 잉카 유팡키가 쿠스코 주변 지역을 정복하면서 소규모 왕국에 불과했던 쿠스코 왕국을 거대한 제국으로 만들기 시작했다. 그의 뒤를 이은 아들 투팍 잉카 유팡키는 현재의 에콰도르 북부 안데스 산맥까지 제국의 영토를 확장했다.

그는 아버지의 뒤를 이어 1493년까지 재위했는데, 당시 잉카 제국의 가장 큰 적이었던 치모르 왕국을 점령하였고, 페루의 북쪽 해안가까지 제국의 영토를 넓혔다.

그 후 잉카 제국의 제3대 황제인 우아이나 카팍 황제는 1493년에서 1527년까지 30년이 넘는 오랜 기간 동안을 재위하면서 잉카 제국의 최전성기를 이끈다. 그러나 천연두로 황제가 사망하자 황위 계승 문제로 분열하기 시작하면서 잉카 제국은 본격적인 내전의 수렁으로 빠져 들기 시작한다.

잉카 제국을 몰락시킨 스페인의 프란시스코 피사로는 1531년 168명의 군사와 말 27필을 원조 받아 잉카로 떠났다. 프란시스코 피사로가 잉카 제국을 찾았을 때 제국은 황위 계승 문제와 천연두라는 괴질로 인해 국력이 쇠약해지고 민심은 공포에 휩싸여 있는 상태였다. 아타우알파가 황제 자리에 올랐지만 흉흉한 민심을 안정시키는 것이 지상 과제였다. 다급해진 황제 아타우알파는 스페인에서 온 피사로라는 인물을 만나 시국의 현안에 대해 자문을 얻어 보려 하였지만 피사로의 계략에 말려 무장도 하지 않은 근위대를 동반하고 회담 장소에 나갔다가 피사로에게 생포되어 죽임을 당하게 된다.

계략에 성공한 피사로는 아타우알파의 동생 망코를 허수아비 황제로 만들어 통치하기 시작했지만 망코 황제의 생각은 달랐다. 잉카 제국을 고스란히 피사로에게 바칠 수 없다는 일념으로 기회를 엿보다 피사로의 감시가 느슨한 때를 틈타 안데스 고원지대로 도망친다. 망코는 그곳에서 잉카 제국의 부흥을 위해 노력하였다. 그의 아들인 티투 쿠시와 토파 아마루가 아버지의 뒤를 이어 계속 저항했지만 1572년 잉카인들의 부흥 노력에도 불구하고 스페인 군사들에 의해 잉카 제국은 멸망한다.

2. 잃어버린 공중 도시 마추픽추

마추픽추(Machu Picchu) 발견자는 미국 예일대의 교수 하이럼 빙엄이었다. 그는 1909년 산티아고에서 열린 학회에 참석하고 돌아오는 동안 페루의 잉카 제국 유적들을 답사하며 잉카에 대한 관심을 가지게 되었고, 1911년에 잉카 제국 최후의 수도이자 항전지인 빌카밤바를 조사하기 위해 페루 원정팀을 꾸린다.

1911년 7월 24일 하이럼 빙엄 교수는 지역 주민으로부터 고대 잉카 도시가 높은 산에 있다는 이야기를 듣고 11살 어린이를 길잡이로 몇 시간의 등산 끝에 공중도시 마추픽추를 발견하게 된다.

세계 불가사의 중에 하나인 마추픽추는 '늙은 봉우리'라는 뜻으로 페루에 있는 잉카 문명의 요새 도시로 15세기에 잉카인들에 의해 지어졌다. 도시의 기능을 하고 있을 때에는 대략 750여 명의 사람들이 거주하였을 것으로 추정되는 이곳은 해발 2,437m나 되는 산 정상에 위치해 있으며 산 아래 어디에서도 이곳을 볼 수

▲ 마추픽추

없다하여 '잃어버린 도시'라 불리기도 한다.

　마추픽추에 살았던 사람들은 산을 깎아 만든 계단식 인공 테라스에서 농사를 지었다. 이 계단식 농토는 경사가 심해 조금만 비가 와도 토양이 쓸려 내려가는 안데스 지방에서는 매우 효율적이었다. 대부분이 감자나 옥수수를 재배하였을 것으로 추정되며 라마나 알파카 등의 동물들도 길러 모피를 획득하거나 육류를 섭취하였다.

> 📖 **읽어두기**
>
> 필자의 눈에 비친 공중도시 마추픽추는 잉카인이 잠시 신들의 기술을 훔쳐와 도시를 만든 듯 뛰어났다. 돌과 돌 사이에 종이 한 장 들어갈 틈도 허용치 않은 정교한 석조 건축 기술로 산 위에서 산 아래로 자연스럽게 물이 흐르게 긴 수로를 만들었는데, 아무리 큰 비가 와도 물웅덩이가 생기지 않을 만큼 과학적이었다. 지금도 그들이 만든 수로에는 여전히 물이 흐르고 있었다. 또한 고산 지대 특유의 환경을 이용하여 음식물을 저장한 흔적이 발견되었는데, 감자를 수년간 썩지 않게 보관할 수 있었다고 한다.

3. 페루의 대표 도시

리마(Lima)

페루의 수도인 리마는 1535년에 스페인의 프란시스코 피사로가 세운 도시로 아름답고 매력적이다. 라틴아메리카에서 가장 활기찬 도시 리마는 우아하지만 침략의 역사가 담겨있는 바실리카 대성당과 유네스코 세계문화유산에 등재된 대통령궁을 비롯해 수많은 잉카의 유산을 간직한 역사의 보물 창고이면서 남미 특유의 이색적인 풍경이 공존하는 도시이다.

아르마스 광장(Plaza de Armas) : 아르마스 광장은 리마의 메인 광장으로 1991년 광장 전체가 유네스코 문화유산으로 지정되었다. 광장 주변으로 스페인 양식의 대통령궁을 비롯해서 대성당과 교회가 위치해 있고, 아르마스 광장 남쪽 1km 밖에 있는 산 마르틴 광장 중앙에는 페루의 독립 영웅인 호세 산 마르틴 장군의 기마상이 있다.

미라플로레스(Miraflores) : 미라플로레스 지역은 리마에서 여행자가 가장 많이 찾는 장소로 치안이 비교적 양호하고 상권이 잘 발달되어 있어 여행자 대부분이 이곳에서 리마 일정을 시작한다. 미라플로레스는 도심 바깥에 자리 잡고 있지만

▲ 아르마스 광장

▲ 미라플로레스

여행자의 휴식처이자 페루의 전통요리 츄러스와 옥수수 음료인 치차 등의 다양한 먹거리를 맛볼 수 있는 곳이기도 하다.

▲ 사랑의 공원

사랑의 공원(Park of Love) : 미라플로레스 지역에 있는 사랑의 공원은 스페인어로 사랑을 뜻하는 아모르를 붙여 아모르 공원이라 부르기도 한다. 이 공원은 세계적인 건축가 가우디가 만든 바르셀로나 구엘 공원을 모방하여 만들었다고 한다. 한가롭게 걸으며 사랑을 속삭이는 연인들의 모습과 곳곳에 세워진 남녀의 부둥켜안고 뒹구는 조각상들이 재미있다.

쿠스코(Cusco)

안데스 산맥 해발 3,400m의 고산에 자리 잡은 쿠스코는 과거 잉카 제국의 수도였으며 마추픽추 여행의 관문이다. 잉카 제국의 성스러운 문화와 정치, 군사의 중심지인 이 도시는 해발이 높아 고산병에 대비해야 한다. 여행을 갈 때에는 미리 약을 준비하거나 숙소에서 제공하는 코카잎차를 조금씩 마시면서 고소 적응을 하는 것이 좋다.

▲ 쿠스코 대성당

쿠스코 대성당(Cusco Cathedral) : 잉카 제국 비라코차 신전 터에 지어진 대성당은 1559년에 건축이 시작되었지만 자금 부족과 대지진 등으로 1669년에 완공된다. 당시 최고의 재능을 가진 식민지 예술가들과 수많은 원주민들이 인부로 동원되어 지어진 이 성당에는 약 400여 점의 종교화가 소장되어 있는데, 그중에 안토니 반 다이

크의 작품으로 알려진 〈예수의 초상화〉가 이곳에 있다.

▲ 12각돌

12각돌 : 쿠스코 아르마스 광장 인근에는 잉카 제국의 유적인 석벽이 남아있다. 장비나 기계도 없던 시대에 인간의 손만으로 12각 돌을 정교하게 깎아 석벽을 쌓아 올리기는 쉽지 않았을 것이다. 종이 한 장 들어가지 않을 정도로 촘촘하게 쌓아 올린 잉카 석공들의 섬세함이 놀랍다.

나스카(Nazca)

▲ 나스카 라인

페루 남부의 나스카 강 유역에 위치하고 있는 나스카는 리마에서 약 450km 떨어진 작은 사막 도시이지만 이곳에는 나스카 라인이 있어 세계적으로 유명하다. 황량한 사막에 그려진 기하학적 그림을 두고 외계인이 그렸다는 설과 힘없는 노예들이 정복자들에게 남긴 특별한 메시지라는 설이 있지만 밝혀진 것은 없다. 연평균 몇 십 mm의 적은 강수량과 극도로 건조한 사막 기후에도 손상되지 않고 남아 있다는 것이 참으로 불가사의하다.

> 📖 **읽어두기**
>
> 페루를 여행할 때에는 고산병에 주의하여야 한다. 고산병은 고도가 높아 산소가 부족해지면 신체에 변화가 일어나는 것을 말하는데, 구토, 식욕부진, 피로, 어지러움증, 불면 등의 증세가 나타난다. 미리 준비한 약을 복용하면서 고소에 적응하거나 호텔 로비에 비치한 코카잎과 코카차를 수시로 마시면 좋다.

3 아르헨티나 문화

✦ **아르헨티나(Argentina)**

수도	부에노스아이레스	언어	스페인어
인구	45,696,000명(KOSIS)	종교	가톨릭 63%, 개신교 15.3%
면적	2,766,890km²	화폐	페소(ARS, $)
민족	유럽계 백인 97%	1인당 GDP	13,659$

남아메리카 대륙 남부에 자리 잡고 있는 아르헨티나는 연방 공화국으로 23개의 주와 자치시 1개로 구성되어 있으며, 북쪽으로는 파라과이와 볼리비아, 북동쪽으로는 브라질과 우루과이, 서·남쪽으로는 칠레와 국경을 맞대고 있다.

아르헨티나의 영웅 호세 데 산 마르틴은 1816년 7월 9일 투쿠만 의회에서 독립을 선언을 했다. 스페인으로부터 완전한 독립이었다. 그리고 다음해 그는 군대를 이끌고 안데스를 넘어 칠레와 페루의 왕당파를 무찔러 아르헨티나 독립을 공고하게 하였다. 넓은 국토에 인구가 부족한 아르헨티나는 적극적인 이민 정책을 펴 유럽 쪽 사람들을 유입한다. 그래서인지 현재 아르헨티나 국민의 대다수는 유럽계 백인이며 그중에서도 이탈리아계와 스페인계가 유난히 많다.

아르헨티나는 한때 세계 5대 부국이었으나 잇따른 경제 정책 실패와 최근 이상기후로 주요 수출품인 농산물 작황 부진까지 겹쳐져 경제적 어려움이 가중되고 있다.

1. 탱고 문화

식민지였던 아르헨티나는 스페인으로부터 독립하면서 이민 정책을 국정 과제로 삼았다. 그 후 유럽과 시골 사람들이 꿈을 안고 항구 도시 라플라타 강 유역 부에노스아이레스에 모여들기 시작했다. 그러나 아무리 경제가 성장하고 있다고 해도 낯선 땅에 이주해 온 사람들의 현실은 고단함 그 자체였다. 이들이 이곳에 뿌리를 내리기까지의 일상과 애환을 리듬과 춤으로 녹여낸 것이 탱고 문화이다.

하층민들에 의해 만들어진 문화가 수면 위로 떠오르면서 상류층에 전달되었고, 이것이 전 세계로 퍼져나갔다. 탱고는 사회 및 경제적인 요인에 의해 침체기를 겪기도 했지만 탱고 음악가들에 의하여 부활하였고, 2009년 유네스코 세계무형유산으로 등재되었다.

2. 아르헨티나의 대표 도시

부에노스아이레스(Buenos Aires)

아르헨티나의 수도이며 '남미의 파리'라는 별명이 있는 부에노스아이레스는 스페인어로 '좋은 공기'라는 뜻이 있다고 한다. 라플라타 강의 하구에 자리한 항구 도시로 수백 개의 서점과 도서관 그리고 문화 센터 등이 밀집해 있어 사람들은 '책의 도시'로 부르기도 한다.

마요 광장(Plaza de Mayo) : 부에노스아이레스 시에 있는 유서 깊은 광장으로 우리나라로 보면 광화문 광장쯤 된다. 이곳 사람들은 흔히 '5월 광장'이라 부른다. 아르헨티나는 독립 기념일인 1816년 7월 9일보다 혁명 기념일인 1810년 5월 25일을 더 크게 경축하는 경향이 있다. 이처럼 큰 이슈나 정치적 의미를 간직한 마요 광장 중앙에는 5월 탑과 아르헨티나의 독립 영웅 마누엘 벨그라노 장군의 기마상이 있다.

▲ 마요 광장

▲ 엘 알테네오 서점

▲ 라보카

엘 알테네오 서점(El Ateneo Grand Splendid) : 부에노스아이레스 거리를 걷다 보면 이색적인 건물과 함께 엘 알테네오 서점이 보인다. 이 서점은 '더 그랜드 스플랜디드'라는 대형 오페라 극장을 서점으로 개조한 것이다. 내부 인테리어가 고급스럽고 화려하여 세계에서 가장 아름다운 서점이라는 타이틀을 가지고 있기도 하다. 이곳에는 연간 백만 명 이상의 사람들이 찾아와 독서를 하거나 서적을 구매한다.

라보카(La Boca) : 탱고의 발생지 라보카는 노동자 계층이 주로 모여 사는 지역이다. 이곳에 사는 노동자들은 항구가 점점 쇠퇴해지고 범죄율이 높아지기 시작하자 조선소에서 사용하고 남은 페인트를 이용하여 부둣가 마을에 울긋불긋 색칠을 하기 시작했다. 지역의 슬럼(slum)화를 막고 범죄를 예방하려는 목적이었지만 아름답다는 소문이 나면서 여행객이 모여들었다.

피아졸라 극장의 탱고(Piazzolla Tango Show) : 부에노스아이레스에서 탱고를 즐기는 방법 중 하나는 일류 극장을 찾아 저녁 식사를 하면서 탱고 공연을 보는 것이다. 피아졸라 극장의 탱고 쇼는 세계 최고 수준이다. 탱고 쇼는 라보카 거리 곳곳에서도 볼 수 있지만 피아졸라 극장의 고급스러운 탱고 공연은 무척 다이내믹하고 정열적이다.

▲ 피아졸라 극장

▲ 가우초 액세서리

가우초(gaucho) : 남아메리카 초원지대에서 유목생활을 하던 목동들을 뜻하는 가우초는 대부분 스페인인과 아메리카 원주민의 혼혈인으로 복장이 독특하다. 판초 의상과 다양한 색상의 넓은 모자, 펑퍼짐한 셔츠, 가죽으로 만든 투박한 허리띠 등이 주는 가우초 문화는 이 지역 사람들의 자랑거리이다. 특히 최근에는 가우초의 고단했던 삶과 라이프스타일, 그리고 독특한 의상 등이 재해석되어 예술이나 패션의 모티브가 되기도 한다.

엘 칼라파테(El Calafate)

아르헨티나 산타크루스주에 위치한 작은 도시로 파타고니아 지역의 중요한 관광지이다. 이 도시는 아르헨티노 호수 남부 연안과 접하며 칠레 국경에서 가깝다. 이곳에는 1981년 유네스코 세계문화유산에 등록된 로스 글라시아레스 국립공원이 자리 잡고 있어 연중 많은 여행객이 몰려든다. 특히 세계적으로 유명한 페리토 모로네 빙하를 방문하기 위한 거점 도시로 기온은 비교적 온화하다.

▲ 엘 칼라파테

▲ 비글 해협

우수아이아(Ushuaia)

세상의 끝이라 불리는 우수아이아는 남극과 가장 가깝게 닿아있는 작은 도시이다. 대자연이 살아 숨 쉬는 이곳은 일 년 내내 강풍이 불고 추우며 맑은 날을 보기가 힘들 정도이다. 남극이 가까워 펭귄과 바다사자를 볼 수 있으며, 남극으로 가는 화물선, 크루즈선, 군함 등이 정박해 있다.

비글 해협(Canal Beagle) : 비글 해협의 북동쪽은 아르헨티나이고 남쪽은 칠레이다. 너비가 약 5~13km이고, 길이 240km인 이 해협은 오랜 기간 영유권을 둘러싸고 양국 간의 잦은 분쟁이 있었지만 1984년 평화우호선언에 의하여 마무리 되었다.

티에라 델 푸에고 국립공원(Tierra del Fuego National Park) : 아르헨티나에서 유일하게 해안지방에 위치한 국립공원이다. 바다가 가깝고 차가운 서풍으로 인해 여름에도 체감 온도는 춥다. 계절에 따라 색깔이 다른 빙하와 숲이 우거진 언덕 위의 붉은 단풍은 여행객의 발길을 멈추게 한다. 우수아이아 여행을 하다 보면 특이하게도 주변의 나무가 비스듬하게 자란 것을 볼 수 있다. 아마도 바람의 영향일 것이다.

▲ 이구아수 폭포

푸에르토 이구아수(Puerto Iguazú)

푸에르토 이구아수는 아르헨티나 미시오네스주 북동부에 있는 도시로 파라과이, 브라질과 국경을 맞대고 있다. 인구는 3만 2천여 명이며, 온난 습윤 기후로 여름에는 40℃ 이상으로 무덥고, 겨울에도 0℃ 이하로는 기온이 내려가지 않아 따뜻하다. 세계 3대 폭포인 이구아수 폭포가 있어 관광객들의 발길이 끊이지 않는다.

이구아수 폭포(Iguazu Falls)는 나이아가라 폭포, 빅토리아 폭포와 함께 세계 3대 폭포라 불린다. 이구아수 폭포는 아르헨티나와 브라질 국경 지역에 있는데 폭포의 80%는 아르헨티나 땅에 위치한다. 필자의 2개국 여행 경험으로는 아르헨티나에서 본 폭포가 더 웅장하고 보기 좋았다.

> **읽어두기**
>
> 아르헨티나를 여행할 때에는 항상 소지품을 잘 지켜야 한다. 실제로 부에노스아이레스 마요 광장에서 친구와 함께 걷고 있을 때 등에 매고 있는 친구의 배낭 속 핸드폰을 소매치기당한 사례가 있었다. 또한 남미 지역 대부분의 나라는 영어로 소통하기가 어렵다. 간단한 스페인어 몇 가지를 익혀 두면 많은 도움이 될 것이다.

4 브라질 문화

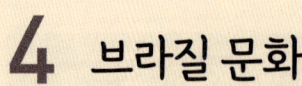

✦ 브라질(Brazil)

수도	브라질리아	언어	포르투칼어
인구	211,999,000(KOSIS)	종교	가톨릭 51%, 개신교 31%
면적	8,515,700km²	화폐	브라질 헤알(BRL, R$)
민족	유럽계 백인 52.1%, 혼혈 인종 41.4%, 흑인 5.9%	1인당 GDP	9,673$

브라질 연방 공화국은 남아메리카에 위치한 연방제 공화국으로 남아메리카에서 가장 큰 나라이다. 라틴 아메리카에서 유일하게 포르투갈 식민지에서 독립한 나라로, 포르투갈어를 사용한다. 1822년 포르투갈 왕가를 받드는 왕국으로 독립하면서 제도적으로 많은 변천 과정을 거치지만 1889년 군 쿠데타가 일어나 지금의 대통령제 공화국으로 바뀌게 된다.

대서양을 접하고 있는 브라질은 에콰도르와 칠레를 제외하고 남아메리카의 모든 국가들과 국경을 맞대고 있는 광대한 나라이다. 또한 세계에서 가장 거대한 아마존 열대우림이 브라질에 있어 풍부한 생태계 및 수많은 자연 자원들이 묻혀있어 발전 가능성이 큰 나라이다.

1. 리우데자네이루 카니발

리우데자네이루 카니발(Carnival in Rio de Janeiro, 이하 리우 카니발)은 남아메리카를 대표하는 축제로서 매년 사순절 전날까지 5일 동안 성대하게 열린다. 축제일은 매년 2월 중순부터 3월 중순 사이에 열리지만 매년 날짜가 조금씩 변한다. 리우 카니발은 포르투갈의 식민 지배가 19세기 초까지 이어지는 동안 포르투갈, 스페인, 프랑스 등의 유럽 문화가 원주민의 전통문화와 섞이고 노동력 확보를 위해 끌고 온 아프리카인의 화려한 춤 동작이 어우러지면서 지금의 세계적인 축제로 자리 잡았다

포르투갈에는 그리스도교 전파 이전부터 내려오는 봄맞이 축제의 전통이 있었다. 이 축제를 엔트루두(entrudo)라고 하는데, 현재까지도 포르투갈에서는 엔트루두를 카니발과 동일한 의미로 사용하고 있다.

마을 광장에 주민들이 뒤엉켜서 물을 뿌리고 밀가루를 뿌리며 술과 음식에 흠뻑 젖는 이 축제가 포르투갈의 식민지 브라질로 옮겨졌다. 대서양을 건너 브라질

에 전해진 엔트루두 축제는 흑인 노예들이나 빈민가에 곧바로 전파되면서 일종의 폭동축제로 변질되어 자리 잡기 시작했다. 상류층에 오물을 던지고 폭거에 가까운 거친 몸싸움이 도를 넘기도 했다.

폭동축제가 점점 사회문제가 되면서 1850년 무렵 브라질 상류층에서부터 엔트루두를 대체하는 축제를 만들어야 한다는 공감대가 형성되었다.

이때부터 반항적인 축제 엔트루두는 경쾌한 음악과 아프리카 앙골라를 기원으로 하는 삼바춤이 섞이면서 세계인을 흥분시키는 독특한 카니발로 발전하게 된다.

오늘날 삼바는 브라질의 상징이며 정체성이기도 하다. 4분의 2박자 리듬의 경쾌하고 격렬한 몸놀림은 브라질 사람들의 언어이자 문화적 표현이다.

리우 카니발의 하이라이트인 삼바 퍼레이드는 삼바 스쿨(Escola de samba)들의 경연으로 이루어진다. 댄스 클럽이자 학원인 삼바 스쿨은 카니발 축제를 준비하기 위해 특별히 설립된 학교로 1928년 최초로 리우데자네이루의 흑인 빈민가에 설립이 되었다.

그 이후로 많은 학교들이 세워지면서 매년 리우카니발 축제에서 서로 선의의 경쟁을 하는데, 리우데자네이루 시에서는 주요 삼바 스쿨에 보조금까지 주고 있다.

삼바 스쿨의 기능과 역할은 지역 주민들과의 활발한 교류와 다음 세대에 삼바의 전통을 전수하는 것이다. 해마다 카니발을 준비하는 행정 당국의 협력을 받아 가난한 아이들에게 영어나 춤, 악기 등을 가르치기도 하며 지역 사회의 구심점 역할도 한다.

▲ 삼바

삼바 퍼레이드는 1929년부터 경연 대회를 시작했다. 처음 몇 년간 삼바 경연 대회는 퍼레이드의 일부를 구성하는 작은 행사에 불과했지만, 언론들이 삼바 경연 대회를 후원하기 시작하면서 경연 대회의

규모가 급격히 커졌다.

　1950년대에 들어서며 삼바 스쿨의 수 또한 점점 늘어나 현재 삼바 경연 대회는 메이저리그 격인 S리그 12팀과 마이너리그 격인 A리그 14팀이 참가해 경연을 벌이게 된다. 최종 심사 결과에 따라 S리그 하위 1팀이 A리그로 떨어지고, A리그 상위 1팀이 S리그로 올라가는 경연이기 때문에 모든 팀이 최선을 다한다. 또한 삼바 카니발 우승팀은 우리 돈으로 10억 원이 넘는 상금을 받고, 각종 광고와 공연 등을 통해 막대한 수입을 올리는 것으로 알려져 있다.

2. 브라질의 대표 도시

브라질리아(Brasilia)

　브라질리아는 1956년에 당선된 브라질 대통령 주셀리누 쿠비체크에 의해 건설된 계획도시이자 현재 브라질의 수도이다. 과거의 수도인 리우데자네이루는 1960년에 새 수도인 브라질리아에 수도를 넘겨준다. 1987년 도시 전체가 유네스코 세계문화유산으로 지정되었다.

　국회의사당(National Assembly) : 브라질을 대표하는 국회의사당은 오스카 니마이어의 수많은 명작 중 하나로 1964년에 완공되었다. 쌍둥이 탑을 가운데 두고 한쪽은 접시를 엎어 놓은 듯하고 다른 한쪽은 접시가 바로 놓여있는 것처럼 지어졌는데, 이는 각각 상원과 하원을 상징한다.

　마네 가린샤 스타디움(Mane Garrincha Stadium) : 최신 기술이 빚어낸 브라질 최고의 스포츠 경기장으로 7만여 명을 수

▲ 국회의사당

▲ 마네 가린샤 스타디움

용할 수 있으며, 브라질리아 FC 및 레지움 FC의 주요 경기가 이곳에서 열린다. 2014년 브라질 월드컵을 위해 리모델링한 이 스타디움은 환경 보전을 염두에 두고 설계되었으며, 브라질의 전설적인 축구 선수이자 '작은 새'라는 별명이 있었던 마네 가린샤의 이름을 경기장 이름으로 사용하였다.

리우데자네이루(Rio de Janeiro)

아름다운 해변과 카니발, 삼바 댄스 등 특유의 매력과 정열이 넘쳐나는 브라질의 대표 도시 리우데자네이루는 1960년 수도를 브라질리아로 이전하기 전까지 브라질의 수도였으며, 2016년 리우데자네이루 올림픽이 이곳에서 개최되기도 했다.

예수 그리스도 상(Cristo Redentor) : 리우데자네이루를 가장 빛나게 하는 코르코바도산 정상의 예수상으로, 1931년 브라질 독립 100주년을 기념하여 국립공원인 코르코바도 정상에 초대형 예수상을 세웠다. 1922년부터 9년에 걸쳐 완공된 예수상은 높이가 39.6m 양팔을 펼친 폭이 30m에 이르는 거대한 조형물이다.

해발 704m에 세워진 거대한 예수상을 보고 혹자들은 세계 불가사의 건축물 중에 하나라고 말하기도 한다.

코파카바나 해변(Copacabana Beach) : 세계 3대 미항인 코파카바나 해변의 길이는 4km에 달한다. 필자가 본 이 해변의 매력은 일광욕을 즐기는 많은 여행객과 비치발리볼 게임으로 여가를 즐기는 현지

▲ 예수 그리스도 상

인들의 자유로운 모습이다. 아름다운 해변 남서쪽 끝에는 1914년 완공된 코파카바나 포트가 있다. 1987년까지 군방어시설로 사용되었지만 현재는 군사 박물관으로 운영되고 있다.

셀라론 계단(Escadaria Selaron) : 칠레 출신의 예술가 호르헤 셀라론이 브라질 리우데자네이루에 정착하고 1990년부터 2013년 사망하기 전까지 자기 집 앞 215개의 계단에 세라믹 타일을 붙였다. 호르헤 셀라른이 이주해 살았던 마을은

▲ 코파카바나 해변

▲ 셀라론 계단

브라질 빈민가를 뜻하는 파벨라로, 이곳은 범죄가 자주 발생하는 무법지대였다. 그는 파벨라를 살려보자는 생각에 주변 건설 현장이나 도시 폐기물 속에서 타일을 하나둘씩 수거해 계단에 붙이기 시작했다. 이 같은 사실이 언론을 타기 시작하면서 해외여행자들이 몰려들었고, 그중 어느 관심 있는 여행객이 셀라론에게 타일을 기부했다는 소식이 인터넷을 통해 알려지면서 60여 개의 나라에서 타일을 보내주었다. 이 계단의 높이는 15m이며 타일의 개수만 2,000개가 넘는다.

상파울루(Saint Paul)

포르투갈어로 '성 바울'이라는 이름의 상파울루는 브라질에서 가장 많은 인구가 사는 도시이다. 커피 거래를 통해 성장하였지만 오늘날에는 각종 산업이 발달한 브라질 경제의 중심지가 되었다. 상파울루는 19세기 말부터 20세기 초까지 세계 각국에서 이민자가 많이 몰려든 도시로 아직까지 각 지역 간의 빈부 차이나 불평등이 심하고 치안도 좋지 못하다.

▲ 이비라푸에라 공원

이비라푸에라 공원(Parque Ibirapuera) : 1954년에 상파울루 시 400주년을 기념하기 위해 개장한 공원이다. 조깅 코스는 물론 크고 작은 연못들, 그리고 현대미술관과 같은 문화시설도 자리하고 있다. 1,584,000m²의 광활한 면적에 위치한 이 공원은 여가를 즐기는 수많은 사람들의 휴식처가 되어주고 있다.

상파울루 중앙시장(Municipal Market of Sao Paulo) : 브라질이 본격적으로 커피 경제에 진입하기 시작한 것은 1900년대이다. 커피 경제의 중심지가 된 상파울루에 사람들이 모여들면서 중앙시장은 비약적인 성장을 하게 된다. 그러나 1990년대부터 등장하기 시작한 대형유통업체들로 인해 재래시장은 급격히 쇠퇴하기 시작한다. 지금의 상파울루 중앙시장은 2004년 대규모 리모델링을 통해 재탄생한 것이다.

▲ 상파울루 중앙시장

▲ 포즈 두 이구아수

포즈 두 이구아수(Foz do Iguacu)

브라질에서 이구아수 폭포를 가기 위하여 거치는 관문 도시로 깨끗하고 규모가 큰 편이며, 관광객들로 인해 늘 활기가 넘친다. 열대지역이라 날씨는 덥고 후텁지근하며 주변에는 커피나무, 사탕수수 같은 열대작물이 많다.

이구아수 폭포(Iguazu Falls)는 원래 파라과이 땅이었으나 아르헨티나, 브라질, 우루과이와 벌인 삼국동맹전쟁에 대패하여 폭포의 상당 부분을 잃게 되면서 지금의 영토로 확정된 것이다.

> 📖 읽어두기
>
> 삼바의 나라 브라질을 방문할 때에는 말라리아나 전염병에 감염될 수 있으니 여행 전에 미리 예방접종을 하고 떠나는 것이 좋다.

제4장

아프리카 문화권

1. 남아프리카공화국 문화
2. 에티오피아 문화

1 남아프리카공화국 문화

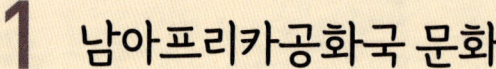

✦ 남아프리카공화국(Republic of South Africa)

수도	프리토리아(행정), 케이프타운(입법), 블룸폰테인(사법)	언어	영어, 아프리칸스어, 줄루어 등 9개 토착어
인구	64,007,000명(KOSIS)	종교	기독교
면적	1,220,000km²	화폐	랜드(ZAR, R)
민족	흑인 75.2%, 백인 13.6%, 아시아계 및 혼혈인 8.6%	1인당 GDP	6,190$

정식 명칭은 남아프리카공화국이며, 흔히 남아공이라 부른다. 아프리카 대륙 최남단에 위치하고 있으며 흑인이 75.2%에 달하는 남아공은 독특하게도 공화제와 의원내각제를 기반으로하는 대통령제를 운영하고 있으며, 대통령은 국가원수와 정부수반을 겸한다. 또한 민주국가의 필수 요소인 삼권분립을 도시별로 따로 분리시켜 놓았는데, 행정 수도는 프리토리아, 입법 수도는 케이프타운, 사법 수도는 블룸폰테인에 배분되어 있어 남아공의 수도는 세 곳이다. 세계에서 가장 풍부한 광물 자원 보유국의 하나로 금, 망간, 크롬의 매장량은 세계 1위이며, 우라늄, 다이아몬드, 철광석, 석탄 등 중요 자원을 포함한 42개 종류의 광물을 생산하고 있다.

1. 넬슨 만델라

넬슨 롤리랄라 만델라는 1918년 7월 18일 남아프리카연방 트란스케이 움타타에서 코사족 부족장의 아들로 태어났다. 대학 재학 중 친구가 백인에게 모욕당하는 것을 목격하고 처음으로 인종차별적 대우의 부당함을 자각하고 인종차별 반대 활동을 시작했다.

비트바테르스란트대학에서 법학을 전공하고 요하네스버그에서 법률사무소를 차려 변호사 일을 시작했다. 1944년 아프리카민족회의(ANC)산하 청년연맹을 창설하여 흑인인권 운동에 적극적으로 나섰다.

1960년 샤프빌에서 경찰의 총기난사로 유혈사태가 발생하자 만델라는 평화적 시위운동을 중단하고 무장투쟁을 이끌기 시작했다. 1961년 지하 무장 조직인 '민족의 창'을 결성해 전국적인 파업을 주도하고 게릴라 활동에 나섰다. 그러나 흑인 해방을 위해 투쟁한 지 17개월 만인 1962년 체포되어 1964년에 국가전복기도죄로 종신형을 선고받았으며 27년간 로벤 아일랜드 감옥에서 복역하였다.

수감 중인 넬슨 만델라는 메시지를 통해 흑인 저항운동을 이끌고 있었다. 날이 갈수록 남아공 정부와 흑인들의 갈등이 심각해지자 넬슨 만델라는 싸움을 멈추기 위해 정권과 협상을 해야겠다고 생각했다. 1985년 수감되어 있는 만델라는 법무부장관에게 회담을 제안하는 편지를 보내 법무부 장관 스스로 교도소를 방문하게 하였다. 만델라는 법무부 장관에게 흑인들의 진정한 목표는 폭력이 아님을 강조한다. 그러나 동료들은 만델라의 협상에 반대하며 투쟁을 계속하였다.

국제사회는 흑인들을 억압하는 남아공 정부에 경제적 제재를 가하기 시작했다. 이로 인해 남아공은 세계은행에서 돈을 빌리기 어려웠으며 심지어 석유를 사기도 힘들게 되었다. 만델라는 어려워진 남아공 백인 정부와 4년간 끈질기게 회담 제안 편지를 보내 1989년 보타 대통령과의 만남을 성사시킨다.

수감생활이 길어질수록 만델라의 명성과 영향력은 높아져 갔다. 세계 각국에서는 만델라의 석방을 촉구하는 시위가 열리기 시작했고 자유와 정의의 상징 인물이 되어 갔다.

1989년 건강 문제로 사임한 보타 대통령의 뒤를 이어 프레데리크 빌럼 데 클레르크가 대통령에 취임한다. 그는 즉각 만델라를 제외한 7명의 정치범을 아무런 조건 없이 석방한다고 발표했다. 27년의 수감생활을 마치고 자유의 몸이 되는 순간이었다. 프레데리크 빌럼 데 클레르크 대통령은 임기 동안 흑인들의 보통 선거권을 보장하고 백인들과 동등한 다른 법적 권리를 가지는 정책을 시행하여 1994년 첫 민주주의 선거가 실시되는데, 여기서 넬슨 만델라가 대통령으로 선출된다.

남아공 최초로 흑인이 참여하는 총투표에서 전체 투표율 62.5%로 대통령에 당선된 만델라는 전 세계 10억 명의 시청자가 지켜보는 가운데 1994년 5월 10일 역사적인 취임선서를 하게 된다. 남아공 인구의 14%인 백인 통치 300년에 종지부를 찍는 순간이었다.

임기를 마친 만델라는 재선에 도전하지 않고 고향으로 내려가 2013년 12월 5일 95세의 나이로 숨을 거두었다.

> 프레데리크 빌럼 데 클레르크(Frederik Willem de Klerk) 대통령은 민주주의를 확립하고 인종차별 정책을 철폐한 공로로 1993년 노벨평화상을 넬슨 롤리랄라 만델라와 공동 수상했다.

2. 남아프리카공화국의 대표 도시

케이프타운(Cape Town)

남아프리카공화국의 입법 수도이며 남아공 남서쪽 해안에 위치한 아름다운 해변 도시로 대서양과 인도양이 만나는 지점에 위치한다. 시가지 뒤에 웅장하게 자리 잡은 테이블 마운틴과 근처에 희망봉이 있어 관광객이 많이 찾는 도시이다.

테이블 마운틴(Table Mountain) : 해발 1,084.6m의 테이블 마운틴은 정상부의 모양이 길이가 남북으로 3km, 동서로 2km에 달하는 평평한 고원으로 되어있고, 양쪽은 가파른 절벽으로 둘러 싸여있다. 이 산에는 약 1,500종의 식물과 사향 고양이, 케이프 망구스, 비비 원숭이 등의 다양한 동물들이 서식하고 있다.

▲ 테이블 마운틴

로벤 아일랜드(Robben Island) : 남아프리카 웨스턴케이프주에 위치한 작은 섬으로 해발이 낮고 평평한 지형으로 아프리카 펭귄과 타조의 서식지이기도 하다. 1959년부터 1996년 인종차별 정책인 아파르트헤이트가 실시되는 동안 많은 저항 운동가들이 수감되었던 감옥이 이곳에 있으며, 넬슨 만델라 전 대통령도 이곳에 18년간 감금되어 있었다. 1999년 유네스코 세계문화유산에 등록되어 있으며 지금은 박물관으로 공개되어 있다.

▲ 로벤 아일랜드

▲ 로벤 아일랜드 감옥

희망봉(Cape of good hope) : 희망봉은 케이프타운 남쪽에서 조금 떨어진 대서양 해변에 있는 바위 곶으로, 1488년 포르투갈의 항해자 바르톨로메우 디아스가 처음 발견하였다. 유럽에서 인도로 가는 새로운 항로를 개척할 수 있다는 간절함이 만들어 낸 이름 희망봉은 1497년 바스코 다 가마가 희망봉을 지나 인도로 가는 항로를 개척하였다. 이후 포르투갈은 인도와 향신료 무역을 하면서 큰 부를 축적하게 된다.

▲ 희망봉

요하네스버그(Johannesburg)

요하네스버그의 본격적인 도시화는 1886년 금광이 발견되면서부터이다. 금광 발견으로 인해 골드러시가 발생하면서 도시는 급격히 성장했다. 이 도시는 남아프리카공화국에서 가장 큰 도시이자 금융, 비즈니스 등 다양한 산업이 고르게 발전한 경제 수도이다. 세계 최대의 인공림을 보유하고 있으며 트랜디한 예술의 도시로 유명하지만 열악한 치안 상태와 빈곤, 실업, 에이즈 등은 극복해야 할 과제이다.

아파르트헤이트 박물관(Apartheid Museum) : 이 박물관에는 1948년부터 1994년까지 시행된 극단적인 인종 분리와 차별 정책으로 인한 억압과 불평등의 고통을 기억하고 잊지 않겠다는 염원을 담은 박물관이다. 박물관 내에는 여러 역사적 사건들이 설명되어 있으며 정책의 잔혹함을 생생하게 보여주는 사진들과 영상을 비롯하여 다양한 자료들이 전시되어 있다.

▲ 아파르트헤이트 박물관

▲ 소웨토

▲ 컨스티튜션 힐

소웨토(Soweto) : 소웨토는 1904년부터 시작된 아파르트헤이트 정책으로 흑인들을 요하네스버그 중심가에서 남서쪽으로 강제 이주시키면서 만들어진 거대한 흑인 거주 지역이다. 이 지역에는 아직도 과거의 아픈 역사를 간직하며 살아가는 사람들이 대부분이지만 정부의 대대적인 발전 계획 아래 제조업 공장이 들어서고 인프라를 갖춘 일반적인 마을도 생기기 시작했다.

컨스티튜션 힐(Constitution Hill) : 과거 흑인 죄수 약 3,000명을 수감했던 4번 교도소 단지에 위치한 박물관으로 아파르트헤이트 시절의 잔혹한 역사와 관련이 있다. 이곳은 현재 남아프리카공화국의 인간권리보호와 민주주의를 이해하고 상징하는 명소로 변모했다.

읽어두기

남아프리카공화국은 치안이 매우 열악하기 때문에 차량을 이용하여 이동하고자 할 때에는 낮에 목적지에 도착하도록 하고 야간 외부 활동은 하지 않는 것이 좋다. 또한 남아프리카공화국은 자연보호법규가 엄격하여 허가를 받지 않고 낚시를 하거나 야생 동식물 등의 채취를 절대 하지 말아야 한다.

2. 에티오피아 문화

✦ **에티오피아 연방 민주공화국(Federal Democratic Republic of Ethiopia)**

수도	아디스아바바	언어	암하라어, 영어, 아파르어, 오모르어, 소말리어, 티그라
인구	132,060,000명(KOSIS)	종교	에티오피아 정교 44%, 이슬람교 34%, 개신교 19%
면적	1,104,300km²	화폐	에티오피아 비르(ETB, Br)
민족	오로모 35%, 암하라 27%, 티그라이 6% 등 80여 민족	1인당 GDP	1,020$

2. 에티오피아 문화 ✦ 177

에티오피아는 아프리카 대륙의 동쪽 돌출부인 이른바 아프리카의 뿔(Horn of Africa)에 위치하고 있는 민주공화국으로 북쪽에 에리트레아, 동쪽에 지부티와 소말리아, 남쪽에 케냐, 서쪽에 수단과 남수단이 국경을 접하고 있다. 에티오피아는 기원전 1000년경부터 고대 에티오피아 왕국이 존재하였다. 이후 1889년 이탈리아의 보호령이 되었다가 1896년에 독립하지만 1935년 무솔리니에 의해 다시 정복당한다.

그러나 이탈리아가 제2차 세계 대전에 참전하여 영국군 주도 연합군에 의해 이탈리아가 패배하자 에티오피아는 영국군의 도움을 받아 1944년에 해방되었다.

에티오피아는 1950년 6.25 전쟁 때 우리나라에 군대를 보내준 유일한 아프리카 국가로 대한민국과 자유민주주의 수호를 위해 싸워 준 고마운 나라이다.

1974년 군부 쿠데타로 사회주의 국가가 되었지만 1991년 군사정권이 무너지고 1995년 에티오피아 연방민주공화국이 공식 출범하였다.

1. 에티오피아 종교

에티오피아는 고대 악숨(Aksum) 왕국의 에자나 왕이 서기 325년에 기독교를 국교로 선포한 이후 지금까지 이 나라 국민들의 대부분이 기독교를 믿는다.

악숨 왕조는 북아프리카의 고대 왕국 중 하나로 현재의 에티오피아 북부와 에리트레아 지역을 장악하며 기원전 4세기부터 서기 1세기에 걸쳐 전성기를 맞이한다. 이 왕조는 지중해 동부에서 인도에 이르는 넓은 지역의 해상 무역에 깊이 관여했으며, 서기 10세기까지 존속했다.

기독교 다음으로 많은 국민들이 믿는 종교가 이슬람이다. 선지자 무함마드(마호메트)가 중동 지역의 박해를 피해 홍해를 건너와 에티오피아에 정착하면서 이슬람이 전파되기 시작했다고 한다. 에티오피아에서는 교회와 모스크를 한동네에서 쉽게 볼 수 있는데, 이것으로 인한 사회갈등은 크게 없는 편이다.

2. 에티오피아 커피

에티오피아는 커피의 발상지로 유명하다. 전설에 의하면 6~7세기경 칼디(Kaldi)라는 양치기 소년이 염소들을 데리고 목초지로 가던 중 염소 몇 마리가 빨간색 열매를 먹고 잠도 자지 않고 밤새 뛰어노는 것을 보고 신기하게 여겨 자신도 먹어보게 된다. 쓴맛이 강했지만 잠시 뒤에 정신이 맑아지는 효과를 느끼고 이 사실을 수도원의 수도사들에게 알렸다. 그러나 수도사들은 '악마의 열매'라 여기며 불속에 던져버렸다. 그런데 불에 타던 이 열매에서 향기롭고 맛있는 냄새를 맡게 된다. 수도사들은 곧바로 불에 타다 남은 열매를 수거하여 뜨거운 물에 타 마셔 보았다. 성공적인 커피가 만들어진 것이다. 이렇게 하여 수도사들은 점점 커피의 맛에 빠져들기 시작하였다. 수도사들은 커피에 들어있는 각성 물질로 인해 맑은 정신으로 밤새워 기도를 할 수 있었다고 전해지며 '커피'라는 이름 또한 에티오피아의 지명 '카파(Kaffa)'에서 비롯되었다고 알려져 있다.

에티오피아는 해발 1,300~1,800m의 고산지대에 대부분 위치하고 있으며, 연 강수량이 1,500~2,500mm이고, 평균 기온이 15~25℃를 유지하고 있어 커피나무가 꽃을 피우고 열매를 맺기 위한 최고의 조건을 가지고 있다.

에티오피아는 아라비카 커피의 원산지로 연 생산량은 약 36만 톤이며, 세계 6위이다. 주요 커피 생산지로는 시다모(Sidamo), 예가체프(Yirgacheffe), 지마(jimma), 하라르(Harrar) 등이 있으며 특히, 세계적으로 유명한 예가체프는 에티오피아 남부 시다모 지역의 작은 마을이었는데, 이곳에서 생산되는 커피의 품질이 좋아 이 마을의 이름을 브랜드화한 것이다.

에티오피아 농부들은 자연과 조화를 이루는 전통적인 재배 방식으로 화학 비료나 인공 살충제 없이 커피나무를 기르며 커피의 품질과 맛을 유지하고 있다.

필자가 이곳을 방문해 보니 대부분의 농부들은 가족 단위로 소규모 농장에서 커피를 재배하고 있었다. 이들은 나무를 천천히 자라게 하는 자연친화적인 재배 방식을 고집하고 있었는데, 그 이유는 커피 열매의 성숙 시간을 늘리고 풍부한 향과 맛을 가진 커피를 생산하기 위해서라고 하였다.

에티오피아의 '분나 세리머니(Bunna Ceremony)'는 커피가 단순한 음료를 넘어 생존을 위한 식량이자 신에게 바치는 신성한 예물로 여겨지는데서 시작되었다. 이 의식은 생두를 씻고 볶는 것부터 시작하여 커피를 다 마실 때까지의 과정 하나하나를 2시간 이상에 걸쳐 종교 의식처럼 경건히 행하는 것이다. 환영, 행운, 축복의 의미로 3잔의 커피를 마시는데, 작은 잔으로 연달아 조금씩 마신다. 하루 중 아무 때나 할 수 있지만 대부분 아침, 점심, 저녁 식사 중간에 주로 한다. 이처럼 특별한 방식으로 커피를 마시는 이 의식은 가족끼리 또는 이웃 간, 거래처 등에서 자유롭게 행해지는 일상으로 지역사회의 정보교환 등에 중요한 역할을 하기도 한다.

필자가 느낀 에티오피아 사람들의 커피 사랑은 우리가 생각하는 단순한 음료로써의 커피가 아니라 시공간을 초월하여 전달되는 정신적 문화유산이었다.

3. 에티오피아 대표 도시

아디스아바바(Addis Ababa)

새로운 꽃을 의미하는 아디스아바바는 해발 2,500m 지점에 위치해 있는 도시로 에티오피아의 수도이다. 이 도시는 다양한 민족이 공존하는 문화의 용광로로 아프리카 연합과 그 전신인 아프리카 통일 기구, 유엔 아프리카 경제 위원회 등 다양한 아프리카 대륙의 경제·정치 기구들의 본부가 이곳에 위치해 있어 아프리카 대륙의 정치적 수도라고도 일컬어진다.

▲ 에티오피아 국립박물관

에티오피아 국립박물관(National Museum of Ethiopia) : 지하 1층과 지상 3층으로 구성된 이 박물관이 유명해진 이유는 320만 년 전에 살았던 인류의 시초라 불리는 고대 유인원 루시의 화석과 인류의 진화 자료가 이곳에 있기 때문이다. 루시는 오스트랄로피테쿠스아파렌시스라는 초기 인류 화석으로, 1974년에 에티오피아에서 발견된 화석이다. 키는 약 1m이며 체중은 13~42kg 정도의 여성으로 직립 보행을 한 것으로 알려져 있다.

메르카토 시장(Mercato Market) : 아프리카 최대의 재래시장 중 하나로 20세기 초 이탈리아 점령시기에 형성된 대규모 야외 시장으로 가전, 의류, 향신료, 식품 등 다양한 제품을 판매한다. 이곳은 에티오피아의 경제적 중심지로서 지역 주민들과 관광객 모두에게 인기가 있어 언제나 사람이 넘쳐나고 활기차다.

▲ 메르카토 시장

2. 에티오피아 문화

▲ 엔토토 산

엔토토 산(Mount Entoto) : 엔토토 산은 아디스아바바 북쪽에 위치한 해발 3,300m의 산으로, 도시를 한눈에 조망할 수 있는 명소이다. 1886년까지 에티오피아의 수도였던 이 산에는 메넬리크 2세의 궁전과 마리암 성당이 위치해 있으며, 적의 침략에 대비하여 이곳을 수도로 잡았지만 산이 높아 식량과 여러 물자들을 조달하기 쉽지 않아 낮은 지대로 수도를 옮긴 곳이 바로 지금의 아디스아바바이다.

악숨(Aksum)

에티오피아 북부에 위치한 도시로, 과거 악숨 왕국의 수도였다. 악숨은 다양한 문화적 특성을 가지고 있는 무역 중심지이다. 솔로몬 왕과 시바 여왕의 아들 메넬리크 1세가 모세의 십계명이 담긴 언약궤를 가지고 왔다는 전설 때문에 많은 기독교도들에게 성지로 여겨지기도 한다. 악숨은 역사적, 문화적 가치를 인정받아 1980년 유네스코 세계문화유산으로 지정되었다.

▲ 시온의 성모 마리아 성당

시온의 성모 마리아 성당(Church of our lady mary of zion) : 이 성당은 4세기경에 자나 왕에 의해 세워진 것으로, 1665년에 재건되었다. 모세의 언약궤가 이곳에 보관되어 있다고 알려졌지만 일반인에게는 공개되지 않고 있어 의문을 제기하는 사람도 있다. 이 성당은 에티오피아의 전통과 종교적 관습으로 현재까지 여성의 출입이 금지되고 있다.

▲ 둔구르 궁전

▲ 악숨 오벨리스크

둔구르 궁전(Dunger Palace) : 에티오피아 역사에서 매우 특별했던 시바 여왕의 왕궁으로 알려진 둔구르 궁전은 기원전 10세기경에 건설된 것으로 추정된다. 고대 건축의 특징을 잘 보여주고 있는 이 유적지는 훤하게 트인 넓은 벌판에 위치하고 있는데, 건물은 거의 무너지고 토대가 된 돌기반과 형태만을 알 수 있을 정도로 복원되어 있다.

악숨 오벨리스크(Axum Obelisk) : 고대 악숨 왕국 시대에 세워진 것으로 추정되는 오벨리스크는 단단한 화강암으로 만들어졌으며 왕의 무덤 위에 세워졌었다. 현재 이곳에는 크고 작은 오벨리스크 130여 개가 남아있으며, 그중에 높이가 24m, 무게가 180톤이나 되는 에자나 왕의 거대한 오벨리스크는 1937년 이탈리아 무솔리니에 의해 약탈되었다가 2005년에 반환되어 재건한 것이다. 다양한 문양의 조각과 비문으로 장식되어 있는 이 오벨리스크는 에티오피아의 정체성이자 역사이고 문화를 대표하기도 한다.

곤다르(Gondar)

곤다르는 에티오피아 암하라주의 도시로 해발 2,133m에 위치하고 있으며 1632년부터 1855년까지 에티오피아 제국의 수도로 번성하였다. 이 시기에 유네

▲ 파실게비 유적   ▲ 시미엔 국립공원

스코 세계문화유산에 등재된 파실게비(Fasil Ghebbi) 등의 수많은 유적이 만들어진다. 유적지는 대부분 시내의 동부와 북부에 몰려있다.

파실게비 유적(Fasil Ghebbi) : 곤다르에 위치한 요새 도시 파실게비는 파실리데스 황제에 의해 건설된 것으로, 17~19세기 중반까지 에티오피아 황제들이 거주지로 사용하였던 곳이다. 1979년 세계문화유산에 등재된 이곳에는 왕국, 교회, 수도원 등 다양한 건축물이 있어 매년 많은 여행객이 방문하고 있다.

시미엔 국립공원(Simien National Park) : 시미엔 국립공원을 형성하는 시미엔 산맥의 여러 산들은 오랜 세월을 거쳐 침식과 융기를 반복하면서 에티오피아 고원에 들쭉날쭉한 많은 산봉우리를 만들어 냈다. 이곳 국립공원에는 다양한 야생 동물이 살고 있는데, 특히 멸종위기의 시미엔 여우와 에티오피아 늑대 등이 서식하고 있다. 시미엔 국립공원은 1978년 유네스코 세계자연유산으로 지정되었다.

> 📖 **읽어두기**
>
> 에티오피아는 치안이 좋지 않은 나라이므로 소지품 관리에 각별히 신경 써야 한다. 사람이 많은 곳이나 조용한 골목을 혼자 다니는 것은 피하도록 한다. 또한 출국하기 전에 예방접종이 필요하며, 말라리아 예방약 복용을 권장한다.

제 5 장

건조(이슬람) 문화권

1. 튀르키예 문화
2. 이란 문화
3. 사우디아라비아 문화
4. 이스라엘 문화
5. 요르단 문화
6. 이집트 문화

1 튀르키예 문화

✦ **튀르키예 공화국(Republic of Turkye)**

수도	앙카라	언어	튀르키예어
인구	87,474,000명(KOSIS)	종교	이슬람교 99%
면적	779,452km²	화폐	튀르키예 리라(YTL)
민족	튀르키예 족, 쿠르드 족, 아랍인	1인당 GDP	13,034$

남유럽과 서아시아를 연결하는 관문 튀르키예 공화국은 외세의 침입이 많은 나라였다. 수도는 앙카라이며, 가장 큰 도시는 이스탄불이다. 과거 오스만 제국은 제1차 세계 대전 이후에 무너지고 1923년에 무스타파 케말 아타튀르크의 지도로 입헌 공화국인 터키가 되었다.

무스타파 케말 아타튀르크(Mustafa Kemal Atatürk)는 오스만 제국의 군인이자 혁명가로 터키 공화국의 초대 대통령이다.

2022년 터키라는 국호를 튀르키예로 바꾸었다. 그 이유는 영어권에서 터키라는 단어는 칠면조를 뜻하기도 하지만 속어로 겁쟁이를 뜻하는 말로 사용되고 있기 때문이다

1. 오스만 제국

오스만 제국의 뿌리는 몽골의 침략을 피해 아나톨리아 반도 깊숙이 이동해 온 한 튀르크 부족으로부터 시작되었다. 튀르크 부족은 1300년대에 들어서 오늘날의 튀르키예 땅인 아나톨리아 반도 북서쪽에서부터 영토를 넓혀가며 튀르크인을 하나로 모으기 시작했다. 그때 최고 지도자인 부족장의 이름이 오스만 가지였다. 국호 오스만 제국은 그 사람의 이름을 따서 지어졌다고 한다.

오스만 제국은 바다 건너 비잔티움 제국의 영토를 점령하였으며 인재 등용을 위한 데브시르메 제도를 실시하여 오스만 제국의 초석이 되는 인재와 용맹스러운 군인들을 길러냈다.

오스만 제국이 강국으로 급부상한 시기는 제4대 술탄인 바예지트 1세 때부터이다. 그는 정예군대를 이끌고 발칸 반도의 대부분과 아나톨리아 반도의 동쪽까지 영토를 넓혔으나 앙카라 부근에서 티무르에게 처참하게 패배하며 생포되었다가 풀려난 충격으로 44세 때 후계자도 정하지 못하고 사망했다. 혼란에 빠진 오

스만 제국은 내전 끝에 새로운 술탄 메흐메트 2세가 제국을 이끌게 된다. 그는 1453년 콘스탄티노폴리스를 빼앗고 동로마 제국을 멸망시키는 데 성공한다.

메흐메트 2세는 콘스탄티노폴리스를 오스만 제국의 수도로 삼고 이름을 이스탄불로 바꾼다. 파괴와 약탈을 엄격하게 금지하였고 기존에 존재하던 성당 등의 시설물을 모스크로 개조하는 동시에 점령지 엘리트들에게 신앙의 자유를 제한적으로 허용하여 반항을 무마하는 등의 조치를 취하였다.

그 후 셀림 1세가 집권한 9년 동안 오스만 제국의 영토는 3배 정도나 늘어났다. 16세기 초 아제르바이잔과 쿠르트계 부족이 기원인 사파비 왕조가 불같이 일어나 이란 전역을 평정하고 유프라테스강에서 아프가니스탄까지 세력을 확장한다. 셀림 1세는 콧대 높은 사파비 왕조를 1514년 찰디란(Chaldoran) 전쟁에서 크게 이겨 메소포타미아 일대의 영토를 차지하게 된다. 그것이 오늘날 튀르키예와 이란의 국경이 되었다.

오스만 제국은 셀림 1세의 아들 쉴레이만 1세 때 전성기를 맞이하는데 발칸 반도와 헝가리를 점령하고 신성 로마 제국과 대립하던 프랑스의 프랑수아 1세와 동맹을 맺은 후 1529년 합스부르크 가문의 본거지이자 신성 로마 제국의 수도 빈을 1개월 이상 포위했지만 엄청난 폭우로 인해 작전은 실패하고 만다. 그러나 오스만 군이 서유럽 내 깊숙이 들어와 위협한 사건은 당시 서구 국가들에게 큰 충격을 주었다.

오스만 제국은 넓은 땅을 확보했지만 서로 다른 문화와 종교를 가진 민족들로 구성되어 있어서 제국을 다스리기 힘들다는 사실을 술탄은 알고 있었다. 가장 좋은 방법이 밀레트를 이용하는 방식이었다. 밀레트는 같은 종교나 종파를 가진 사람끼리 만든 자치공동체를 말하는데 종교, 풍속, 관습 및 재판권까지 행사할 수 있게 하였다. 그러나 술탄은 밀레트 지도자를 직접 뽑아 관리하고 세금을 자체적으로 거두어 술탄에게 납부하게 함으로써 권력의 누수를 막고 전국을 혼란 없이 지배하였다.

오스만 제국은 쉴레이만 1세를 끝으로 서서히 그 위세가 꺾이기 시작했다. 1789년 프랑스 대혁명의 여파로 오스트리아를 비롯한 유럽 국가들은 빼앗긴 땅을 되찾기 시작했고 아랍인을 비롯한 피지배 민족의 독립 운동이 들불처럼 오스만 제국 내에서 일어나기 시작했다.

이후 1839년 압뒬메지트 1세는 개혁 칙령을 발표하고 행정, 군사, 문화에 이르기까지 서구적 체제로 바꾸고자 하였으나 피의 황제로 불리는 압뒬하미트 2세가 헌법을 정지하고 의회를 해산하는 등의 조치를 감행하면서 개혁은 물거품이 된다. 이후 청년 튀르크 당이 헌법의 부활을 요구하며 봉기해 압뒬하미트 2세를 퇴위시키고 개혁을 재추진하지만 제1차 세계 대전이 발발하면서 동력을 잃게 된다. 오스만 제국은 동맹국으로 참전하였지만 패전국이 되었다.

연합국과 패전국인 오스만 제국 사이에 조인된 세르브 조약은 패전국에게는 참혹할 정도로 불리한 조약이었다. 어쩔 수 없이 영토 상당 부분을 떼어주고 소아시아와 유럽의 일부만을 유지하다 1922년 오스만 술탄 메흐메트 6세가 이스탄불 궁전을 떠나면서 623년간 이어진 오스만 제국은 막을 내리고 1923년 터키 공화국이 수립되면서 지금의 튀르키예로 이어지고 있다.

2. 튀르키예의 대표 도시

이스탄불(İstanbul)

고대 그리스 시대에는 비잔티움이라 불렀다. 이후 동로마 제국이 수도로 삼으면서 콘스탄티노폴리스라 하였다. 오스만 제국의 메흐메트 2세가 점령한 후 이스탄불로 개명하여 수도로 지정하였다. 튀르키예의 최대 도시 이스탄불은 지금의 수도인 앙카라보다 넓고 인구도 많다. 보스포루스 해협 양안에 위치하여 아시아와 유럽 대륙을 걸치고 있는 도시이다. 역사나 상업의 중심지는 유럽 쪽이지만 인구의 3분의 1은 아시아 쪽에 거주한다.

▲ 아야 소피아

아야 소피아(Aya Sofya) : 정식 명칭은 하기아 소피아 그랜드 모스크이다. 튀르키예의 이스탄불에 있는 그리스 정교회 성당으로 지어졌지만 1453년 이슬람 국가인 오스만 제국이 콘스탄티노폴리스를 정복한 후 모스크로 개조되어 현재까지 사용 중이다. 지금까지 남아있는 비잔티움 건축의 대표작으로 불린다.

▲ 술탄아흐메트 광장

술탄아흐메트 광장(Sultanahmet Square) : 이스탄불에 위치한 광장으로 3세기 초 로마 황제 셉티미우스 세베루스는 전차 경주를 할 수 있는 넓은 경기장을 지었다. 이후 동로마 제국이 멸망하는 15세기까지 많은 행사와 사건들이 이 경기장에서 이루어졌다. 그러나 오스만 제국에 정복당한 후 경기장은 지금의 광장으로 바뀌게 된다.

▲ 그랜드 바자르

▲ 술탄 아흐메트 모스크

밤이 되면 광장 내의 설치물들에 은은한 조명이 들어와 낮과는 다른 야경을 즐길 수 있다.

그랜드 바자르(Grand Bazar) : 아치형 지붕이 있는 대형 시장 그랜드 바자르는 15세기 건립되어 동서양의 교역 장소로 수백 년 동안 그 규모를 키워 왔다. 지금은 관광객들이 빠뜨리지 않고 찾는 대표적인 관광 명소가 되었다.

필자가 여행해 본 경험에 의하면 그랜드 바자르는 골목이 미로처럼 복잡하고 점포수만 약 4,500개에 달한다. 성문처럼 생긴 입구가 20여 곳이 넘기 때문에 방향을 잃을 수 있으니 지하철 출구를 기억해 두는 것이 좋다.

술탄 아흐메트 모스크(Sultan Ahmet Mosque) : 이스탄불에 있는 거대한 모스크로 내부의 타일이 푸른빛을 띠고 있어서 블루 모스크로 알려져 있으며, 오스만 제국의 제14대 술탄 아흐메트 1세의 명령에 따라 1609년부터 착공에 들어가 1616년에 완성되었다. 세계에서 가장 아름다운 모스크라는 평가를 받고 있으며 우뚝 서있는 첨탑 6개는 술탄의 권력을 상징하기도 한다.

앙카라(Ankara)

1923년 이스탄불을 수도로 삼은 오스만 제국이 무너지고 난 후 튀르키예 공화

▲ 앙카라 성

▲ 아니트카비르

국은 수도를 앙카라로 옮긴다. 사실 제1차 세계 대전이 끝나고 오스만 제국은 그리스 왕국의 침입을 받아 앙카라 근처인 사카리야 강에서 21일간의 치열한 전투를 벌인 끝에 그리스 왕국을 물리치고 터키 공화국을 수립한다. 이때 이곳 앙카라를 수도로 지정하여 오늘에 이른다.

앙카라 성(Ankara Fort) : 앙카라 시내를 한눈에 내려다볼 수 있게 언덕 위에 세워져있다. 정확한 건축 연대는 알 수 없지만 2중으로 쌓은 성벽 중 내부 성벽은 7세기에 지어졌고, 외부 성벽은 9세기에 지어진 것으로 보고 있다. 앙카라 성은 최초 건설 이후 여러 번 개조되었으며 1832년 오스만 제국 시대에 대대적으로 수리하였다.

아니트카비르(Anıtkabir) : 튀르키예 공화국의 초대 대통령이자 전쟁 영웅인 무스타파 케말 아타튀르크의 무덤인 아니트카비르는 앙카라를 내려다보는 언덕에 세워져있다. 아니트카비르는 국가의 통합을 강조하는 의미에서 건축 자재를 전국에서 골고루 가지고 와 시공하였다.

아나톨리아 문명 박물관(Museum of Anadolu Civilies) : 앙카라에 위치한 박물관으로 고대 아나톨리아, 즉 지금의 튀르키예 반도를 중심으로 형성된 히타이트 왕국에 관한 유물을 많이 전시하고 있어 히타이트 박물관이라고 부르기도 한다.

히타이트 왕국(기원전 1600년~1178년)은 세계 최초로 철기를 사용하여 메소포타미아를 호령하던 국가로 알려져 있다.

안탈리아(Antalya)

지중해 연안에 위치한 최고의 휴양 도시로 기후가 온화하여 겨울에도 영하로 떨어지지 않는다. 이스탄불 다음으로 외국인 관광객이 많이 찾아오는 안탈리아는 맑고 깨끗한 지중해와 고대 로마 유적들이 넘쳐나는 도시이다.

▲ 아나톨리아 문명 박물관

하드리아누스 문(Hadrian's Gate) : 서기 130년 로마 황제 하드리아누스가 안탈리아를 방문한 것을 기념해 건립한 문으로 구시가지로 들어가는 메인 게이트로 사용되었으며, 입구에는 이오니아식 기둥이 바치고 있는 3개의 멋진 아치가 있다.

▲ 하드리아누스 문

▲ 안탈리아 고고학 박물관

▲ 뒤덴 폭포

안탈리아 고고학 박물관(Antalya Archeology Museum) : 튀르키예에서 가장 큰 박물관으로 전시관 13개와 야외 전시실 1곳으로 이뤄져 있다. 지중해와 안탈리아 인근에서 출토된 고대 유물을 주로 전시하는 박물관이다.

뒤덴 폭포(Duden Waterfalls) : 뒤덴 강에 있는 두 개의 폭포로, 알렉산드리아 폭포라고도 하며 높이는 40m이다. 바위 절벽에서 지중해로 떨어지는 힘찬 물줄기가 바다와 부딪치면서 생기는 물보라 때문에 신비한 빛깔의 무지개가 만들어지는 것을 볼 수 있다.

파묵칼레(Pamukkale)

튀르키예 남서부 데니즐리에 위치한 작은 온천 마을로 튀르키예의 대표적인 관광지이다. 단층을 뚫고 나오는 온천수의 칼슘 성분이 퇴적되어 만들어진 멋진 자연 현상과 물속에 석회 성분이 들어있어 건강에 좋다는 소문으로 연중 여행객이 넘쳐나는 도시이다.

파묵칼레 온천(Pamukkale hot spring) : 파묵칼레 온천은 물속에 칼슘과 중탄산염이 함유되어 있으며 온천수의 온도는 섭씨 35~50℃이다. 심장병, 소화기 장애, 신경통 등에 효과가 좋다는 소문 때문에 역대 로마 황제들과 귀족들이 이곳에

▲ 파묵칼레 온천　　　　　　　　　▲ 히에라폴리스 원형극장

서 온천욕을 즐겼다고 한다. 앤티크 풀은 고대 로마시대 유적 위에 조성된 노천 온천으로 바닥에는 무너진 대리석 기둥이 그대로 남아 있다. 튀르키예에서는 온천욕을 할 때 반드시 수영복을 입어야 한다.

히에라폴리스 원형극장(Hierapolis amphitheater) : '성스러운 도시'라는 뜻의 히에라폴리스는 기원전 190년경에 세워진 고대 도시이다. 온천 휴양 도시로 번영하던 도시는 1354년에 일어난 대지진으로 역사 속으로 살아졌다가 발굴된 도시이다. 이곳에는 최대 15,000명을 수용할 수 있는 규모의 원형극장이 있다. 로마 하드리아누스 황제의 방문을 기념해 만들어진 이 극장의 객석 중간에는 반원 모양의 귀빈석이 있고 오케스트라의 객석은 높이 1.83m의 벽으로 분리되어 있다. 검투사들의 경기나 맹수와 검투사가 싸울 때 관객을 보호하기 위한 것이라고 한다.

카파도키아(Cappadocia)

실크 로드의 중간 거점으로 크게 융성했던 지역으로 초기 그리스도교 형성 시에 중요한 역할을 했다. 로마 시대에 종교 때문에 탄압을 받던 그리스도교인들은 로마를 빠져나와 삶의 터전을 이곳에서 새로 시작했다. 침략자로부터 마을을 보호하기 위해 바위에 구멍을 뚫고 지하 도시를 건설해낸 불가사의한 힘은 확실한

▲ 데린쿠유 지하 도시

▲ 피존 밸리

신앙심뿐이었을 것이다. 그들이 만들어낸 역사의 흔적이 오늘의 관광 자원이 되고 있다.

데린쿠유 지하 도시(Derinkuyu Underground City) : 현재까지 발견된 가장 큰 규모의 지하 도시로, 깊이가 85m나 된다. 기원전 7세기부터 프리지아인이 이곳에 터를 잡고 살고 있었지만 이슬람 세력의 핍박을 피해 몰려온 기독교인들이 크게 번영시킨 도시이다. 내부 통로와 환기구가 있고 교회와 학교, 그리고 침실, 부엌, 우물 등이 있어 사람이 살기에 부족함이 없는 지하 도시이다.

피존 밸리(Pigeon Valley) : 기암괴석으로 가득한 피존 밸리는 카파도키아에서 가장 유명한 계곡으로 손꼽힌다. 피존 밸리(비둘기 계곡)란 이름에서 보듯이 비둘기는 이 지역 주민들에게 매우 중요한 존재였다. 비둘기 고기로 단백질을 섭취하고 비둘기 분뇨를 이용해 포도 농사를 지어 와인을 생산했다. 또한 비둘기를 길들여 통신 수단으로 사용하기도 했다.

> 📖 **읽어두기**
>
> 튀르키예는 환율 변동이 심한 나라이다. 여행할 때는 카드 사용보다는 리라로 환전하여 현금을 사용하는 것이 유리하다.

2 이란 문화

✦ **이란 이슬람 공화국(Islamic Republic of Iran)**

수도	테헤란	언어	페르시아어
인구	91,568,000명(KOSIS)	종교	이슬람교 98%(시아파 94%, 수니파 4%)
면적	1,640,000km²	화폐	이란 리얄(IRR)
민족	페르시아인 61%, 아제르바이잔인 16%, 쿠르드인 10%	1인당 GDP	4,233$

페르시아만 연안과 인도 대륙 사이에 위치한 이란 이슬람 공화국은 수도가 테헤란이다. 세계에서 가장 오래된 문명의 발상지로 현재 22개의 유네스코 세계문화유산을 보유하고 있다. 시아파의 종주국인 이란은 1935년 팔레비 왕조가 국호를 이란 제국으로 바꾸었지만 1979년에 이란 혁명으로 인해 팔레비 왕조가 무너지고 호메이니가 이슬람 공화국을 세우면서 나라 이름도 이란 이슬람 공화국으로 바꿨다.

이란은 대통령제 민주주의를 가미한 신정 국가로, 국가의 모든 권력이 종교적 최고지도자인 아야톨라에게 집중되어 있다. 아야톨라(Ayatollah)는 시아파의 성직자 계급의 하나로서, 하나님의 증거라는 뜻으로 이슬람 신학에서는 철학, 윤리학 등 최고 전문가들이 갖는 칭호이다.

이란은 세계에서 2번째로 많은 양의 천연가스가 매장되어 있으며, 원유 매장량은 무려 세계 4위이다.

1. 이란의 역사

이란에 처음 세워진 국가는 아케메네스 왕조이며 이란인의 조상은 아리아인으로 이란은 아리아인의 나라라는 뜻이다. 페르시아란 명칭은 고대 이란계 부족의 이름과 이란 남서부 해안 지역의 땅을 파르스라고 부른데서 비롯되었다. 이것을 라틴어로 페르시아로 쓴 것이 정착화되었으며 오늘날의 이란이 바로 페르시아의 후예이다.

당시 오리엔트 지역의 4대 강국 중 하나였던 메디아 왕국의 속국이었던 페르시아는 키루스 2세의 독립 전쟁으로 메디아 왕국을 멸망시키고 페르시아로 합병한다. 이란 민족을 최초로 통일시킨 키루스 2세는 관대한 정책을 펼쳐 식민지인들의 종교와 관습을 지켜주며 바빌로니아에 노예로 잡혀 있던 유대인을 해방시킨다. 지금도 키루스 2세는 이란인들에게는 아주 위대한 왕, 너그럽고 지략이 뛰어난 왕으로 각인되어 있다.

페르시아 제국의 왕 다리우스 1세는 흑해, 인더스 강까지 영토를 확장하였다. 그의 위대함은 페르시아 제국의 영토나 국력 등 외형적인 모습에서도 돋보였지만 다양한 민족, 언어, 종교로 구성된 제국을 태평성대로 통치할 수 있었던 것은 관용의 리더십 때문이었다.

이후 셀레우코스 왕국, 파르티아 제국을 거쳐 3세기 초 사산 왕조의 페르시아 건국 이후 400년 동안 페르시아 부흥 시대를 맞이하게 되었다. 특히 사산왕조 페르시아는 조로아스터교를 국교로 삼았다. 조로아스터교는 기원전 2000년에 자라투스트라가 창시했다고 전해지는 종교로 인류 역사상 가장 오래된 유일신 신앙이다. 선과 악의 이원론으로 세상을 보는 종교이다. 유대교와 기독교, 이슬람교에도 큰 영향을 끼쳤다.

이렇게 1,000년 가까이 서남아시아를 지배하던 페르시아는 아랍인의 침입으로 서기 651년에 멸망하고 아랍인의 지배를 받으면서 이슬람화가 진행되었다. 자신들의 문자를 버리고 아랍 문자를 사용하였으며 조로아스터교를 대신하여 이슬람교가 보급되었다. 이란인들이 이슬람으로 쉽게 개종할 수 있었던 이유는 조로아스터교와 이슬람교가 유사하기도 했지만 이란인들을 관료로 많이 등용하여 국가를 운영한 것도 이유 중 하나이다.

9세기에 한때 사파르 왕조, 사만 왕조가 일어났으나 얼마가지 못하고 11세기부터 투르크계 셀주크 왕조의 지배를 받았다. 이후 몽골계 티무르 제국의 지배하에 있을 때 타브리즈에 사파비 왕조를 세운 이스마일 1세가 1507년에 티무르 제국이 무너지자 이란 전 지역을 평정하고 강력한 이란 민족 국가를 세운다. 이때 국교를 시아파 이슬람교로 정하고 수니파들을 강제로 개종시켰다. 사파비 왕조는 오스만 제국과의 분쟁을 시작으로 수니파 이슬람 세력과 끊임없이 대립했다.

18세기 후반부터는 투르크멘족의 카자르 왕조가 창건되어 수도를 테헤란으로 옮겼으며 제1차 세계 대전 중에는 중립을 선언했지만 국토는 전쟁터가 되었고, 이란에 진출한 영국과 러시아에 밀려 반식민지 국가 상태를 면치 못하게 된다. 결국 1919년 페르시아·영국 조약으로 영국의 보호령이 되지만 이란 내부에서 반발이 나타난다. 이때 러시아가 10월 혁명으로 철수하자 영국의 지원을 받는 레자 샤가 중심이 되어 카자르 왕조를 무너뜨리고 팔레비 왕조를 세운다.

팔레비 왕조는 근대적 사법 체계를 도입하여 성직자들의 자의적인 판결 관행을 중지시켰고, 1935년에는 국호를 페르시아에서 이란으로 바꾸었으며 1936년에는 여성들의 차도르를 없앴다.

제2차 세계 대전이 발발하자 이란은 중립을 선언했지만 1941년 8월 영국과 소련이 이란을 침공하여 레자 샤를 압박했다. 결국 레자 샤는 1941년 9월 6일 그의 아들 무함마드 레자 샤 팔레비에게 왕위를 양위하고 추방당했다. 무함마드 레자 샤 팔레비는 권좌에 올랐지만 무함마드 모사데크를 중심으로 하는 이란 민족주의 성향의 신흥정치 엘리트들과의 갈등으로 인해 세력이 약해지기 시작한다.

1951년 세력을 키운 무함마드 모사데크는 총리가 되어 석유 산업을 전면 국유화시키고 황족과 귀족들의 토지를 농민에게 분배하는 토지개혁과 개혁정치로 국민들의 지지를 받았다. 그러자 미국과 영국이 세계 경제에 치명적일 수 있는 석유에 관한 문제를 이슈화하면서 이란의 경제적 위기를 만들어낸다. 이때를 기회로 미국의 지원을 받고 있는 군부가 쿠데타를 일으켜 무함마드 모사데크 정권을 추출하고 팔레비 왕조는 다시 권력을 되찾는다. 무함마드 레자 샤 팔레비 왕은 미국의 비호 아래 서구화 및 근대화 정책을 펼쳐 이란을 어느 정도 발전시키는 데 기여하지만 국민들은 굴욕적인 친미 노선과 이슬람 전통을 무시한 서구화 정책에 반감을 가지기 시작했다.

1979년 1월 16일 계엄령에도 불구하고 학생들의 반황제, 반정부 시위가 전국으로 확대되면서 격렬해지자 레자 샤 팔레비왕은 이집트로 도피한다. 결국 팔레비 왕조가 무너지고 이란 혁명은 성공한다. 혁명 정부를 이끌었던 호메이니는 사회주의 및 세속주의 세력을 빠르게 숙청한 후 나라 이름을 이란 이슬람 공화국으로 바꾸었다.

이란 이슬람 공화국 이후의 정치 상황은 개혁과 개방을 지향하려는 움직임이 1980년대 후반부터 나타나기 시작했으며, 특히 호메이니 사후 이 같은 흐름이 두드러졌다. 1989년 아크바르 하셰미 라프산자니 대통령이 취임하면서 자유화 조치들이 시작되었고, 1997년 개혁파 모하마드 하타미 대통령의 등장으로 이란 사회 내에서도 시민사회 운동이 번지기 시작했다.

2005년 치러진 대선에서는 보수파의 반격 속에 초강경 이슬람주의 마무드 아마디네자드 대통령이 예상을 뒤엎고 재출마한 라프산자니 전 대통령에게 압승을 거두지만 미국과의 핵문제 등으로 충돌하면서 서방과 마찰을 빚었다. 그 후 2013년 6월 15일 하산 로하니가 새로운 대통령으로 취임하면서 외국과의 관계를 점차 개선하기 시작하였다.

현재의 이란은 국내외적으로 어려운 상황에 놓여 있다. 특히 경제가 어려워지자 이란의 국민들은 거리로 나와 구호를 외치고 있으며, 2022년 이란에서 22세 여성이 히잡을 바르게 착용하지 않았다는 이유로 경찰에 체포되어 의문사한 사건을 계기로 대규모 시위가 일어나기도 했다.

2. 이란의 대표 도시

테헤란(Teheran)

이란의 수도인 테헤란은 카자르 왕조에 의해 수도로 지정하면서 크게 발전했다. 이란에서 가장 큰 도시이자 행정·경제·문화의 중심지로 1977년 서울특별시와 이란의 수도 테헤란시의 자매결연을 기념하여 테헤란에 서울로가 만들어졌으며, 서울에는 테헤란로가 있다.

> **읽어두기**
>
> 테헤란 공항에 내려 시내를 가려면 택시를 이용하는 것이 좋다. 이란의 물가는 우리가 생각하는 것보다 훨씬 저렴하기 때문에 택시 요금 걱정은 크게 하지 않아도 된다. 또한 이란의 택시 번호판은 아라비아 숫자가 아닌 페르시아어 숫자로 되어있으니 여행가기 전에 알아두면 도움이 될 수 있다.

▲ 아자디 타워

아자디 타워(Azadi Tower) : 팔레비 왕조 시대인 1966년 건축가 호세인 아마나트의 설계로 착공되어 1971년 이란 건국 2,500주년 기념축제 때 완공하였다. 탑은 이란의 화합을 강조하기 위하여 사산 왕조와 아케메네스 왕조의 건축 양식과 이슬람 전통 방식을 조화롭게 활용하였다.

골레스탄 궁전(Golestan Palace) : 2013년 유네스코 세계유산으로 지정된 골레스탄 궁전은 테헤란 코르다드 광장에 있는 역사적인 궁전이자 박물관으로 꽃의 궁전이란 뜻을 가지고 있다. 16세기 사파비왕조 타흐마스프 1세 시기에 건조되

▲ 골레스탄 궁전

▲ 이맘 호메이니 모스크　　　　　　　▲ 이란 국립박물관

어 18세기 잔드 왕조를 건국한 카림 칸에 의해 리노베이션 되었다.

이맘 호메이니 모스크(Imam Khomeini Mosque) : 카자르 왕조 파트 알리 샤 카자르가 1809년에 시작하여 1849년에 완성하였다. 커다란 돔과 인상적인 외벽이 유명하며 4개 입구의 문은 19세기 카자르 스타일의 건축 기법으로 지어져 대단히 섬세하고 기품이 있다.

이란 국립박물관(National Museum of Iran) : 테헤란에 있는 박물관으로 1937년에 처음 세워진다. 이란 정부가 주도해 유구한 역사와 국가의 전통문화를 보전하고 알리자는 취지로 세워졌으며, 고대 페르시아 유물을 비롯한 이란 지역의 유물들이 주로 전시되어 있다. 이 박물관을 대표하는 전시물은 '소금인간(salt man)'이다. 소금인간은 체흐라바드 소금광산에서 발견된 1700년 전의 페르시아인 화석이다.

테헤란 국립 보석박물관(Tehran National Jewels Museum) : 진귀한 보석들을 전시하는 박물관으로 광물학적이나 보석학적으로도 세계에서 유일한 것들이 많다. 이 보석 박물관의 소장품은 대부분 왕족들이 보유했던 것들로 대표적인 소장품은 '바다의 빛'으로 이름 붙여진 182 캐럿의 핑크 다이아몬드로, 크기가 세계에서 8번째인 것으로 알려져 있다.

테헤란 그랜드 바자르(Teheran Grand Bazar)
: 테헤란의 전통시장이자 유명한 국제시장으로 코르다드 거리 15번지에 있다. 복잡하고 미로 같은 길을 모두 합치면 10km가 넘는다고 하며, 2만여 개의 상점으로 형성된 세계에서 가장 큰 바자르이다. 최근 시장 규모가 점점 축소되고 있기는 하지만 이란 경제의 중요한 엔진 역할을 하고 있다.

▲ 테헤란 그랜드 바자르

카샨(Kashan)

이란의 고대도시 중 하나로 중북부의 사막 지대에 위치하며, 사막의 가장자리를 따라 이어진 오아시스 중 첫 번째 오아시스로 경관이 매우 뛰어나다. 카샨은 카펫을 생산하는 도시로 주민의 30% 이상이 카펫과 관련된 직종에 종사한다. 이곳에서 생산된 카펫, 비단, 섬유는 세계적으로 잘 알려져 있다.

술탄 아미르 아마드 목욕탕(Sultan Amir Ahmad Bathhouse)
: 사파비 왕조 시대인 16세기에 지어졌으나 지진으로 손상되었다가 카자르 왕조 시대에 개조하였다. 욕실의 내부는 청록색과 금색 타일로 장식되어 있으며 아치형 천장, 정교한 모자이크가 특징이다. 아름답고 역사적인 목욕탕의 지붕은 볼록렌즈가 있는 여러 개의 돔으로 구성되어 있으며 욕실에는 충분한 빛이 제공된다.

▲ 술탄 아미르 아마드 목욕탕

▲ 쿰

▲ 핀 가든

쿰(Qum) : 이란 서북부의 종교 도시 쿰에서는 머리에 흰색이나 검정색 터번을 두르고 있는 물라(이슬람교 학자나 성직자를 높여 부르는 말)를 자주 볼 수 있다. 쿰에서 조금 떨어진 잠카란 지역의 잠카란 사원(Jamkaran Mosque)은 시아파 무슬림의 성지로 80만 명을 동시에 수용할 수 있는 큰 규모의 사원이다.

핀 가든(Fin Garden) : 오아시스의 도시 카샨에 있는 천국 같은 정원 핀 가든은 사파비 왕조 이전부터 있었지만 지금과 같은 형태로 만들어진 것은 아바스 1세 때이다. 핀 가든은 내부 정원을 외부 성벽이 감싸고 있는 요새로 카자르 시대 목욕탕과 도서관이 있다. 페르시아인들은 물과 자연 그리고 하늘과 땅, 생명이 연속되는 정원을 천국이라 여겼을 수도 있다. 핀 가든은 유네스코 세계유산에 등재되었다.

아비야네(Abyaneh) : 이슬람교로 개종을 거부하는 조로아스터교인들이 카르카스 산맥 북쪽 기슭 해발 2,200m 이상의 고지대에 모여 살게 되었다. 붉은 흙벽돌로 축

▲ 아비야네

조하여 마을 전체가 붉은 색을 띠지만 아기자기하고 고풍스럽다. 주민의 대부분은 팔라비족이며 아비야네 전통의복을 입고 있다. 아이러니하게도 이곳이 사파비 왕조 이전까지는 조로아스터교 중심의 문화권이었지만 지금은 이슬람교를 믿고 있다.

이스파한(Isfahan)

크고 아름다운 도시 이스파한은 1598년 사파비 왕조 아바스 1세가 수도로 지정한 후 재건하여 크게 번영하였다. 현재에도 도시의 아름다움과 문화유적이 잘 보존되고 있는 이스파한은 농산물의 집산지이며 은, 구리 세공, 융단 등 전통공예품이 유명하다. 옛 사파비 왕조 시대의 건축물과 페르시아의 흔적이 가장 많이 남아있다.

이맘 광장(Imam Square) : 17세기 초 사파비 왕조 아바스 1세가 건설한 이맘 광장은 페르시아어로 왕의 광장이라는 뜻의 메이단 에 샤(maidan e shah)로 불리다 이란 혁명 후 이맘 광장으로 이름을 바꿨다. 길이 512m, 너비 163m의 이 광장은 중국 톈안먼 광장(천안문 광장)에 이어 세계에서 두 번째로 크다고 한다. 광장을 둘러싸고 있는 아케이드는 사파비 왕조 시대의 뛰어난 건축 기술로써 조명이 비친 광장의 야경은 정말 아름답다.

▲ 이맘 광장

샤 모스크(Shah Mosque) : 이맘 광장의 맨 끝에 위치한 샤 모스크는 파란색 타일로 외부를 마감하였다. 이 타일이 햇빛을 받으면 빛의 각도에 따라 건물 전체의 색이 변하는 것이 특징으로 이란에서도 손꼽히는 유명한 건축물 중의 하나이다.

▲ 샤 모스크

▲ 체헬소툰 궁전

메카를 향해 우뚝 서있는 시아파 이슬람 사원인 샤 모스크는 완공하기까지 26년이나 걸렸다.

체헬소툰 궁전(Chehel Sotoun) : 체헬소툰이란 40개의 원기둥을 말하는데, 17세기 아바스 2세의 접견실로 지어진 건물로 20개의 기둥이 정면에 있는 호수에 투영되어 40개의 기둥처럼 보인다 하여 붙여진 이름이다. 각 기둥은 통나무를 잘라 만들었으며 궁전 안의 방에는 사파비 왕조와 관련된 도자기와 오래된 동전, 코란 등이 전시되고 있다.

시오세 다리(Sio Seh Pol) : 길이 300m, 너비 14m의 이 다리는 자얀데 강에서 가장 긴 다리로 아바스 1세 때 만들어졌다. 33개의 아치가 있다 하여 시오세라는 이름이 붙여졌으며, 시오세는 숫자 33을 뜻한다. 수백 년의 세월을 견뎌온 돌다리들은 여전히 튼튼하며 해질 무렵 자얀데 강변에서 바라보는 시오세 다리의 모습은 무척이나 아름답다.

▲ 시오세 다리

▲ 알리카푸 궁전

알리카푸 궁전(Ali Qapu Palace) : 17세기 초 사파비 왕조 아바스 1세 때 지어진 궁전으로 이곳에서 아바스 1세는 이맘 광장에서 진행되는 폴로 경기나 처형 장면 등을 관람하였다. 6층 높이의 누각이 궁전을 대표하며 내부에는 음악을 들을 수 있는 방이 있고 벽면에는 정원에서 여가를 즐기는 조신들의 모습을 그린 벽화가 화려하게 그려져 있다.

야즈드(Yazd)

이란 중부 카비르 사막 근처 오아시스에 위치한 도시 야즈드는 척박한 환경임에도 불구하고 실크 로드 거점으로 번영하였다. 야즈드는 페르시아어로 전능한 신이라는 뜻이며, 사산 제국 시기에 국교였던 조로아스터교의 중심지였다. 이곳에는 조로아스터교 사원과 이슬람 사원 등이 원형 그대로 남아있다.

▲ 바드기르

바드기르(badgir) : 이란은 사막이 많고 고온 건조한 지역으로 가옥 형태는 흙집이다. 시원하고 쾌적한 주거지를 만들기 위해 가늘고 높은 탑이 있는 건물을 지어 공기 정화와 냉방을 할 수 있었다. 이 건물의 특징은 공기의 대류 현상이 적용되어 외부의 더운 열을 식혀 실내로 보내고 실내의 더운 열은 밖으로 내보내는 것이었다. 바드기르는 전기가 없던 시절에 사용되었던 인류 최초의 천연 에어컨이었다.

▲ 자메 모스크

▲ 야즈드 올드시티

자메 모스크(Jameh Mosque) : 사막 환경에 어울리는 독특한 디자인으로 유명한 이 모스크는 12세기에 건축된 후 여러 차례 보수와 확장을 거쳐 오늘에 이른다. 이란에서 가장 높은 미너렛(첨탑)을 보유하고 있어 멀리서도 식별이 가능할 정도이다. 페르시아 건축양식의 이 건축물은 모스크로 들어가는 입구의 푸른 타일 장식과 정교하고 기하학적인 무늬가 특징이며, 두꺼운 돔 구조로 설계되어 외부의 뜨거운 열을 차단하고 내부 온도를 비교적 일정하게 유지할 수 있게 하였다.

야즈드 올드시티(Old City of Yazd) : 야즈드 구시가지에 있는 올드시티는 2,000년 정도된 마을로 지구상에서 가장 오래되었다고 한다. 덥고 건조한 기후에 최적화된 건물들은 하나같이 황토색 진흙과 구운 벽돌로 지었으며 미로처럼 복잡하게 연결된 골목길이지만 필자에게는 무척이나 고풍스럽고 정겨웠던 기억뿐이다.

시라즈(Shiraz)

시와 와인과 꽃의 도시로 알려져 있는 시라즈는 이란의 남서부에 위치하며 주변에는 루드카네예 호쉬크 강이 쉼 없이 흐른다. 지리적 특성은 남쪽은 페르시아 만과 가깝고 북쪽은 내륙을 연결하는 교통의 요충지로써 옛날부터 행정, 군사, 교역의 거점 역할을 해왔다. 페르세폴리스와 가까워 아케메네스 시대의 전통과 풍습이 곳곳에 남아있는 지역이다.

▲ 페르세폴리스

▲ 페르세폴리스

페르세폴리스(Persepolis) : 다리우스 1세가 세운 아카메네스 제국의 수도 페르세폴리스는 다리우스 1세가 시작하였지만 계획한 모든 것을 자신의 생전에 실현하지 못하고 아들, 손자 시대에 완공한다. 오늘날의 페르세폴리스의 유적지는 아들 크세르크세스 왕이 건립한 것들이 대다수이다. 페르시아의 번영을 상징하는 도시 페르세폴리스는 BC 330년 알렉산드로스 대왕이 이끄는 마케도니아 군에 패하면서 한 줌의 잿더미로 변하고 말았다. 비록 2,000년이 넘는 세월과 전쟁의 화마로 인해 도시의 흔적은 희미해졌지만 무너져 내린 기둥과 벽돌에는 아직도 왕조의 위엄이 남아있다.

▲ 페르세폴리스

▲ 나시르 알 물크 모스크

▲ 카림 칸 성채

나시르 알 물크 모스크(Nasir Al Mulk Mosque) : 카자르 왕조 시대에 세워진 모스크로 핑크색 타일로 지어져 '핑크 모스크'라고도 불린다. 내부는 핑크색 스테인드글라스로 장식되어 매우 아름답다. 특히 태양의 고도가 낮은 아침에 실내로 들어오는 빛이 스테인드글라스에 반사되면서 나타나는 아름다운 현상은 신비롭기까지 하다.

카림 칸 성채(Karim Khan Citadel) : 시라즈로 수도를 옮긴 잔드 왕조의 초대왕 카림 칸에 의해 18세기 중반에 완공된 요새이다. 성벽의 높이가 12m이며, 네 모서리에 세워진 타워의 높이는 14m이다. 성벽의 두께가 3m나 될 정도로 튼튼하게 쌓아올려져 규모 7.0의 큰 지진에도 옛 모습을 유지하고 있는 카림 칸 성채는 훌륭한 요새이자 왕의 거주지이기도 했다.

> **읽어두기**
>
> 이란의 문화와 역사 탐방을 마치고 필자는 시라즈에 있는 하페즈의 무덤을 찾아 갔다. 코란 다음으로 많이 팔린 시집의 작가 하페즈는 괴테도 인정한 페르시아 문화권의 대표적인 문학가이다. 그는 신앙을 사랑에 빗대어 표현하거나 성직자의 위선과 서민에 대한 연민 등을 서정시 형식으로 노래한 작가이다. 괴테를 통해 유럽에 알려진 하페즈의 시집은 이란 사람들이면 누구나 코란과 함께 소장하는 책이라고 한다.

3 사우디아라비아 문화

✦ 사우디아라비아(Kingdom of Saudi Arabia)

수도	리야드	언어	아랍어
인구	33,963,000명(KOSIS)	종교	이슬람교(수니파 90%, 시아파 10%)
면적	2,150,000km²	화폐	사우디아라비아 리얄(SR)
민족	아랍인	1인당 GDP	32,586$

아라비아 반도 대부분을 차지하는 사우디아라비아의 정식 명칭은 사우디아라비아 왕국이며, 수도는 리야드이다. 중동 및 서아시아에 있는 전제군주국 사우디아라비아는 고대 문명이 번성했던 유서 깊은 곳에 자리 잡고 있다.

이슬람교는 지금의 사우디아라비아 메카 지역에서 7세기 초 무함마드에 의해 재탄생하였으며 절대적인 전제군주제를 유지하고 있다. 사우디아라비아는 이슬람교를 믿는 사우드 가문의 아랍 왕국이란 뜻으로 국왕직이 세습되는 구조이다. 수니파, 즉 코란의 가르침대로 살아야 한다는 엄격한 근본주의자들이 사우디아라비아의 주류를 장악하고 있다.

1. 이슬람교

세계 3대 종교인 불교, 기독교와 함께 전 세계적으로 크게 성장하고 있는 종교가 이슬람교이다. 이슬람교는 아라비아에서 생겨나 주로 아랍인들이 믿는 종교였다. 고대 아라비아 반도는 대부분이 사막으로 이루어져 있어 사람들은 오아시스에 모여 농사를 짓고 살았지만 큰 발전이 없었다. 7세기 초 무함마드가 이슬람 제국을 세워 크게 번영하였지만 16세기에 튀르키예의 지배를 받기도 한다. 18세기 말에 일어난 민족 운동의 영향으로 쿠웨이트, 사우디아라비아, 예멘 등으로 각각 독립하여 오늘에 이른다.

무함마드는 570년 고대 종교도시 메카에서 가난하지만 귀족인 하심 가문의 유복자로 태어나 어린 시절 양치기를 하기도 하였지만 청년이 된 뒤 시리아를 왕래하는 무역상 틈에서 장사를 배운다. 근면하고 성실한 무함마드는 부유하고 큰 사업을 하는 하디자(khadijah)의 직원으로 뽑혀 가게 된다. 일찍이 남편을 여의고 여성 혼자 큰 사업체를 이끄는 미망인 하디자에게 사랑을 느낀 무함마드는 자신의 나이 25세에 그녀와 결혼한다. 이때 하디자의 나이는 40세였다.

행복하고 편안하게 살 수 있었지만 무함마드는 스스로 메카 부근의 히라산 동굴로 들어가 명상에 잠긴다. 그리고 그해 처음 천사 가브리엘로부터 '알라를 유일한 신으로 모시고 알라에게만 복종하라'라는 신의 계시를 받는다. 이후 무함마드는 원시적인 다신교를 깨뜨리고 알라만을 믿는 이슬람교를 탄생시킨다.

가브리엘에게 계시를 받은 후 이슬람교를 창시한 무함마드는 그의 새로운 종교를 메카에서 처음 알리기 시작했다. 그러나 메카에 사는 기득권자들의 심한 박해로 622년 메카 북쪽의 도시 메디나로 피신한다. 이것을 이슬람에서는 '헤지라'라고 부르며 이 해를 이슬람력의 기원(662년 7월 16일)으로 삼고 있다. 메디나에 도착한 무함마드는 메카를 향해 하루 다섯 번씩 절을 하며 알라는 위대하다고 암송했다.

무함하마드는 무슬림이 지켜야 할 다섯 가지 의무를 규정했다.

첫 번째는 신앙 고백이다. 알라는 유일신이며 무함마드는 알라의 예언자이다.
두 번째는 기도이다. 하루에 다섯 번씩 메카를 향해 절을 하며 기도한다.
세 번째는 순례이다. 일생에 한 번은 반드시 성지 메카를 순례해야 한다.
네 번째는 금식이다. 라마단 기간 해 뜰 때부터 해질 때까지 단식해야 한다.
다섯 번째 구제이다. 가난한 자들에게는 재산을 아끼지 말고 자선을 베풀어야 한다.

이외에 도박이나 술은 금지되며 돼지고기를 먹어서도 안 된다. 그러나 일부다처제가 허용되어 4처까지의 중혼은 합법적이다. 이는 이슬람 출현 초기 전쟁 등으로 인해 발생한 남녀 성비의 심각한 불균형과 생활 능력이 없는 부녀자들의 부양 문제 등을 해소하기 위해 만들어진 제도로 보고 있다. 남자 무슬림은 타종교를 가진 여자와 결혼하는 것을 허락하지만, 무슬림 여자가 무슬림이 아닌 남자와 결혼하는 것은 위법이다. 이슬람의 성경이라 할 수 있는 코란은 종교의 가르침뿐만이 아니라 무슬림의 생활과 윤리규범 및 법률의 기반을 형성하고 있다.

이슬람 공동체의 정치적 지도자를 칼리프라 하는데, 무함마드가 632년에 사망하고 난 후 칼리프를 선출하는 과정에서 수니파와 시아파의 갈등은 시작되었다. 참고로 무함마드는 딸을 넷이나 두었지만 아들이 없어 그가 사망한 후 칼리프가 이슬람 공동체를 이끌었다.

투표를 통해 칼리프를 선출해야 한다는 수니파와 혈통 중심으로 칼리프를 선출해야 한다는 시아파가 대립하였지만 큰 충돌은 없었다. 그러나 무함마드의 사촌동생이자 사위인 4대 칼리프 알리 이븐 아비 탈리브가 661년 우마이야 가문과 권력투쟁 중에 암살당하면서 이슬람 세계는 수니파와 시아파로 크게 분열되기 시작하였다.

수니파는 투표를 통해 선출된 1대 칼리프에서 4대 칼리프를 모두 인정하지만, 혈통 중심의 시아파는 4대 칼리프인 알리 이븐 아비 탈리브만을 정통으로 인정하기 때문에 갈등은 쉽게 해결되지 않고 있다.

이슬람 인구의 85% 정도는 수니파로 사우디아라비아를 비롯하여 이집트, 튀르키예, 카타르, 쿠웨이트, 레바논 등의 국가가 있고, 이란을 비롯하여 이라크, 시리아, 예멘, 아프가니스탄 등 이슬람 인구의 약 15% 정도만이 시아파를 믿는다.

이슬람 문화의 황금기라 부르는 우마이야 왕조가 끝나고 750년 아바스 왕조가 들어선 후 수도를 바그다드로 옮긴다. 이후 문화나 과학이 크게 성장하는데, 중국의 4대 발명품인 종이와 화약, 나침반과 인쇄술 그리고 인도 수학 등이 이곳 바그다드를 통해 유럽과 전 세계에 전파되었다. 지금 우리가 사용하는 아라비아 숫자도 그 이름과 달리 실제 인도에서 사용하던 숫자였지만 아랍을 통해서 서방에 알려졌기 때문에 붙여진 이름이다.

당시의 수도 바그다드는 동서 문화의 교류지로 당나라 수도 장안이나 비잔틴 제국의 수도 콘스탄티노플리스 못지않게 번영하였다. 인류 역사를 되돌아보면 이슬람 문화는 유럽의 문화보다 상당한 우위에 있을 때가 많았다. 그러나 근대 이후 서구의 국가들 또는 주변국들과 종교 또는 석유 자원 문제 등으로 충돌하거나 잔인한 테러 등으로 우리 국민들에게 좋지 않은 이미지로 기억되어 가고 있는 것도 사실이다.

2. 사우디아라비아의 대표 도시

제다(Jeddah)

기원전 6세기경부터 형성된 홍해 연안의 항구 도시 제다는 이슬람 최대 성지인 메카와 메디나로 향하는 최서단의 관문이자 사우디아라비아의 주요 관광지이다. 특히 유네스코 세계문화유산에 등재된 구도심 알 발라드는 헤자즈 양식의 전통 건축물이 유명하다. 매년 수백만 명의 무슬림들이 성지 순례를 하기 위해 거쳐 가는 제다에는 4백만 명 이상의 인구가 살고 있다.

수상 모스크(Floating Mosque) : 독특한 디자인으로 홍해의 푸른 바다 위에 우아하게 떠 있는 세계 최초의 대형 수상 모스크는 환상적이다. 만약 여행을 계획한다면 바다에서 지는 해를 볼 수 있는 일몰 시간이 가장 좋다.

올드 제다(Old Jeddah) : 제다의 역사적인 지역으로 알 발라드(Al Balad)로 알려

▲ 수상 모스크

▲ 올드 제다

져 있다. 이곳은 전통적인 헤자즈 양식의 옛 건축물이 유명하며 유네스코 세계문화유산에 지정되어 있다. 나무로 만든 베란다와 투박한 모습의 건축물이지만 바람이 잘 통하고 밖에서 내부가 보이지 않게 설계되어 실내에 있는 여자들의 프라이버시가 보호되고 있다.

메디나(Medinah)

메디나는 무함마드가 622년 메카에서 추방당하여 이곳으로 옮겨와 살았다 하여 '예언자의 도시'라 부르기도 한다. 메카, 예루살렘과 더불어 이슬람의 3대 성지인 이곳에는 무함마드의 무덤이 있는 '예언자의 모스크(Al Masjid an Nabawi)'가 있어 1년 내내 무슬림들의 발길이 끊이지 않는다.

▲ 메디나

헤그라(Hegra)

사우디아라비아 북서부 알울라 지역에 위치한 고대 도시로 마다인 살레라(Mada'in Salih)라 부른다. 이곳은 2,000년 전 나바테아 왕국이 건설한 도시로, 요르단에 있는 페트라 신전과 유사한 붉은 사암의 건축물이 유명하다. 2008년 유네스코 세계문화유산으로 지정된 이곳에는 100여 개가 넘는 고분들이 있으며 그 중에 가장 유명한 '카스르 알 피리드' 기념물은 숙련된 석공들이 약 200년에 걸쳐 만들었다고 한다.

마다인 살리(Madain Saleh) : 사우디아라비아 최초로 유네스코 세계유산으로

▲ 마다인 살리

▲ 코끼리 바위

지정된 도시 마다인 살리 또는 옛 이름 헤그라는 감춰진 지 2,000년 만에 처음으로 세계인에게 개방된 유적지이다. 유프라테스 강 이남에서 아라비아반도 북부 일대를 오가며 무역을 하던 고대 아랍인을 나바테아인이라 부르는데, 이들은 홍해를 따라 남북으로 연결되는 육상 교역로에 헤그라를 세웠다. 이 도시가 왜 버려졌는지는 알 수 없지만 사암을 잘라 장식한 무덤들과 우물 등 많은 유적들이 크게 훼손되지 않고 수천 년을 버텨온 것이 불가사의하다.

코끼리 바위(Elephant Rock) : 사막 한가운데 서있는 웅장한 코끼리 바위는 오랜 세월 거친 비바람으로 인해 지금의 모습이 되었을 것이다. 필자가 이곳을 찾았을 때는 석양이 온천지를 황금빛으로 물들이는 해질 무렵이었다. 웅장하고 신비로운 자연 경관과 코끼리 바위의 조화로운 모습이 마치 꿈을 꾸고 있는 듯 몽환적이었던 기억이 있다.

읽어두기

사우디아라비아의 날씨는 건조한 아열대 사막 기후로 겨울이 끝나고 여름이 시작되는 4월 중순 이후부터 10월 중순까지는 낮 최고 기온이 50℃까지 올라갈 수 있으니 외출 시 주의해야 한다. 또한 사우디아라비아는 공식적으로 이슬람 달력(음력)을 사용하며 금요일, 토요일은 관공서가 휴무이다. 상점은 12시부터 4시까지는 근무를 하지 않으니 알아두면 편리하다.

4 이스라엘 문화

✦ **이스라엘(State of Israel)**

수도	예루살렘	언어	히브리어, 아랍어
인구	9,387,000명(KOSIS)	종교	유태교 74.8%, 이슬람교 17.6%, 기독교 2.0%
면적	20,770km²	화폐	이스라엘 신 셰켈(ILS)
민족	유대인 75.4% 아랍인 20.6%	1인당 GDP	54,688$

지중해와 홍해의 연안국인 이스라엘은 유대인들에 의해 1948년 5월 14일 영국의 위임 통치 종료와 함께 건국되었다.

이스라엘은 땅이 매우 척박하며 물이 절대적으로 부족하고 인구가 적은 나라이다. 그러나 자원을 효율적으로 관리하고 노동력을 극대화하여 농업 기술을 크게 발전시켰다. 1990년대 이후 밀어닥친 첨단 산업의 급성장과 세계화는 이스라엘의 산업 구조를 IT, AI 등 실리콘 밸리 중심의 경제로 전환시켰다.

1. 이스라엘 역사

유대인의 조상인 아브라함은 하나님으로부터 가나안 땅을 약속받았다. 아브라함의 후손들은 기근을 피하기 위해 이집트에 정착하여 그곳에서 크게 번성하지만 이집트의 탄압으로 이집트를 탈출하여 약속의 땅 가나안에 이스라엘을 세운다. 기원전 1000년경 이스라엘 왕국은 다윗 왕과 솔로몬 왕으로 이어지는 시기에 최전성기를 맞는다. 그러나 솔로몬이 죽자 이스라엘은 쇠퇴하기 시작한다.

기원전 931년 이스라엘 왕국이 분열되어 12개 지파로 나누어지는데, 그중의 하나인 유다 지파와 베냐민 지파가 세운 유다 왕국이 기원전 586년에 바빌로니아의 침략을 받아 멸망한다. 이때 유대인들의 상당수가 바빌로니아로 끌려가 고초를 겪다가 50여 년이 지난 후 돌아와 다시 나라를 세우고 약 600년간 강대국의 침략과 위기 속에서도 나라를 지켜낸다. 하지만 서기 약 100년경 로마 제국의 지배에 불만을 품은 이스라엘이 봉기하며 독립 전쟁을 일으켰으나 역부족으로 멸망한다. 이때 살아남은 유대인들이 세계 각지로 뿔뿔이 흩어지게 되는데, 이를 '디아스포라'라 부른다.

특히 유럽에 정착한 유대인들은 약 2,000년간 온갖 멸시와 핍박을 받으면서도 그들만의 민족성을 유지하며 이방인으로서의 삶을 살아간다. 유대인들은 조상의 땅이자 약속의 땅인 팔레스타인 지방에 그들만의 국가를 세우려는 이른바 시오니

즘이라 부르는 유대민족주의 운동을 시작한다.

시오니즘 운동의 효과로 1900년 초반까지 약 1만 명의 유대인이 팔레스타인의 토지를 조금씩 구입해 정착하기 시작했다. 이들은 먼저 팔레스타인에 살고 있던 아랍인과 큰 갈등 없이 평화롭게 공존했다.

1914년 제1차 세계 대전 때 영국은 중동 지역의 넓은 영토를 다스리던 오스만 제국을 상대로 치열한 전쟁을 한다. 이때 영국은 오스만 제국을 이기기 위해 아랍의 정치 지도자에게 서한을 보내 오스만 제국의 영토인 팔레스타인에 아랍인들의 국가를 세우는 것을 지지한다고 말한다. 한편으로는 유대인의 재정적 지원을 얻어낼 목적으로 유대인의 대표에게는 팔레스타인에 유대인 국가를 건설하는 것을 지지한다는 이른바 밸푸어 선언(1917년 11월 2일)을 하게 된다. 이 같은 영국의 잘못된 외교 정책에도 불구하고 1918년 제1차 세계 대전이 영국의 승리로 끝나자 밸푸어 선언을 근거로 유대인들이 팔레스타인으로 몰려들기 시작했다. 이때부터 10년간 팔레스타인으로 몰려온 유대인의 수가 약 15만 명 정도 되었지만 80만 명의 아랍인에 비할 수는 없었다. 그런데 1933년 아돌프 히틀러가 독일의 권력을 장악하자 생명의 위협을 느낀 유대인들은 독일을 탈출하여 팔레스타인으로 이동을 시작했다. 이때 몰려온 약 45만 명의 유대인들은 막강한 자본력을 바탕으로 팔레스타인 땅을 사들였다. 땅을 팔고 설 자리를 잃은 아랍인들은 팔레스타인을 떠나기 시작했다.

그러던 중 이스라엘 건국을 앞당기는 중대한 사건이 일어났다. 홀로코스트였다. 그것은 제2차 세계 대전 중 폴란드 아우슈비츠 유대인 포로수용소에서 인종청소라는 명목으로 유대인 600만 명이 나치스 독일에 의해 학살된 사건을 말하는데, 20세기 최대의 비극적인 참상에 유대인들에 대한 동정 여론이 전 세계적으로 확산되었다.

서방의 여러 나라들은 팔레스타인에 유대인 국가가 들어서는 것에 동조하였지만 그곳에 살고 있던 아랍인을 무시하고 유대인만의 나라를 만들 수 없는 현실이 있었다.

 1947년 팔레스타인을 아랍 국가와 유대 국가로 분할하는 안이 UN에서 통과되어 이스라엘 건국의 초석이 마련되었다. 그러나 문제는 80만 명의 거주자인 아랍인에게는 전체 토지의 44%가 할당된 반면에 약 50만 명의 유대인들에게는 전체 토지의 56%가 주어진 것이었다. 팔레스타인 인들은 UN 결의안에 반대하면서 불만을 표출하였지만 1948년 5월 14일 유대인은 아랍 진영의 불만에도 불구하고 이스라엘 건국을 선포했다. 아랍측은 이에 불복하여 건국을 발표한 바로 다음 날인 5월 15일 아랍 진영의 레바논과 시리아 그리고 요르단과 이집트가 이스라엘에 전쟁을 선포하여 제1차 중동 전쟁을 일으키지만 이스라엘의 승리로 끝나면서 이스라엘은 원래 할당 받은 56%의 땅보다 더 넓은 78%의 땅을 차지하게 된다.

 전쟁에서 패한 아랍인들은 고향을 떠나 가자 지구와 서안 지구에 모여들었지만 이전보다 훨씬 더 열악한 환경에서 생활하게 되었다.

 이집트나 레바논, 요르단과 시리아 등 여러 나라로 흩어진 난민들도 상황이 암울하긴 마찬가지였다. 일자리가 제한되고 재산을 취득할 자유를 박탈당한 대다수 사람들은 난민촌을 벗어나지 못하게 되었다. 오늘날 팔레스타인 난민 수는 500만 명이 넘는 것으로 추정되며 국제적으로도 마땅한 해결책이 없는 실정이다.

 이스라엘은 독립국이 된 이후 1973년까지 총 4번의 전쟁이 일어나지만 이스라엘이 아랍 진영의 공세를 잘 막아내면서 팔레스타인 지역의 지배권을 견고히 하게 되었다. 이로 인해 요르단이 지배하던 서안 지구와 이집트가 지배하던 가자 지구를 차지하면서 자신들의 군사 통제 아래 두게 되었다.

 1964년에 팔레스타인 독립 국가 건설을 목표로 비밀 저항 조직이 만들어지는데, 이것이 우리가 알고 있는 팔레스타인 해방기구 PLO이다. 1969년 야세르 아라파트가 PLO 의장으로 선출되면서 항공기 납치와 시설 파괴 및 폭탄 테러 등 무차별적인 행위로 국제적 이슈를 만든다. 국제 사회의 좋지 않은 시선을 인식한 아라파트는 테러에 개입하지 않는 대신 자신들의 조직인 PLO를 국제 사회가 인정해줄 것을 요구한다.

한편 이스라엘은 PLO를 인정하지 않고 팔레스타인과의 협상에 미온적인 태도를 보이다 과격단체인 하마스가 등장하면서 분위기가 급반전되었다. 하마스는 팔레스타인의 원래 주인은 아랍인이라 주장하면서 유대인을 완전히 몰아내는 날까지 이스라엘과의 어떠한 협상도 거부한다는 조직이다.

이스라엘은 하마스의 테러 행위를 막기 위해 PLO와 협상이 필요해졌다. 1993년 노르웨이의 수도 오슬로에서 이스라엘의 이츠하크 라빈 총리와 PLO 대표 아라파트 간의 회담이 성사되어 오슬로 협정을 체결했다. 오슬로 협정의 가장 큰 골자는 이스라엘과 팔레스타인이 공존하는 것으로 팔레스타인 자치 정부를 인정하는 것이었다.

이스라엘 이츠하크 라빈 총리와 아라파트 의장은 그들의 공로를 인정받아 노벨 평화상을 공동 수상하게 되지만 국내에서의 반발을 불러온다. 1995년 이츠하크 라빈 총리는 암살되었고, 야세르 아라파트는 팔레스타인 사람들로부터 배신자 취급을 받게 되었다.

팔레스타인 자치 정부의 주요 정당으로는 파타와 하마스를 비롯해 몇 개의 소수정당이 있다. 그중에 파타는 중도좌파이자 사회민주주의 정당으로 비교적 온건파에 해당하며 서안 지구를 장악하고 있다. 하마스는 수니파 이슬람 원리주의 정당으로 가자 지구를 다스리고 있으며 요즘 뉴스에 자주 등장하는 무장정파이다. 하마스를 지지하는 층은 열악한 생활환경에 불만을 품은 빈민들로 테러 행위도 불사한다. 이스라엘 정부는 유대인 정착촌을 보호하고 폭탄 테러를 방지한다는 명목으로 팔레스타인 지역의 수백 km를 높이 8m가 넘는 분리장벽(Israeli West Bank Barrier)으로 둘러싸고 곳곳에 검문소를 설치했다. 이 분리장벽은 마치 거대한 감옥처럼 팔레스타인 사람들의 삶과 정신을 피폐하게 만들고 있다.

이스라엘과 팔레스타인 간의 출구 없는 전쟁은 필자가 글을 쓰고 있는 현재에도 계속되고 있다.

2. 이스라엘의 대표 도시

텔아비브(Tel Aviv)

내각책임제 국가인 이스라엘은 수도가 2개이다. 국제법상 수도는 텔아비브이며, 자국의 헌법상 수도는 예루살렘이다. 텔아비브는 지중해 연안에 위치한 휴양 도시로 이스라엘의 금융과 경제의 중심지이다.

네베 체데크(Neve Tzedek) 마을 : 텔아비브에서 처음으로 형성된 유대인 지역으로 텔아비브의 역사적인 명소 중 하나이다. 고풍스런 카페와 고급 주택이 조화를 이루고 예술가들의 개인 화랑과 독특한 건축물이 다양한 경험을 원하는 방문객들의 발길을 붙든다.

텔아비브 미술관(Tel Aviv Museum of Art) : 16세기 이후의 작품들을 주로 소장하고 있는 텔아비브 현대미술관은 1932년에 처음 설립한 건축물로 외관이 아름답기로 유명하다. 구스타프 클림트, 마르크 샤갈, 클로드 모네 등 이름만 들어도 알 수 있는 유명 작가들의 작품이 전시되어 있다.

▲ 네베 체데크 마을

▲ 안필드 스타디움

▲ 통곡의 벽

▲ 야드바셈 박물관

예루살렘(Jerusalem)

이스라엘과 팔레스타인에 걸쳐있는 도시로 기독교, 유대교, 이슬람교의 성지이다. 예루살렘은 서 예루살렘과 동 예루살렘으로 나뉘는데, 서 예루살렘은 이스라엘 정부가 실효 지배하는 법률상의 수도이며, 동 예루살렘은 팔레스타인 정부가 실효 지배하는 법률상의 수도이다. 그러나 국제 사회에서는 예루살렘을 이스라엘도 팔레스타인도 자신들의 땅이라고 주장하는 것에 동의하지 않고 있다.

통곡의 벽(Western Wall) : 예루살렘 서쪽의 성벽 일부를 통곡의 벽이라 부르는데, 전 세계 유대인의 성지이자 순례지이다. 과거 로마군이 예루살렘을 공격하면서 수많은 유대인을 죽였는데, 이 비극적인 과정을 지켜본 성벽이 밤만 되면 크게 통곡하며 눈물을 흘렸다하여 통곡의 벽이라 하였다. 아마도 나라를 빼앗긴 유대인들이 침략자의 눈을 피해 성전의 서쪽 축대에 모여 통곡을 했을 것으로 필자는 해석하고 싶다.

야드바셈 박물관(Yad Vashem Museum) : 나치스 독일에 의해 600만 명의 유대인이 대학살 당하는 이른바 홀로코스트의 희생자들을 추모하기 위해 1953년에 설립한 국립기념관이다. 이 기념관의 '증언의 페이지'에는 희생된 사람들의 이름과 생일, 태어난 곳, 가족 상황, 직업, 주소, 사망 날짜, 사망 장소 등이 기록되어 있다.

▲ 올리브 산

▲ 성묘교회

올리브 산(Mount of Olives) : 유대교와 그리스도교의 성지로 알려진 올리브 산은 일명 감람산이라 부르기도 하는데, 감람나무가 무성하다하여 붙여진 이름이다. 정상에는 둥근 돔 형태의 예수님 승천 기념 경당이 있는데, 현재는 이슬람 사원으로 사용되고 있다. 또한 서쪽 기슭에는 겟세마니(gethsemani) 동산이 있다. 이곳은 예수 그리스도가 죽기 전날 밤 '최후의 만찬'을 하고 고뇌에 찬 기도를 했던 동산이자 제자인 유다의 배반으로 예수가 체포된 장소이다.

성묘교회(Church of the Holy Sepulcher) : 예루살렘 구시가지에 있는 성당으로, 콘스탄티누스 1세의 어머니 헬레나(Saint Helena)가 성지 순례를 하다가 발견한 예수의 빈 무덤 자리에 콘스탄티누스 1세가 교회를 지었다. 이후 여러 번의 보수와 재건축 작업을 거치면서 오늘에 이른다. 이곳은 관광객은 물론이고 기독교인 순례자들의 발길이 끊이지 않는 곳이다.

▲ 예루살렘 구시가지

예루살렘 구시가지(Old City of Jerusalems) : 예루살렘은 유대교, 기독교, 이슬람교의 상징이자 중요한 성지이다. 특히 성곽으로 둘러싸인 예루살렘 구시가지에는 통곡의 벽과 바위 사원 및 4세기에 지어진 성묘교회 등의 성지가 있으며 골목길은 유대인들이 기도할 때 덮어 쓰는 옷 탈리트와 묵주, 도자기 등을 판매하는 상점들과 길거리 음식을 파는 노점상들로 활기가 넘친다.

베들레헴(Bethlehem)

요르단 강 서안 지구에 위치한 작은 도시로 팔레스타인 자치령이다. 길거리 간판의 문자와 사람들의 언어, 생김새, 옷차림이 이스라엘과 사뭇 차이가 있고, 팔레스타인 국기가 펄럭이는 모습을 보면 이곳이 이스라엘 땅이 아니라는 것을 느낄 수 있다.

'겸손의 문'으로 유명한 예수 탄생 교회(Church of the Nativity)가 이곳에 있는데, 교회 입구가 성인이 겸손한 자세로 허리를 숙이고 들어가야 할 정도로 좁고 낮아 붙여진 이름이다. 베들레헴은 도시 대부분이 높이 8m의 거대한 분리장벽으로 둘러싸여 있어 답답하다.

▲ 베들레헴

▲ 분리장벽

읽어두기

이스라엘은 국민의 약 75%가 유대교를 믿는 종교 국가이다. 외국인이 시민들에게 전도 활동을 하다 적발될 경우 추방될 수 있으니 유의하기 바라며, 특히 안식일(금요일 일몰부터 토요일 일몰까지)에는 대부분의 상점과 대중교통이 정지된다. 또한 아랍권 국가에 장기 체류한 기록이 있을 경우 공항에서 입국 거부 또는 장시간 입국 심사를 받을 가능성이 매우 높으므로 참고하기 바란다.

5 요르단 문화

✦ **요르단 하심 공화국(The Hashemite Kingdom of Jordan)**

수도	암만	언어	아랍어
인구	11,553,000명(KOSIS)	종교	이슬람 90%, 기독교 8%
면적	89,342km²	화폐	요르단 디나르(JOD)
민족	아랍인	1인당 GDP	4,850$

정식 명칭은 요르단 하심 공화국이며 서아시아 서부, 아라비아 반도 북부에 위치한 아랍 국가이다. 입헌군주국인 요르단은 남쪽으로는 아카바만을 통해 홍해로 연결되며 서쪽으로는 요르단 강과 사해에 접한다. 제1차 세계 대전이 끝나고 중동을 분할한 영국이 1921년 하심 가문의 압둘라 1세를 왕으로 세우면서 트란스요르단 아미르이라는 영국 보호령으로 건국되었다가 1946년에 독립하였다. 주변의 중동 국가들과 달리 석유, 천연가스가 나오지 않는 내륙국으로 서비스업과 문화유적을 이용한 관광업이 주력 산업이다.

1. 베두인

베두인(Bedouin)은 중동과 북아프리카 사막지역에서 유목생활을 하는 아랍계 민족을 일컫는 말로 종교는 이슬람교이며, 아랍어 계통에 속하는 몇 가지 언어를 사용한다. 낙타와 염소, 양 등을 키우며 생활하는 베두인은 계절에 따라 이동하며 천막생활을 해 왔지만 최근에는 상당수가 도시로 나가거나 마을을 형성하여 정착생활을 한다. 베두인 사회는 씨족 중심으로 구성되어 있어 부족의 명예와 관대함, 용기 등을 매우 중요시하여 전쟁이 발생하면 죽음도 불사하는 용기와 더불어 무자비할 정도로 성격이 거칠어진다. 아직도 많은 중동의 아랍인들은 자신들의 조상이 베두인이라는 것을 무척 자랑스럽게 여긴다.

요르단 아카바 주에 위치한 광대한 와디 럼 사막은 베두인들이 수천 년 전부터 낙타, 염소, 양 등을 키우며 살았다. 그들의 주거인 천막은 베두인 여자들이 염소털, 양털, 낙타 가죽 등으로 만들었다하여 털집이라 부르는데, 볼품이 없고 허술해도 강한 바람에 견딜 수 있을 정도로 견고하다. 특히 베두인은 캄캄한 사막의 밤에 모닥불 주위에 둘러앉아 잠들 때까지 대화하는 것을 즐겼다. 또한 그들은 전통악기인 우드나 레밥을 연주하면서 노래하고 시를 읊었다.

베두인이라 하여 모두 유목을 하는 것은 아니며 예전부터 상인이 되어 중개무역을 하는 사람들도 있었고 도시나 마을에 정착하여 농사나 어업, 장사 등을 하며 살기도 했다. 그러나 산업이 발달한 현재에는 베두인들의 생활도 많이 바뀌어 대부분이 도시나 마을로 이주하여 정착생활을 하고 있다. 필자가 현지인에게 들은 말로는 유목생활을 하는 베두인들은 전체 인구에서 고작 5~10%에 불과하다고 했다.

요르단은 베두인들이 국가 주도권을 잡고 있어 장관을 비롯한 정부 요직의 인사들 대부분이 베두인이다.

2. 요르단의 대표 도시

암만(Amman)

요르단의 수도이자 최대 도시인 암만은 기원전 13세기 고대 국가인 암몬 왕국의 수도였다. 이후 기원전 3세기에 프톨레마이오스 2세인 필라델포스에 의해 재건되어 필라델피아라 불렸다. 수많은 고대 유적이 남아있는 암만은 1928년에 요르단의 수도로 지정된 이후 성장을 거듭하여 오늘의 대도시로 탈바꿈하였다.

시타델(Citadel) : 암만을 대표하는 유적지 시타델은 성채인 만큼 언덕 꼭대기에 위치하고 있어 암만 시내를 한눈에 내려다 볼 수 있다. 과거 중요한 요새였던 옛 성터와 헤라클레스 신전, 우마이야 궁전 등 많은 유적들이 남아있어 여행객의 발길이 끊이지 않는다. 필자가 이곳을 찾았던 수년 전에는 세월을 이기지 못해 무너져 내린 과거의 흔적과 잔재들을 모아 복구 공사를 하고 있었다.

▲ 시타델

로마 극장(Roman Theater) : 수도 암만에 위치한 대표적인 로마 유적지 로마 극장은 서기 2세기에 만들어졌으며, 약 6,000명을 수용할 수 있는 규모이다. 이 극장은 무대 중앙에서 마이크 없이 공연하여도 객석 전체에 소리가 잘 전달되도록 설계되어 있는 것이 특징이다. 현재에도 큰 공연과 문화행사를 이 극장에서 거행할 정도로 원형이 잘 보존되고 있다.

▲ 로마 극장

베다니(Baptism Site) : 베다니는 성경에 나오는 지명으로 요르단 강 동쪽 연안에 위치하며 이스라엘과 국경을 맞대고 있어 자유롭게 여행하기에는 다소 규제가 있다. 기독교와 이슬람교에서 존경받는 세례자 요한이 주로 활동했던 장소로 이곳에서 예수가 요한에게 세례를 받았다고 한다.

느보산(Mt. Nebo) : 성경에 나오는 모세가 이스라엘 백성을 이끌고 이집트를 탈출하여 약속의 땅 가나안에 도착하지 못하고 바라만 보다가 숨을 거둔 장소로, 높이는 해발 835m이다. 이곳에 세워진 모세 기념 교회에는 이탈리아 조각가가 만

▲ 베다니

▲ 느보산

5. 요르단 문화 ✦ 231

든 십자가 형태의 놋뱀 조형물과 모세 기념 성지의 대성당 터에서 발견된 비잔틴 시대의 모자이크 바닥이 유명하다.

▲ 사해

사해(Ded Sea) : 이스라엘과 요르단 사이에 위치한 소금물 호수로 지구상에서 고도가 가장 낮아 주위의 물이 증발 이외는 밖으로 빠져나가지 못해 염분 농도가 일반 바다의 약 10배나 된다고 한다. 실제로 사해에 들어가면 생각했던 것 이상으로 부력이 뛰어나 수영을 하지 못하는 사람도 쉽게 물에 뜬다. 사해는 높은 염도로 인해 대부분의 생물이 살수 없다하여 붙여진 이름이다.

제라쉬(Jerash) : 로마 제국 시대에 크게 번영했던 도시였지만 749년에 일어난 대지진으로 1,000여 년간 지도에서 살아졌다가 1806년에 발견되어 현재까지 발

▲ 제라쉬

굴이 진행되고 있다. 중동의 폼페이라 불리기도 하는 제라쉬에는 아르테미스 신전, 제우스 신전, 원형 극장 등의 유적지가 있어 많은 여행자들이 즐겨 찾는 관광지이다.

와디무사(Wadi Musa)

모세가 이스라엘 사람을 이끌고 이집트를 떠나 약속의 땅으로 가기 위해 이곳을 지날 때 사람들이 목말라하는 것을 보고 그들을 위해 기도하며 지팡이로 바위를 2번 내리치자 바위가 갈라지며 물이 쏟아져 나왔다는 '모세의 샘'이 있는 도시이다. 또한 이곳은 암벽 도시 페트라가 가까이 있어 페트라의 유적지를 찾는 여행객들이 이곳에서 숙박을 하거나 생필품 등을 구입하기도 한다.

페트라(Petra) : 요르단 남서부 사막 한 가운데 위치한 페트라는 나바테아인들이 바위를 깎아 건설한 암벽 도시이다. 이곳은 나바테아 왕국의 수도로 크게 번영했다가 서기 106년에 로마 제국에 병합된다. 이후 이 도시는 자취를 감추었다가 1812년 스위스 탐험가에 의해 세상에 알려졌지만 도시에 대한 자료 부족과 오랜 세월 쌓인 모래를 걷어 내야 하는 작업에 많은 시간이 소요되어 현재까지 발굴된 면적은 도시 전체의 10%에 불과하다고 한다.

▲ 페트라

▲ 알 카츠네

알 카츠네(Al Khazneh) : 고대 아랍인들이 거주했던 나바테아 왕국의 수도인 페

▲ 와디럼

트라 유적 중에서 가장 인상적인 사원으로 붉은 사암에 정교하게 조각된 외관이 특징이다. 알 카츠네는 기원전 1세기경 나바네안 왕의 무덤으로 만들어졌지만 건물 꼭대기 항아리 모양의 조형물에 많은 보석이 숨겨져 있을 거라는 전설에 의해 보물창고라 부르기도 한다.

와디럼(Wadi Rum) : 달의 계곡이라는 뜻의 와디럼은 요르단의 자연보호구역 및 유네스코 세계유산으로 지정되어 있으며, 영화 촬영지로도 유명하다. 여러 곳에서 선사시대 암각화와 비문에 새겨진 초기 문자가 발견되고 있어 고고학 측면에서도 관심이 집중되는 지역이다. 자연이 빚어놓은 신비로운 경관과 붉은 협곡은 여행객에게 최적의 공간을 제공한다.

아카바(Aqaba)

요르단 남부에 위치한 유일한 항구 도시 아카바는 이집트, 이스라엘, 사우디아라비아 등과 가까이 있어 전략적으로 매우 중요한 요충지이다. 1965년 사우디아라비아와의 영토 교환 때 요르단은 석유가 나오는 사막 지역을 사우디아라비아에 내어주고 아카바 항구를 받았을 정도로 중요시했던 도시이다.

 ▲ 사우스 비치
 ▲ 샤리프 후세인 빈 알리 모스크

사우스 비치(South Beach) : 청록색 파도가 유난히 잔잔하고 연중 따뜻한 날씨와 해양생물들이 풍부한 사우스 비치는 우뚝 솟은 야자수와 다양한 호텔, 리조트가 즐비하고 다이빙과 스노클링 같은 수상스포츠를 즐기려는 여행객이 많이 찾는 해변이다.

샤리프 후세인 빈 알리 모스크(Sharif Hussein Bin Ali Mosque) : 오스만 제국에 맞서 아랍 반란을 주도하며 독립을 선언한 샤리프 후세인 빈 알리는 메카를 수도로 하는 히자즈 왕국을 세우고 아랍 국가의 왕을 자처했지만 국제적으로는 히자즈에 국한되었다. 그의 이름을 딴 하얀색 건축물은 세련된 중앙 돔과 첨탑이 특징이다.

> 📖 **읽어두기**
>
> 요르단은 비교적 개방적이며 이슬람이 국교인 나라이다. 수니파가 대부분을 차지하며 헌법상 종교의 자유를 보장한다. 그러나 이슬람 신자에게는 이슬람 율법이 적용되어 기독교로의 개종은 허용하지 않는다.

6 이집트 문화

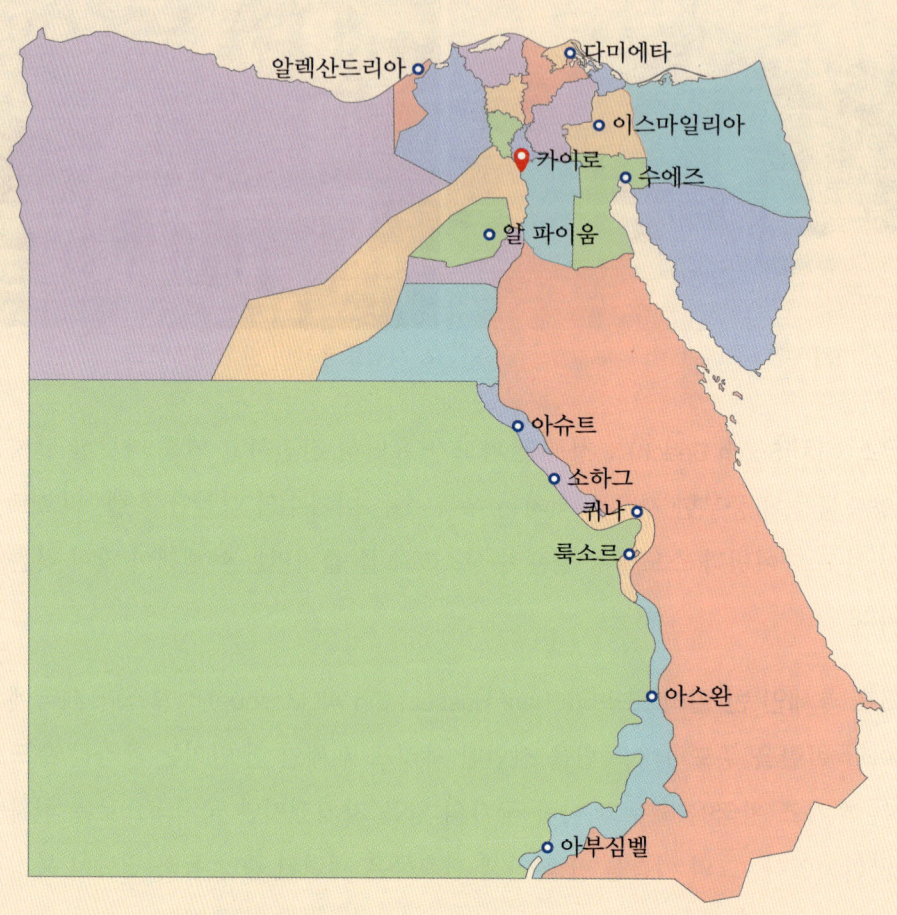

✦ **이집트 아랍 공화국(The Arab Republic of Egypt)**

수도	카이로	언어	아랍어
인구	116,538,000명(KOSIS)	종교	이슬람(수니파) 90%, 기독교 10%
면적	997,739km²	화폐	이집트 파운드(EGP, £E)
민족	이집트인	1인당 GDP	4,162$

북아프리카와 시나이반도에 걸쳐있으며 지중해와 홍해의 연안국으로 정식 명칭은 이집트 아랍 공화국이다. 약 5,000년 전부터 나일 강을 중심으로 문명이 만들어지기 시작하여 문자, 농업, 종교 등 모든 분야에서 타 지역에 비해 크게 발전하였다. 1882년 대영제국이 수에즈 운하를 보호한다는 명분으로 이집트를 장악하였지만 1922년 대영제국으로부터 독립을 쟁취하였다. 1978년 이후 이스라엘과 몇 번의 무력 충돌을 하면서 한때 가자 지구를 점령하기도 했지만 캠프데이비드 협정으로 되돌려 주었다. 종교 갈등과 정치적 불안이 공존하는 현재의 이집트는 대통령제 공화국이다.

1. 이집트 문명

거대한 이집트 문명은 홍수가 축복이 되는 나일 강에서 기원전 5천 년 전부터 시작되었다. 이집트 전체를 남북으로 가로 질러 흐르는 나일 강은 세계에서 두 번째로 긴 강으로 상류에 위치한 에티오피아에 많은 양의 비가 내리면 하류에 위치한 이집트로 흘러내려와 나일 강이 범람하는데, 물이 빠지고 나면 땅은 매우 비옥한 상태가 된다. 이집트는 서쪽에는 사막이 있고 북쪽과 동쪽은 바다로 둘러싸여 있는 폐쇄적인 지형으로 비교적 이민족의 침입이 적었다. 이 때문에 고대 이집트 인들은 안정적인 환경 속에서 평화로운 삶을 살 수 있었다.

기원전 4천 년경 이집트는 남쪽의 상 이집트와 북쪽의 하 이집트라는 두 개의 왕국이 생겨났지만 기원전 3100년에 상 이집트의 메네스가 두 개의 이집트를 통일하면서 본격적인 이집트 왕조가 시작되었다. 이후 기원전 2700년부터 2200년까지 고왕국 시대가 지속되는데, 이때부터 기자의 피라미드를 비롯하여 여러 개의 피라미드들이 대규모로 건축되었다.

기원전 2600년경 고왕국의 제4왕조의 첫 파라오 스네프루 이후에 사회가 안정되고 국력이 강해지자 후대 왕들은 피라미드를 더 높고 크게 짓기 시작하였다. 특히, 기자의 피라미드군은 쿠푸 왕, 카프라 왕, 멘카우라 왕의 피라미드가 존재하는데, 이 중 가장 규모가 큰 쿠푸 왕의 피라미드는 건설 당시 높이가 약 147m, 밑변의 길이가 230m나 되었다고 한다.

그러나 필자는 카프라 왕의 피라미드 앞에 세워진 거대한 스핑크스가 더 기억에 남는다. 길이 73.5m, 높이 약 20m의 이 작품은 원래 하나의 거대한 석회암 산을 깎아 만든 것으로 오랜 세월이 지나면서 코와 수염이 많이 손상되기는 하였지만 아직도 성스럽고 강력한 파라오의 권위가 살아 돌아온 듯 느껴졌다.

기원전 1550년부터 1077년까지를 고대 이집트 역사상 최고의 전성기를 가져온 신왕국 시대라 부른다. 이 시기에 사람의 시신을 썩지 않게 건조시켜 형상을 보존하는 미라를 만들기 시작했다. 만물에는 영혼이 있다고 믿는 이집트인들은 죽은 자의 영혼이 언젠가는 부활할 것이라 생각하며 시체를 정성스레 보존했다.

신왕국의 여왕이자 역대 파라오 중에 매우 성공적인 치세를 했다고 알려진 하트셉수트의 뒤를 이은 어린 투트모세 3세가 고모 겸 계모인 하트셉수트의 섭정에서 벗어나 친정 체제를 구축한 후 유럽과 아시아 대륙에 걸친 거대 제국을 건설한다.

기원전 1279년부터 기원전 1213년까지 약 66년간 이집트를 가장 위대하고 가장 강력하게 통치했던 람세스 2세는 수많은 기념물을 세웠는데, 그중에 대표적인 것이 네 개의 거대한 좌상이 있는 아부심벨 신전이다. 이 거대 조각상 4개는 모두 람세스 2세를 조각한 것으로 알려져 있다.

위대한 업적을 남기고 싶었던 람세스 2세와 지금의 튀르키예에서 건국된 새로운 강자 히타이트 제국의 무와탈리스 2세는 대대적인 전투를 치르는데, 그중 가장 치열한 전투가 카데시 전투였다. 이 카데시 전투는 화려한 이집트 문명과 제철 기술의 발달로 세계 최초의 철제무기를 가진 오리엔트 문명이 충돌하는 세계대전이었다. 그러나 16년간의 긴 전쟁에도 승부가 나지 않게 되자 히타이트의 새 왕인 하루실리 3세는 평화조약을 제시한다. 람세스 2세는 이를 받아들여 카데시 평화조약을 체결하는데, 이것을 학계에서는 인류 역사상 최초의 평화조약이라 일컫는다.

　기원전 525년 페르시아의 캄비세스 2세는 이집트를 침략하여 이집트 일부를 페르시아 제국으로 편입하였다. 이후 다리우스 1세는 이집트를 더 효과적으로 통치하기 위해 운하 작업을 다시 시작하였지만 대운하 작업은 백성들의 혹독한 노동력을 필요로 하는 엄청난 작업이었다.

　기원전 332년 마케도니아의 왕 알렉산드로스가 페르시아를 멸망시키자 이집트인들은 알렉산드로스를 열렬히 환영하며 그를 왕으로 섬겼다. 알렉산드로스는 이집트인들의 신뢰를 얻기 위해 그들의 문화와 종교를 인정해 주었다.

　알렉산드로스가 죽고 프톨레마이오스 1세가 이집트를 장악한 후 수도를 알렉산드리아로 정하고 프톨레마이오스 왕조를 세운다. 외교적 수단이 뛰어난 프톨레마이오스 1세는 영토를 확장하고 수도 알렉산드리아를 그리스 문화의 중심지처럼 만들었다. 알렉산드리아 도서관이나 세계 7대 불가사의로 꼽히는 파라오의 등대가 이 시기에 만들어졌다.

　이집트는 프톨레마이오스 왕조 때 문명이 꽃을 피우지만 부정부패가 심해지고 백성들의 원성이 높아지자 프톨레마이오스 왕조는 동맹국 로마에 의존하기 시작했다. 로마에 의존하게 된 프톨레마이오스 왕조를 신임하지 못한 이집트인들은 여러 번에 걸쳐 폭동을 일으키지만 실패하고 만다.

　시간이 흘러 로마 제국이 쇠락해지자 641년 이슬람 제국이 이집트를 정복한다. 이로 인해 이집트는 자신들의 전통과 로마, 그리스. 기독교, 이슬람 문화가 뒤섞여 현재의 이집트 문화가 만들어지게 되었다. 이슬람 제국은 이집트의 종교나 문화에 크게 간섭하지 않았기 때문에 이집트인들도 이슬람 제국에 큰 반감을 느끼지 않았다.

　이후 이집트는 이슬람 제국의 우마이야 왕조와 아바스 왕조 시대를 거치면서 이집트의 기독교 신자들은 아랍인과 경쟁하여 지배 계층에 오르기 위해 아랍어를 배우기 시작했고 기존의 기독교를 버리고 이슬람으로 개종하기 시작했다. 이것이 오늘날 이집트의 언어와 종교가 자리잡은 계기이다.

10세기 초 이집트에 극심한 기근이 들어 군사력이 약해지자 튀니지에 세워진 파티마 왕조가 이집트를 차지한다. 969년 파티마 왕조는 이집트의 카이로를 수도로 삼아 크게 발전한다. 이때 세계에서 가장 오래된 대학 중에 하나인 알 아즈하르 대학이 만들어진다.

그러나 십자군 전쟁의 영웅 살라딘에 의해 멸망한다. 1169년 파티마 왕조를 무너뜨린 살라딘은 아이유브 왕조를 건설하지만 그리 오래가지 못했다.

1250년 노예가 세운 맘루크 왕조의 시대가 시작되지만 치명적인 페스트가 이집트에 퍼지면서 국력이 쇠약해진다. 이틈을 타고 공격해온 오스만 제국은 1517년 맘루크 왕조를 무너뜨리고 이집트를 1914년까지 약 400년간 지배하게 된다. 그러나 1798년부터 약 3년간 나폴레옹 보나파르트의 이집트 원정으로 잠시 프랑스의 영향권에 들어 가기도 한다. 비록 짧았던 프랑스 점령 기간이지만 로제타석을 발견하여 이집트 상형문자 해독을 가능하게 하였고 인쇄기술의 도입 등 많은 문화적 유산을 남겼다.

이집트에서 프랑스 군이 빠져나간 후 오스만 군이 다시 이집트로 돌아오기 전 공백기인 1805년 알바니아군의 사령관 무함마드 알리가 오랜 기간 이집트의 권력층인 맘루크의 세력을 숙청하고 이집트에 대한 지배권을 확립해 나갔다. 1869년 세계 최대의 운하인 수에즈 운하가 개통했지만 무리한 강제 노역으로 인해 수많은 이집트인이 과로와 영양실조로 고통받게 되고 정부는 자금난을 겪으면서 파산에 이르게 된다. 결국 수에즈 운하를 탐내던 영국에게 수에즈 운하의 경영권을 넘겨주게 되면서 이집트는 영국의 내정간섭을 받게 된다.

1914년 이집트는 영국의 완전한 보호령이 되었지만 이때 세계적으로 불어 닥친 민족자결주의 열풍으로 이집트에서 격렬한 독립운동이 일어난다. 1919년 이집트 혁명이 성공적으로 끝이 나면서 1922년 이집트 왕국으로 독립하게 된다.

2. 이집트의 대표 도시

카이로(Cairo)

이집트의 수도인 카이로는 아프리카에서 가장 큰 도시이며 아랍연맹을 포함한 여러 국제기구의 본부가 있다. 나일 강 삼각주에 위치한 역사적인 도시 카이로에는 7세기부터 20세기까지의 다양한 건축물과 유적이 많이 남아 있다. 특히 고대 피라미드와 스핑크스가 이 도시 근처에 있어 관광 명소로도 유명하다.

피라미드(Pyramid) : 한자로 금자탑(金字塔)이라 부르는 피라미드는 고대 문명에서 왕이나 왕비의 무덤으로 사용되었다. 이집트 기자 평원에 자리한 피라미드 군은 고대 이집트의 고왕국 제4왕조 시대에 지어졌으며, 쿠푸, 카프라, 멘카우라의 피라미드가 있다. 피라미드에는 파라오가 사후 세계에서도 영원히 살아갈 수 있도록 미라와 보물을 함께 매장하였다.

카이로 박물관(The Cairo Museum) : 공식적으로 이집트 박물관이라 부르는 이곳은 1902년 개관한 고고학 박물관이다. 주로 고대 이집트 시기의 유물들을 소장

▲ 피라미드

▲ 카이로 박물관

▲ 콥트 박물관

하고 있는데 특히 우리가 알고 있는 투탕카멘의 황금마스크가 이곳에 있다. 그러나 역사적 중요성에도 불구하고 시설 노후화와 보안문제로 새로운 박물관을 신설하여 보물들을 그곳으로 이전하고 있다.

콥트 박물관(Copts Museum) : 1910년에 개관한 카이로의 콥트 박물관은 성 조지 교회와 바빌론 성터 옆에 위치하고 있다. 이곳에는 이집트 기독교의 수난사와 콥트어로 쓰여진 성경책을 비롯하여 신약의 기적이 조각된 상아 빗 등이 전시되고 있다.

알 아즈하르 모스크(Al Azhar Mosque) : 카이로에 위치한 이슬람교의 상징적인 모스크로 972년에 파티마 왕조 시대 완공되었다. 이 모스크는 이슬람교의 시아파 교리를 전파할 목적으로 건립되었지만 지금은 수니파 정교의 보루가 되었다. 유네스코 세계문화유산에 등재되어 있으며 세계에서 가장 오래되었다는 알 아즈하르 대학교는 이 모스크 사원 내에 위치한다.

▲ 알 아즈하르 모스크

알렉산드리아(Alexandria)

이집트 북부 나일 강 삼각주 북서단에 위치한 항구 도시로 수도인 카이로 다음으로 큰 도시이며 알렉산드로스 대왕이 자신의 이름을 붙여 만든 헬레니즘 시대의 이집트 수도였다. 고대 이집트 프톨레마이오스 왕조의 마지막 파라오 클레오파트라 7세가 로마의 마르쿠스 안토니우스와의 정치적 관계를 통해 권력을 유지하려했던 사연 깊은 도시이다.

콰이트베이 요새(Qaitbay Citadel) : 15세기에 이집트 술탄 콰이트베이가 적군의 공격을 막기 위해 건립한 군사적 목적의 성채이다. 바닷가에 지어진 이 요새는 과거 알렉산드리아 등대가 있던 자리로 유명하다. 오스만 제국 시대에 병영으로 사용되었다가 지금은 해양 박물관으로 운영되고 있다.

콤 엘 슈카파 카타콤(Catacombs of Kom el Shoqafa) : 알렉산드리아에 위치한 지하 묘지로 2세기경에 만들어졌다. 이 지하 묘지는 4세기까지 로마 귀족의 납골당으로 사용되었으며 기독교 박해 시기에는 기독교인들의 은신처로 사용되기도 하였다. 고대 이집트, 그리스, 로마의 예술적 전통이 융합되어 묘지 내부 벽에 조각되어 있는 점이 매우 특이하다.

▲ 콰이트베이 요새

▲ 콤 엘 슈카파 카타콤

▲ 알렉산드리아 도서관

알렉산드리아 도서관(Alexandria Library) : 알렉산드로스가 죽고 왕위에 오른 프톨레마이오스는 수학, 물리학, 천문학, 의학 등 세상에 존재하는 모든 지식을 집대성한 도서관을 만들기로 하고 알렉산드리아에 도서관을 건립한다. 당시에는 세상에서 가장 크고 영향력 있는 도서관이었지만 오랜 세월 전쟁과 화재 등으로 파괴되었다가 2002년에 현재의 도서관으로 개관하였다.

룩소르(Luxor)

고대 이집트 시대부터 존재해왔던 도시로 약 40만 명의 인구가 살고 있으며 주요 경제 활동은 관광업이다. 룩소르에는 룩소르 신전과 카르낙 신전, 멤논의 거상을 비롯하여 수많은 유적들이 즐비하고 나일 강 건너편 서안에는 투탕카멘의 무덤으로 유명한 왕가의 계곡이 있다.

▲ 카르낙 신전

▲ 룩소르 신전

　카르낙 신전(Karnak Temple) : 기원전 2000년경에 건축되어 신왕국 시대와 프톨레마이오스 왕조에 이르기까지 약 2000년 동안 크게 확장되었다. 고대 이집트의 주요 신들인 아몬, 무트, 콘수를 숭배하는 곳으로 유명하며, 현존하는 세계에서 가장 넓은 종교시설 중에 하나이다.

　룩소르 신전(Luxor Temple) : 기원전 1400년경 아멘호테프 3세에 의해 건립되었고 람세스 2세 때 크게 확장되었다. 이 신전이 카르낙 신전과 다른 점은 신에 대한 숭배의 목적이 아닌 파라오의 왕권을 강화할 목적이 더 강했다는 것이다. 그러나 이집트를 지배하던 로마 제국이 기독교를 국교로 정하면서 신전은 버려졌었다. 1800년대부터 발굴하기 시작한 이 신전은 1960년대 이후 이집트 룩소르의 대표적인 관광지가 되었다.

　왕가의 계곡(Valley of the Kings) : 고대 이집트 무덤 유적지로 이집트 신왕국 제

▲ 왕가의 계곡

6. 이집트 문화 ✦ **245**

18왕조부터 제20왕조까지 약 500년 동안 파라오와 귀족들이 묻힌 곳이다. 특히 이곳이 유명해진 것은 투탕카멘의 무덤 때문이다. 이 무덤은 약 3,200년 동안 전혀 도굴되지 않은 상태로 있다가 1922년 영국의 고고학자에 의해 발견되었는데, 많은 보물과 함께 투탕카멘의 미라 및 황금가면이 무덤 내부에서 발굴되었다.

▲ 하트셉수트 장제전

하트셉수트 장제전(Mortuary Temple of Hatshepsut) : 고대 이집트의 제18왕조 여성 파라오인 하트셉수트는 여성으로서 자신의 권위를 세우기 위해 이 장제전을 건립했다. 그러나 세월이 흘러 기독교가 국교인 로마 제국의 지배를 받으면서 장제전은 사람들의 기억 속에서 완전히 사라졌다. 모래 속에 묻혀있던 장제전은 서양인들의 관심으로 1850년에 발굴되기 시작하여 1900년대 초에 지금의 모습으로 복원되었다.

▲ 멤논의 거상

멤논의 거상(Colossi of Memnon) : 이 거상은 고대 이집트 18대 왕조의 파라오 아멘호테프 3세의 장례 신전 앞에 세워져 있던 것이지만 신전이 파괴되어 없어지고 지금은 석상만이 남아있다. 석상의 높이가 18m나 되는 거대한 조각상은 고대 이집트 문명을 상징하는 중요 유적으로 룩소르의 랜드마크가 되었다.

아스완(Aswan)

연간 강수량이 2~3mm에 불과할 정도로 매우 건조한 도시 아스완은 나일 강의 범람을 막고 물을 조절하여 사막을 경지로 바꾸기 위해 축조한 아스완 댐으로 유명하다. 아스완은 오랜 기간 남쪽의 누비아족과 교류하면서 발전한 도시답게 이곳의 전통문화는 서로 혼재되어 계승되었다.

> **읽어두기**
>
> 누비아(Nubia)는 이집트 남부의 나일 강 유역에 있는 지역으로 대부분이 수단의 영토이다. 고대의 누비아는 독립 왕국이었다.

아부심벨(Abu Simbel) : 제19왕조의 파라오 람세스 2세가 건립한 거대한 신전으로 자신의 권력과 영광을 과시하기 위해 이집트의 남쪽 끝이자 나일 강의 상류인 누비아 왕국의 국경 지대에 건설했다. 1960년대 아스완 댐의 건설로 수장될 위기에 놓였으나 유네스코 및 세계 각국의 노력으로 원래 위치보다 65m 높은 현재 위치로 이전하여 보존되고 있다.

아스완 댐(aswan dam) : 아스완 댐은 아스완 로우 댐과 아스완 하이 댐으로 구성되어있는데, 1902년에 영국 기술로 완공한 로우 댐이 크게 범람하는 등의 문

▲ 아부심벨

▲ 아스완 댐

▲ 필레 신전

제가 발생하자 1970년에 러시아의 기술 지원을 받아 아스완 하이 댐이 새로이 만들어졌다. 관개 및 농경을 위한 전력 발전이 목적이라는 정부의 홍보에도 불구하고 이 댐이 만들어진 후 환경이나 문화적으로 잃은 것이 더 많았다는 언론 보도가 있었다.

필레 신전(Temple of Philae) : 고대 이집트 신전으로 원래는 필레 섬에 위치하고 있었다. 이 신전은 아스완 댐을 축조하면서 섬이 수몰 위기에 처해지자 이집트 정부는 유네스코의 지원을 받아 필레 신전을 근처에 있는 아기리키아 섬으로 옮기게 된다. 필레 신전은 고대 이집트의 중요한 여신인 이시스 신을 기리기 위해 건설한 것이다.

읽어두기

이집트 나일 강을 여행하다 보면 펠루카(Felucca)라는 이집트 전통 돛단배를 보게 된다. 삼각형의 돛을 달고 바람의 힘을 이용해 움직이는 이 배는 기름 냄새나 모터 소리가 나지 않는 친환경 교통수단이다. 나일 강을 여행하는 관광객들에 인기가 있다.

제 6 장

남아시아 문화권

1. 인도 문화
2. 파키스탄 문화

1 인도 문화

✦ **인도 공화국(Republic of India)**

수도	뉴델리	언어	힌두어
인구	1,450,936,000명(KOSIS)	종교	힌두교 80.5% 이슬람교 13.4%
면적	3,287,263km²	화폐	인도 루피(INR, Rs)
민족	인도아리안 72%, 드라비디안 25%	1인당 GDP	2,612$

인도는 남아시아에 있는 나라로 정식 명칭은 인도 공화국이다. 인도 아대륙의 거의 대부분을 차지하고 있는 국가로서 세계에서 가장 많은 인구를 가진 나라이다. 인도 아대륙은 현재 인도, 파키스탄, 방글라데시, 네팔, 부탄, 스리랑카 등의 나라가 위치한 지역을 말하는데, 지리적으로 북동쪽은 히말라야산맥, 서쪽은 아라비아해, 동쪽은 벵골만으로 둘러싸여 있다. 고대 인더스 문명의 발상지이자 무역로였으며 거대한 제국이 있었던 인도 아대륙은 오랫동안 그 지정학적 지위와 경제 문화적 가치를 인정받아왔다. 또한 인도는 4개 종교(힌두교, 불교, 자이나교, 시크교)의 발상지이다.

1. 카스트 제도

인도의 카스트 제도를 이해하기 위해 먼저 두 가지의 개념인 바르나와 자티를 알아야 한다. 바르나(Varna)는 브라만, 크샤트리아, 바이샤, 수드라의 4계급, 즉 카스트 제도를 말하는데 이는 아리아인과 원주민의 피부색이 다른 데서 비롯되었다.

제1계급인 브라만(Brahmana)은 사제 계층으로 가장 상위 자리를 차지하며 신성불가침으로 여긴다. 제2계급인 크샤트리아(Kshatriya)는 왕족과 귀족으로 정치와 군사 문제에 관여하며, 사회의 질서를 유지하고 일반 백성을 보호할 의무가 있다. 제3계급인 바이샤(Vaisha)는 일반 서민으로 농업이나 상공업에 종사하며 납세의 의무를 담당한다. 제4계급인 수드라(Sudra)는 노예로서 주로 아리아인에 의해 정복된 드라비다인 등이다.

인도에서 자티(Jati)는 각 가문이 전통적으로 가질 수 있는 직업을 뜻하는데, 이러한 가문의 직업을 구분한 것이 바르나이다. 사회적 관념이 된 핏줄의 한계를 개인의 노력으로 벗어나기는 쉽지 않다. 한편, 인도의 카스트에 속하지 않는 달리트라 불리는 불가촉천민도 있다. 이들은 카스트 제에도 속하지 못하는 천한 신분으로 사람들이 접촉 자체를 꺼린다하여 불가촉천민이라고 불렀다. 이들은 주로 가죽을 다루는 일, 시체를 다루는 일, 구식 화장실의 변을 치우는 일 등이 생업이다.

인도의 카스트 제도는 힌두교 교리에 뿌리를 두고 탄생한 것으로, 대부분의 힌두교 신자는 사람의 성(姓)만으로도 그 사람의 계급을 추측할 수 있는 이 제도를 포기하지 않고 있다. 그뿐만 아니라 카스트의 역할은 신이 정한 것으로 이를 거역하는 행위는 신에 의해 처벌받을 것이며, 다음 생에 상층 계급으로 태어날 기회를 잃게 된다는 주장을 하기도 한다.

수천 년 동안 인도인의 생활 속에 자리 잡은 카스트 제도는 최근 교육의 영향과 법적으로 금지되어 있어 점차 약화되고 있기는 하지만, 많은 인도인들은 아직도 사회 관습을 따르는 분위기이다.

인도에는 2억 명이 넘는 불가촉천민이 살고 있다. 정부에서는 이들에게 다양한 지원 정책을 실시하고 차별 해소와 사회적 평등을 증진하기 위해 노력하고 있다. 2022년 퇴임한 람 나트 코빈드 인도 대통령도 불가촉천민 출신이다.

2. 인도 독립

18세기에 들어오면서 힌두교를 신봉하는 마라타족의 호족들이 힘을 합친 마라타 동맹으로 인해 이슬람 국가인 무굴 제국은 힘을 잃고 이름뿐인 나라로 전락했다.

이 무렵 인도 벵골 지방의 패권을 둘러싸고 영국군과 프랑스 및 벵골 토후국이 합친 연합군이 치열하게 맞붙었다. 이 전투를 플라시 전투라 하는데, 여기에서 영국군이 프랑스 연합군을 격파하고 인도의 주도권을 차지하게 된다. 그러나 영국은 허울뿐인 무굴 제국을 그대로 남겨두고 벵골의 영유권과 인도를 식민지 지배하기 시작하였다.

그러나 1857년 인도의 농민, 수공업자 및 일부 토후가 영국의 지배에 불만을 품고 큰 반란을 일으켰는데, 이를 세포이 항쟁이라고 한다. 세포이 항쟁은 영국의 인도인 용병 세포이에 의해 시작되었다하여 붙여진 이름이다. 세포이 세력은 델리를 점령하고 무굴 제국의 황제인 바하두르 샤 2세를 받들고 2년 동안이나 싸웠으나 영국의 무력 앞에 실패하고 말았다. 이로써 무굴의 황제는 체포되었고 무굴 제국은 완전히 멸망하였다.

1858년 7월 영국은 세포이 반란군을 평정함과 동시에 인도에 세워졌던 동인도 회사를 폐지하고 직접 인도를 통치하기 시작했다. 비록 세포이 반란은 실패로 끝이 났지만 인도인에게 국가의 독립이 무엇인지를 깨우치는 첫걸음이 되었다.

한편 뱅골 지역은 일찍부터 반영 운동을 해 왔던 지역으로 영국이 가장 다루기 힘든 지역이었다. 다수의 이슬람과 소수의 힌두교가 혼거하고 있는 이 지역에서 마찰이 잦아지자 영국 총독은 1905년 이 지역을 이슬람 지역과 힌두 지역으로 양분하려고 하였다. 그러나 국민회의가 주동이 되어 분리 반대 운동을 벌여 국산품 애용 운동인 스와데시, 민족의 독립을 뜻하는 스와라지, 영국 제품 불매 운동인 보이콧, 민족 교육 등 4개 항을 채택한다.

새로운 민족 운동이 전개된 것은 제1차 세계 대전 후 마하트마 간디의 지도하에 비폭력에 의한 무저항 운동이 시작되면서 부터였다. 이 무렵 젊은 사람들 사이에는 사회주의 사상이 빠르게 퍼져 나갔으며 노동 운동이나 농민 운동도 거세지기 시작한다. 대공황 후의 제2차 비폭력적 저항 운동에 의해서 독립을 요구하는 열기가 더욱 높아지더니 마침내 인도 민중의 힘이 결집되었다.

제2차 세계 대전이 시작되면서 국민회의와 무슬림연맹은 전쟁 비협력을 선언한 후 영국의 철수를 요구하는 투쟁을 전개하였다. 이때 무슬림연맹은 힌두교와 이슬람교도는 종교가 맞지 않아 분쟁이 있을 수 있으므로 국가를 분리해야 한다고 주장하면서 파키스탄 지역의 분리를 결의하였다. 결국 1947년 8월 15일 영국 연방의 자치령으로 인도 공화국과 파키스탄 공화국으로 각각 분리 독립한다.

3. 인도의 대표 도시

뉴델리(New Delhi)

인도의 수도인 뉴델리는 경제, 상업, 공업의 중심 도시로 뉴델리와 올드델리로 구분된다. 뉴델리는 1911년에 인도의 새 수도로 정해진 후 20년간에 걸쳐 완성된 계획도시이다.

쿠트브미나르 탑(Qutub Minar) : 웅장하고 독특한 쿠트브미나르 탑은 쿠트브가 세운 탑이라는 뜻으로 세계문화유산에 등재되어 있다. 12세기 말 쿠트브웃딘 아이바크가 세운 이슬람 국가를 델리 술탄국이라 하는데, 그가 1192년 델리의 마지막 힌두 왕국을 정복하고 그것을 기념하기 위해 세운 거대한 승전탑이다. 1192년부터 1198년까지 6년에 걸쳐 건설되었다.

▲ 쿠트브미나르 탑

레드 포트(Red Fort) : 무굴제국 시대의 왕도였던 올드델리의 대표적인 건축물로 무굴제국의 제5대 황제 샤자한이 아그라에서 샤 자하나바드(지금의 올드델리)로 천도한 뒤 왕족의 거처로 사용하기 위해 1648년에 지은 성이다. 인도에서 가장 큰 성으로 라자스탄에서 공수한 1등급 붉은 사암으로 쌓아올린 높은 성벽 때문에 레드 포트라 불린다.

▲ 레드 포트

▲ 인디아 게이트

▲ 라지 가트

인디아 게이트(India Gate) : 뉴델리 중앙 교차로에 세워진 인디아 게이트는 제1차 세계 대전에서 당시 영국의 독립 약속을 믿고 전쟁에 참여했다가 목숨을 잃은 약 8만 5천 명의 인도 병사들을 추모하기 위해 세운 높이 42m의 추모탑이다. 추모탑에는 전사한 병사들의 이름이 새겨져 있다. 1972년 인도 독립 25주년에 인디아 게이트 아치 아래에 '영원히 꺼지지 않는 불'을 점화하여 다른 여러 전쟁에서 목숨을 잃은 무명 용사들의 넋을 기리고 있다.

라지 가트(Raj Ghat) : 마하트마 간디는 1948년 1월 30일 힌두교도 청년에게 암살당해 시신을 이곳에서 화장하였다. 정부는 이곳에 간디 추모 공원을 만들었다. 현지의 풍습에 따라 신발을 벗고 들어가면 푸른 잔디밭 중앙에 꽃이 놓인 네모난 검은 대리석과 추모객들의 행렬이 보인다.

악샤르담(Akshardham) 사원 : 1968년에 건설이 시작되어 2005년에 일반인에게 공개된 세계 최대 규모의 힌두교 성지로 힌두교를 믿는 사람들에게

▲ 악샤르담 사원

1. 인도 문화 **+ 255**

는 영원한 헌신, 순결, 평화를 상징하는 장소이다. 9개의 돔과 2만여 개의 조각상을 볼 수 있는 이 사원에서는 카메라나 담배, 라이터를 지참할 수 없다.

아그라(Agra)

델리로 수도를 옮기기 전까지 약 1세기 동안 무굴제국의 수도로 번성했었다. 때문에 이슬람풍의 건물이 많으며 무슬림 비중도 15% 이상 되는 것으로 알려져 있다. 인도를 대표하는 건축물 타지마할과 아그라 요새 등 문화유산이 많은 도시이다.

타지마할(Taj Mahal) : 인도의 랜드마크인 타지마할은 17세기 무굴제국의 황제 샤자한이 아이를 낳다가 죽은 자신의 사랑하는 아내 뭄타즈 마할을 추모하기 위해 만든 궁전 형식의 묘지이다. 이슬람 문화권의 건축 양식으로 지어진 타지마할은 주변 경관과의 아름다운 조화나 태양의 각도에 따라 하루에도 몇 번씩 빛깔을 달리하는 신비로움 모습이 장관이다.

▲ 타지마할

아그라 요새(Agra Fort) : 무굴제국의 3대 황제 악바르가 1565년에 착공하여 1573년에 완공하였지만 성곽 외부의 해자는 아우랑제브 황제가 만들었다. 아그라 요새는 힌두교와 이슬람교 문화의 융합을 희망하는 왕조의 표현이 잘 드러나 있는 건축물이다. 그러나 타지마할을 축조하면서 너무 많은 재정을 낭비한 샤자한이 말년에 그의 아들인 아우랑제브에 의해 유폐된 곳으로 더 유명하다.

▲ 아그라 요새

뭄바이(Mumbai)

인도의 경제, 문화, 예술의 도시로 세계에서 가장 많은 양의 영화를 제작하는 영화 산업의 본고장이다. 영국 식민지 시절 이름인 봄베이에서 뭄바이로 이름을 바꾼 것이 1995년이지만 여행을 해보면 많은 인도 사람들이 여전히 봄베이라 부른다.

게이트웨이 오브 인디아(Gateway of India) : '인도의 문'이라 불리는 이 건축물은 1911년 영국의 왕 조지 5세 부부의 인도 방문을 기념하기 위해 세워졌다. 높이 200m의 바위산 석굴에 힌두교 사원이 조성된 엘레판타 섬을 비롯한 주변 지역을 여행하려면 이곳 선착장을 이용해야 한다. 인도가 독립할 때 영국 군대는 이 문을 통해 뭄바이를 떠났다.

▲ 게이트웨이 오브 인디아

▲ 차트라파티 시바지 터미널

차트라파티 시바지 터미널(Chhatrapati Shivaji Terminus) : 1878년부터 10년에 걸쳐 건축된 뭄바이의 랜드마크로 과거에는 빅토리아 역이라고 불렸다. 인도의 빅토리아 고딕 양식을 대표하는 차트라파티 시바지 터미널은 영국의 건축 기술에 인도 장인들의 솜씨가 더해져 무척이나 아름답다.

▲ 도비가트

도비가트(Dhobi Ghat) : 도비가트는 1890년에 개장한 세계 최대의 빨래터로 이곳에는 대략 5,000명의 사람들이 빨래를 생업으로 여기며 살아가고 있다. 도비가트에서 일하는 노동자들을 도비왈라라 부르는데, 이들은 카스트 제도의 최하위인 수드라 계급에도 들지 못하는 달리트, 즉 불가촉천민들이다.

바라나시(Varanasi)

갠지스 강 중류 연안에 위치한 바라나시는 옛 카시 왕국의 수도이자 힌두교의 최대 성지이다. 우리가 인도를 상상하면 떠오르는 그 모습들을 이곳에서 볼 수 있다. 강물에 몸을 닦고 기도하는 사람, 빨래하는 사람, 수많은 관광객, 그리고 장사꾼으로 인해 항상 북적인다. 바라나시 주변 강가에는 시신을 불태우는 화장장도 있고, 밤에는 신과의 소통을 위해 행하는 힌두교 의식인 뿌자 때문에 눈이 매울 정도로 연기가 자욱하다.

▲ 아르티 뿌자

아르티 뿌자(Arti Puja) : 갠지스 강변에 만들어

▲ 마니카르니카 가트

진 돌계단을 가트라 하는데, 힌두교의 주신 중 하나인 시바신에게 드리는 제사 의식을 이곳 다샤스와메드 가트에서 매일 밤 거행한다. 수많은 힌두교인과 관광객들로 인산인해를 이루는 아르티 뿌자는 계절에 따라 차이는 나지만 해가 진 후 1시간 정도 진행한다. 이 의식을 행하는 사람들은 인도 카스트 제도에서 가장 상위 계층인 브라만이지만 최근에는 바라나시 힌두대학교 학생들이 진행하기도 한다.

마니카르니카 가트(Manikarnika Ghat) : 바라나시 갠지스 강변에는 수십 개의 가트가 있다. 힌두교도들은 바라나시에서 죽음을 맞고 가장 오래되고 신성한 마니카르니카 가트에서 자신의 시신이 화장되어 갠지스 강에 뿌려지길 원한다. 그것만이 삶과 죽음이 연속되는 윤회의 굴레에서 벗어나 해탈할 수 있는 길이라 믿기 때문이다. 죽기 위해 이곳을 찾는 사람들이 많다는 소문도 이것 때문일 것이다.

콜카타(Kolkata)

영국 식민지 시대의 문화유산이 남아 있는 서부 벵골의 주요 도시이다. 한때는

▲ 마더하우스

▲ 빅토리아 기념관

영국의 식민 지배하의 수도였고 인도 독립 운동의 거점이었지만 1911년 영국이 인도의 수도를 델리로 이전하면서 쇠락하기 시작했다. 현재 콜카타는 IT 및 금융업과 문화산업의 중심 도시이다.

마더하우스(Mother House) : 콜카타의 마더하우스는 사랑의 선교회 국제 본부로서 선교회 소속 수녀들이 여기에 머물기도 하지만 과거 테레사 수녀가 생활했던 방과 그녀가 잠들어있는 무덤이 있는 곳이기도 하다. 콜카타의 성녀, 가난한 자의 어머니라 불리는 마더 테레사는 1910년 북 마케도니아에서 태어나 1928년 로마가톨릭 수녀가 되었다. 이후 선교 활동을 위해 이곳으로 이주하여 사랑의 선교회를 설립하고 극빈자들을 돌보았다. 1979년 노벨 평화상을 수상한 테레사는 1980년 인도에서 가장 업적이 뛰어난 사람에게 주는 바라트 라트나 훈장을 받았다. 가난하고 아픈 사람들을 위해 일생을 바친 '빈자의 성녀' 테레사 수녀는 1997년 9월 5일 향년 87세로 선종했다.

빅토리아 기념관(Victoria Memorial Hall) : 영국제국의 전성기를 이루었던 빅토리아 여왕의 인도 통치 25주년을 기념하기 위해 세워진 건물로 1906년부터 1921년에 완공된다. 동서양의 미를 모두 지니고 있는 이 건물은 콜카타에서 가장 아름다운 흰 대리석 건물이다.

암리차르(Amritsar)

파키스탄과의 국경에 가까이 있는 도시로 군사상의 요지이기도 하다. 우리는 간혹 인터넷이나 TV를 통해 암리차르 외곽 와가보도에서 거행하는 국기 하강식 장면을 본적이 있을 것이다. 영국의 식민지 시절인 1919년 인도의 치안 부대가 간디 지지파의 시위를 무력으로 진압한 암리차르 학살 사건의 도시가 이곳이다. 암리차르 시내에는 시크교의 총본산인 황금 사원이 있다.

황금 사원(Golden Temple) : 시크교의 성지인 황금 사원은 400kg의 순금으로 덮인 건축물이다. 이곳에서는 시크교의 교리인 평등을 행하는 의미에서 종교나 국적 등의 조건을 전혀 따지지 않고 누구에게든 무료로 식사와 잠자리를 제공한다. 입장 시에는 머리카락을 가리는 두건을 써야 하며 입구에 신발을 맡기고 맨발로 다녀야 한다.

잘리안왈라 바그(Jallianwala Bagh) : 대영제국 최악의 만행 중 하나로 꼽히는 인도 암리차르 학살 사건은 1919년 4월 13일 잘리안왈라 바그 광장에서 일어났다. 반영 운동권 세력을 탄압하기 위해 영장이 없어도 체포할 수 있는 롤럿법을 만들

▲ 황금 사원

▲ 잘리안왈라 바그　　　　　　　▲ 와가보더

어 민족 지도자들을 체포하였다. 이에 반발하는 시위가 벌어지자 영국군은 이들을 향해 총을 쏘기 시작했다. 이 사건으로 379명이 숨졌다고 기록되어 있지만 일부에서는 최소 1천 명이 사망했다고 주장한다. 이 학살로 인해 국내외적으로 영국의 신뢰는 심각하게 훼손되었다.

와가보더(Wagah Border) : 파키스탄 라호르로 이어지는 국경 지역 와가보더는 암리차르 시내에서 승용차로 1시간 정도 걸린다. 파키스탄과 인도는 라이벌 관계로서 서로의 자존심 때문에 매일 경쟁적으로 공연에 가까운 과장된 퍼포먼스 대결을 한다. 객석에서 구경하는 내국인들은 구호를 외치고 자기나라 국기를 흔들면서 애국심을 불태운다.

읽어두기

인도를 여행하다 보면 길에서 구걸하는 사람들을 많이 볼 수 있다. 택시 투어를 할 때 신호등에 정차하면 걸인이 다가와 구걸을 한다. 잦은 구걸에 신경이 쓰인다면 빨리 다른 곳으로 이동하는 것도 좋은 방법이다.

2 파키스탄 문화

✦ 파키스탄 회교 공화국(Islamic Republic of Pakistan)

수도	이슬라마바드	언어	펀자브어, 우르두어, 영어
인구	251,269,000명(KOSIS)	종교	이슬람교 97%, 힌두교 2%
면적	821,889km²	화폐	파키스탄 루피(PKR, Rs)
민족	신드인, 펀자브인, 파슈툰족	1인당 GDP	1,471$

남아시아 서부에 위치한 이슬람 공화국으로 면적은 한반도의 3.5배에 해당한다. 파키스탄에서 가장 많이 사용되는 언어는 펀자브어이며, 공식 언어는 우르두어와 영어이다. 문맹률이 매우 높은 나라로 중요한 통신매체는 라디오이며 관영 라디오 방송국에서는 다양한 언어로 방송이 진행되고 있다. 경제는 성장하고 있지만 아직까지 국민 1인당 GDP는 아주 낮은 편이다. 국민 대부분이 이슬람교를 믿으며, 주요 농작물은 밀, 면화 그리고 사탕수수이다. 파키스탄은 영국령인 인도제국의 일부였지만 언어와 민족, 문화와 정서가 다를 뿐만 아니라 가장 중요한 종교가 서로 달랐다. 때문에 영국의 식민지에서 벗어나 독립할 때 인도와 별개의 국가로 분리되었다.

1. 파키스탄의 불교 문화

다양한 민족이 모여 서로 다른 사상과 종교를 발전시켰던 파키스탄은 현재 이슬람 국가이지만 불교 문화가 꽃을 피웠던 간다라 문명의 발상지이다. 간다라 지역은 지리적 특성으로 인해 그리스 로마 문화와 인도의 불교 문화가 어우러지면서 독특한 간다라 문화가 만들어지게 된다.

간다라 미술은 조각 위주의 불교 미술로 인간의 모습으로 표현한 불상이 처음 만들어졌고, 이는 중국의 불교 미술에 크게 영향을 미치게 된다.

간다라 지방은 잔혹하기로 유명한 아쇼카 왕이 통치하였는데, 전쟁의 참상을 직접 겪으면서 참회하며 불교에 입신한다. 이후 석가모니의 가르침을 전파하고 불교 교리를 바탕으로 제국을 다스렸다. 그는 불교를 지지했지만 다른 종교를 탄압하지 않고 모든 종교에 대한 관용을 주장했다. 이는 고대사에서 보기 드문 포용적 통치 행위로 그의 정치 철학은 이후 아시아 여러 국가의 통치자들에게 깊은 영향을 미치게 된다.

특히, 탁실라는 간다라 지역에 있는 역사적인 도시로 불교 문화의 중심지였다.

대승 불교가 크게 꽃 피웠던 이곳에는 탁실라 박물관과 〈부처님 고행상(Fasting Buddha)〉으로 유명한 라호르 박물관이 있으며, 기원전 3세기에 아쇼카 왕이 부처의 사리를 보관하기 위해 만든 다르마라지카 석탑의 기단부와 모흐라무라두 스투파 등이 유적으로 남아있다. 또한 최근 북서부 스와트 계곡에서 기원전 2세기에 건축된 것으로 추정되는 사원이 발견되기도 했다.

이처럼 파키스탄은 고대 불교 역사의 중심지이자 성지로 번성하였지만 현재의 파키스탄은 이슬람 국가가 되었다.

2. 인더스 문명

세계 4대 문명 중 하나인 인더스 문명은 기원전 3300년부터 1300년까지 인더스 강을 따라 번성한 청동기 문명을 말한다. 인더스 문명을 하라파(Harappa) 문명이라고도 하는데, 이는 최초로 인더스 문명의 유적지가 발견된 곳이 파키스탄 하라파 지역이었기 때문에 붙여진 이름이다. 인더스 강은 티베트 고원에서 발원하여 파키스탄을 관통하는 주요 강으로 길이가 대략 3,000km에 달한다.

고대 인더스 문명을 대표하는 나라는 인도가 아닌 파키스탄이었으며, 발굴된 유적지를 보면 오천 년 전에 만들었다고 믿기지 않을 정도로 수준 높은 도시 계획이었다. 세계문화유산에 등재된 도시 모헨조다로나 인더스를 대표하는 도시 하라파를 여행해 보면 다른 문명에서는 볼 수 없는 높은 수준의 문명이 있었음을 짐작할 수 있다.

구운 벽돌로 지은 건축물과 격자형 도시, 혁신적인 상하수도 시스템으로 도시 전역에는 배수구와 하수도가 설치되었고 도시 중앙에는 큰 목욕탕도 있었다.

이처럼 모헨조다로와 하라파는 인더스 문명의 중심지였으나 기원전 1900년경 갑자기 쇠퇴하기 시작했다. 쇠퇴의 원인으로는 여러 학설이 존재하지만 가장 설득력이 있는 학설로는 수백만 개의 벽돌을 굽기 위해 강 주변의 삼림을 대규모로 파괴하면서 인더스 강의 흐름에 문제가 발생하게 되었고, 이 같은 자연재해는 교역 망 붕괴로 이어졌을 것이라는 학설이다. 이외에도 아직까지 수수께끼로 남아 있는 수많은 상형 문자는 그 사용 목적이 주로 무역을 할 때 사용되었다고 하지만, 아직까지 명쾌한 해석은 되지 않았다.

3. 파키스탄의 대표 도시

이슬라마바드(Islamabad)

파키스탄의 수도로 1967년까지 잠정적인 수도 라왈핀디를 대체하기 위해 건설한 계획도시이다. 인구 약 100만 명이 살아가는 이슬라마바드는 녹음이 풍부하며 조용한 도시이다. 기후는 온화하고 건조한 대륙성 기후로 여름은 덥고 습하며 겨울은 차갑고 건조하다. 이 도시의 치안은 테러 위협으로 인해 긴장이 높아진 상태이다. 정부는 치안병력을 배치하고 주요시설에는 경비를 강화하고 있다.

파이잘 모스크(Faisal Mosque) : 1986년에 완성한 이 모스크는 현대식 회교 사원으로 70년대 말 파키스탄의 건국자인 무함마드 알리 진나를 기리기 위해 사우디아라비아 국왕 파이잘이 파키스탄을 방문했을 때 거금을 후원하면서 건축한 사원이다. 튀르키예의 건축가에 의해 세워진 이 모스크는 이슬라마바드의 주요 랜드마크가 되었다.

탁실라(Taxila) : 간다라 왕국의 중요한 문화와 학문의 중심지 탁실라는 아소카 왕 시기에 크게 번성하였다. 고대로부터 교통의 요충지였던 이곳은 불교, 힌두교, 기독교 등 다양한 종교와 문화가 혼재되어 발전한 도시로 시르카프(Sirkap), 자울리안(Jaulian), 모흐라 모라두(Mohra Moradu) 등의 유적이 있다.

▲ 파이잘 모스크

▲ 탁실라

라호르(Lahore)

라호르는 인더스 강 지류인 라비 강을 따라 형성되었으며 인도와 국경을 접한다. 이 도시는 역사적으로 무굴제국시대에 크게 번성하였으며 세계문화유산에 등재된 라호르성과 샬리마르 정원이 있다. 그러나 이곳은 산업공해와 자동차 배출가스 등 대기오염이 심각하여 시민들에게 마스크 착용을 의무화하였지만 근본적인 해결 방법에는 미치지 못하고 있다.

라호르 국립박물관(Lahore Museum) : 1865년 영국 식민지 시기에 건립된 이 박물관은 무굴제국의 중심지였던 라호르에 위치하고 있으며 간다라 불교 미술과 무굴제국의 예술품, 그리고 세계적으로 유명한 〈단식하는 부처상(부처님 고행상)〉 등이 전시되어 있다. 이 조각상은 간다라 양식으로 석가모니가 깨달음을 얻기 전 6년간의 고행 모습을 형상화한 것이다.

▲ 라호르 국립박물관

라호르 성(Lahore Fort) : 동서로는 424m, 남북으로는 340m에 이르는 거대한

▲ 라호르 성

▲ 바드샤히 모스크

성채로 샬리마르 정원과 함께 유네스코 세계문화유산에 등재되어 있다. 마치 궁전을 방불케 하는 이 성의 기원은 명확히 알 수 없지만 대략 1025년 이전에 축조된 것으로 추정되며, 현재의 모습은 1566년에 무굴제국의 황제인 악바르에 의해 재건된 것이다.

바드샤히 모스크(Badshahi Mosque) : 무굴제국의 제6대 군주 아우랑제브의 지시에 따라 1673년에 완공한 모스크로, 붉은 사암과 대리석으로 지어졌다. 이 모스크는 라호르의 상징적인 랜드마크로 인도 이슬람 양식과 무굴 건축이 혼합된 것이 특징이며, 내부에는 약 1만 명, 안뜰에는 9만여 명의 예배자가 기도할 수 있는 공간을 갖추고 있다.

읽어두기

와가보더(Wagah Border)는 인도와 파키스탄의 국경 지역으로 인도의 암리차르와 연결되어 있다. 이곳이 유명한 이유는 국기 하강식 행사 때문이다. 매일 파키스탄과 인도의 국경에서 벌어지는 국기 하강식의 특징은 양국 군인들의 과장된 발동작과 세리머니이다. 자국 군대의 힘과 자존심을 표현하는 과장된 행동이 재미있기도 하다.

카라치(Karachi)

파키스탄 남부 아라비아 해에 면해있는 항구 도시로 과거 영국으로부터 독립한 직후에는 파키스탄의 수도이기도 하였다. 카라치는 인더스 강 충적 평야에 위치하고 있어 옛날에는 농업이 발달하였지만 지금은 주요 항구 도시로서 무역 및 산업 허브 역할을 담당하고 있다. 이곳은 다양한 민족과 문화가 서로 어울려 공존하지만 최근 경제적 불평등으로 치안에 문제가 발생하기도 한다.

파키스탄 국립박물관(National Museum of Pakistan) : 파키스탄 카라치에 위치한 이 박물관은 카라치 시내 번즈가든 공원에 자리잡고 있다. 선사시대 유물을 비롯하여 중세시대에 이르기까지의 다양한 유물과 예술작품들이 전시되어 있고, 석가모니에 대한 다양한 자료와 간다라 미술이 함께 보관되어 있다. 또한, 이슬람교의 영향을 받은 조각 작품과 몽고 침략 시대를 묘사한 모형과 자료가 전시되어 있다.

프레어 홀(Frere Hall) : 1865년 영국 식민지 시대에 지어진 건물로 카라치에서 생산된 석회암을 사용하여 지었으며 외벽은 황색이다. 카라치의 인프라와 도시 개발에 크게 기여한 영국 총독인 헨리바틀 플레어 경의 공로를 기리기 위해 건축하였다. 완공 초기에는 정부 건물로 사용되었지만 현재는 미술관과 도서관으로 사용되고 있다.

▲ 파키스탄 국립박물관

▲ 프레어 홀

길기트(Gilgit)

평균 해발 1,500m에 자리 잡고 있는 길기트는 카라코람 산맥 등반을 위한 중간 기지로 세계에서 두 번째로 높은 산 K2(8,611m)와 낭가파르바트(8,126m)가 이 지역에 속해 있어 등산과 트래킹을 위해 방문하는 사람들이 많이 찾아오는 곳이다. 또한 이곳은 중앙아시아로 가는 교통의 요충지로 고대 불교가 육로를 통해 투르키스탄과 중국으로 퍼져나간 통로이기도 했다.

페어리 메도우(Fairy Meadows) : 요정들의 정원이라 불리는 이곳은 독일 원정대가 그 아름다움에 감탄하여 '페어리 메도우'라는 이름을 붙였다고 전해진다. 해발 3,300m의 고산에 있는 아름다운 목초지로 일반인도 어렵지 않게 하이킹할 수 있는 코스이다. 낭가파르바트의 웅장한 위용과 침엽수림들 그리고 푸른 잔디 위의 통나무집들은 정말로 장관이다.

▲ 페어리 메도우

▲ 훈자

　훈자(Hunza) : 세계적인 장수 마을로 알려진 이곳은 평균 해발이 2,438m로 주변에는 라카포시 같은 높은 산들이 위치하고 있지만 기후가 비교적 온화하고 건조한 편이라 파키스탄의 주요 여행 명소가 되었다. 훈자는 과거 왕국이었으나 영국의 침략으로 영국에 복속되었다. 1947년 영국으로부터 독립하면서 훈자 왕국은 파키스탄의 지배를 받기 시작하지만 왕국의 자치권은 유지되고 있었다. 1974년 9월 25일 왕국의 자치권이 완전히 박탈되면서 훈자 왕조는 역사 속으로 사라지게 되었다.

읽어두기

파키스탄은 정치적 불안과 경제난이 심각하여 과격 시위가 빈번하게 발생하는 나라로, 여행을 떠나기 전에 안전 정보를 확인하는 것이 좋다. 이슬라마바드, 라호르, 길기트, 훈자 등은 비교적 치안이 좋은 편이라 여행이 가능하지만 신변 안전에 특별히 유의하여야 한다. 또한 파키스탄뿐만 아니라 후진국을 여행할 시에는 개인위생을 철저히 해야 하고 생수나 끓인 물을 마시는 것을 습관화해야 한다.

장강 계곡(중국)

제 7 장

동아시아 문화권

1. 중국 문화
2. 일본 문화

1 중국 문화

✦ **중화인민공화국(People's Republic of China)**

수도	베이징	언어	중국어
인구	1,419,321,000명(KOSIS)	종교	불교, 도교, 이슬람
면적	9,600,000km²	화폐	위안(CNY, ￥)
민족	한족 91.9% 및 55개 소수 민족 8.9%	1인당 GDP	10,003$

동아시아에 위치한 거대한 나라 중국의 정식 명칭은 중화인민공화국이며, 수도는 베이징이다. 세계에서 가장 많은 인구를 가진 나라였으나 계속되는 저출산의 영향으로 2023년부터 인도에게 1등 자리를 내어 주었다. 1949년 10월 1일 마오쩌둥이 중화인민공화국을 수립하고 초대 국가주석으로 선출된다. 그는 1976년까지 일당 독재로 종신집권하였지만 중국을 세계최빈국 수준의 나라로 전락시킨다. 마오쩌둥 사망 후 집권한 덩샤오핑의 광범위한 개혁과 시장경제체제 도입으로 급속한 경제 성장을 이루게 된다. 2013년 후진타오의 뒤를 이어 국가주석이 된 시진핑은 강력한 1인 체제를 구축하며 개헌을 통한 종신집권의 문을 열었다.

1. 진시황의 중국 통일

전국시대의 정치적 혼란을 극복하고 중국 최초의 통일제국을 세운 것은 진시황이었다. 그는 기원전 259년 조나라에 인질로 가 있던 진나라의 왕족 자초의 아들로 태어난다. 그러나 어머니 조태후는 아버지 자초를 만나기 전 상인 여불위의 첩이었다. 이 때문에 진시황은 여불위의 자식이라는 설이 존재한다. 자초는 왕족일 뿐 진나라로 돌아갈 수 없는 힘없는 사람이었지만 거상 여불위는 많은 자금과 조직력 등으로 자초를 진나라 왕에 오를 수 있게 하였다. 자초는 어렵게 왕위에 올랐지만 3년 만에 죽게 된다. 아버지를 잃은 어린 진시황은 13세의 나이에 어머니 조태후와 여불위의 도움으로 31대 진나라의 임금이 된다.

여불위는 어린 왕을 대신하여 정국을 주도하였고 진나라의 최고 실력자가 된다. 그러나 진시황이 성장할수록 위협을 느낀 여불위는 자신과 조태후와의 관계를 감추기 위해 노애라는 사내를 조태후에게 보내어 정을 통하게 한다. 여불위의 계략에 말려든 노애와 어머니 조태후의 애정행각을 더 이상 참지 못한 아들 진시황의 노여움이 극에 달하자 두려움을 느낀 노애는 반란을 일으켜 저항해보지만 실패하여 극형을 당하게 된다. 그러나 여불위 자신도 이 사건에 연루되어 촉 땅으로 귀양을 가지만 심리적 부담을 이기지 못하고 유배지에서 스스로 목숨을 끊는다. 비로소 진시황은 천하를 손아귀에 넣은 최고의 권력자가 된다.

진시황이 통일 과정에서 보여준 뛰어난 리더십은 인재 기용 정책에서부터 파격적이었다. 국적이나 신분, 민족 등을 따지지 않고 인재를 기용하였으며, 법가의 학설을 적극 수용하면서 여러 가지 제도 개혁과 법치주의에 의한 부국강병에 힘썼다. 이와 같은 정책으로 힘의 우위를 확보한 진은 마침내 통일제국을 이룩할 수 있었다. 강력한 힘을 바탕으로 넓은 영토의 통일국가를 가지게 된 진시황은 자신의 칭호를 스스로 왕에서 황제로 바꾸었다.

황제가 된 진시황은 오랜 전통의 봉건제를 폐지하고 황제가 직접 전국을 지배하는 군현제를 시행하였다. 군현제는 전국을 36개의 군과 현으로 나눈 뒤 중앙정부에서 임명된 관리가 직접 통치하는 강력한 중앙 집권적 국가 시스템이다. 이 제도는 시대에 따라 조금씩 차이가 있었으나 약 2,000년 후에 등장하는 청나라 때까지 존속되었다.

또한 여러 나라의 문자와 화폐를 모두 통일하고 길이나 량, 무게를 재는 단위를 하나의 기준으로 정하여 따르도록 하였으며, 춘추전국시대 이래 끊임없이 전쟁 위협을 해온 북방의 흉노를 막기 위해 만리장성을 쌓은 것은 물론, 넓은 도로를 건설하여 전국을 두루 하나로 이어지게 하였다.

그러나 진시황의 강력한 정책 추진에는 무리도 따랐다. 엄격한 법가사상을 안착시키는 과정에서 봉건제 폐지를 특별한 설득 없이 힘으로만 청산하려는 불통정치에 귀족이나 유학자 및 상인들의 강한 반발이 일어나기 시작했다. 이러한 불만과 반발은 황제의 심기를 자극하였다. 결국 자신을 비판한 학자를 모아 한 구덩이에 생매장하고 농업, 의학서 등의 전공서적을 제외한 모든 서책들을 불태우는 등

이른바 진시황 최대의 악행으로 평가받는 분서갱유를 단행하여 백성을 공포에 떨게 하였다. 영원한 권력은 없겠지만 이 사건을 계기로 여론이 분산되고 민심이 나빠지기 시작한다. 곳곳에서 농민봉기가 일어나고 항우와 유방의 패권전쟁도 치열해지기 시작했다. 강력한 리더십으로 영원한 제국을 만들려 했던 진시황의 꿈은 여기까지였다. 기원전 210년 천하 순행 길에 병을 얻어 궁으로 돌아오지 못하고 객지에서 사망한다. 통일 강국을 이룬지 불과 15년 만에 많은 이야깃거리를 남기고 진나라는 역사 속으로 사라졌다.

> 읽어두기
>
> 중국의 영어 이름인 China의 어원은 진에서 비롯되었다. 중국에서는 진을 친(Chin)으로 발음하는데, 그것이 지금의 차이나가 되었다.

2. 아편 전쟁

아편은 마약이다. 1840년과 1856년 두 차례에 걸쳐 영국과 청나라가 무역 수지 문제로 아편을 판매하면서 일어난 전쟁이다.

청나라와 영국의 교역에서 영국은 청나라에 면직물을 팔고 청나라는 영국에 홍차와 비단, 도자기 등을 팔았다. 그런데 영국에서는 청나라의 홍차 등을 많이 수입하였지만 청나라는 영국의 면직물 등을 제한적으로 수입했다. 이때 영국이 청나라의 홍차를 수입할 때 당시 국제 화폐로 쓰이는 은으로 물건값을 지불해야 하는데, 청나라 물건을 워낙 많이 수입하다 보니 유럽에 은이 부족해서 은값은 계속 올라가는 실정이었다.

이 무렵 청나라는 무역을 하고자 찾아오는 서양 국가에게 광저우에서만 무역해야 한다는 원칙을 강조하며 무역 불균형을 키우게 된다. 영국은 계속되는 무역 불균형으로 적자가 눈덩이처럼 늘어나자 이를 해소하기 위해 영국의 동인도 회사를 이용해 인도에서 생산되는 아편을 비밀리에 청나라에 몰래 수출하게 하였다.

영국은 아편을 몰래 수출하면서 무역 불균형이 해소되었을 뿐만 아니라 영국이 수입하는 홍차의 양보다 청나라에 몰래 수출하는 아편의 양이 더 많아졌다.

청나라 사람들은 아편의 위험성을 잘 알지 못한 채 담배에 중독되듯 쉽게 아편에 중독되어 갔다. 1830년대 이르러 중독자가 200만 명 이상으로 늘어나자 다급해진 청나라 황제는 아편 거래를 강력히 단속하라고 명한 뒤 광저우에 있는 영국 상인들의 아편을 빼앗아 불태워버린다. 이 사실을 보고받은 영국은 청나라와의 전쟁 결의안을 의회 표결에 붙여 찬성을 얻어내고 1840년 1차 아편 전쟁을 일으킨다.

청나라는 영국에 크게 패하며 1842년 세계 최초의 불평등 조약으로 알려진 난징 조약을 체결하였다. 총 2,100만 달러의 배상금과 5개 항구를 개방하고 100년 동안 홍콩을 영국에 넘겨 주어야 한다는 조약이었다. 그 후 홍콩은 제2차 세계 대전 당시 일본에 점령당하기도 하지만 1997년에 중국의 특별 행정구로 편입되었다.

영국은 제1차 아편 전쟁 승리로 개항과 무역 독점권을 확보했지만 생각과 달리 수출이 지지부진하고 돈벌이가 되지 않았다. 영국은 청나라 북쪽의 더 많은 항구 개방과 자유로운 내륙 여행, 선교 활동의 자유 등을 요구하며 난징 조약의 개정이 필요하다고 떼를 썼지만 청나라 조정은 조약 개정을 받아들이지 않았다.

전쟁의 명분을 찾고 있던 1856년 10월에 청나라 관리가 해적 혐의 조사를 위해 광저우 앞 주강에 정박하고 있던 해적선 애로호의 선원을 체포하고 영국 국기를 내리는 사건이 발생한다. 영국은 이 사건을 국제법 위반으로 몰아가며 청나라를 완전히 개방시킬 절호의 기회라고 생각한다. 때마침 프랑스 선교사가 광시성에서 선교를 하다가 붙잡혀 처형된 사건이 있었는데, 이 사건을 빌미로 영국과 프랑스가 손잡고 청나라를 공격하게 되는데, 이 전쟁을 제2차 아편 전쟁이라 한다.

연이은 패배와 국가적 역량 한계로 수도 함락의 위기를 겪고 있을 무렵 러시아와 미국까지 이 전쟁에 참여할 뜻을 밝히자 더 이상 청나라는 전쟁을 지속하기 어려워졌다. 급기야 1858년 청나라는 굴욕적인 톈진 조약을 맺게 된다. 이 톈진 조약으로 청나라는 막대한 배상금과 난징을 포함한 10개 항구를 추가로 개항하고 외교관의 베이징 상주 및 청나라 여행 자유화와 그리스도교 선교 활동 등을 승낙했다. 하지만 영국과 프랑스는 톈진 조약이 불공평하다며 조약 비준을 거부하려는 움직임이 생겨난다. 1860년 영국과 프랑스는 다시 병력을 동원하여 베이징을 점령하고 황제의 개인 정원인 원명원을 약탈하고 불태우는 등 만행을 저지른다. 열하로 도망간 청나라 황제 함풍제에게 보내는 연합군의 경고이기도 했다.

힘이 약해진 청은 결국 러시아의 평화 협상 중재로 기존의 톈진 조약에 더 많은 조건을 추가 하여 새로운 베이징 조약을 체결한다. 이때 러시아는 이 조약을 중재했다는 명분으로 연해주를 차지한다.

19세기 중반까지 전 세계에서 가장 강력하고 부유했던 청나라는 아편 전쟁으로 인해 몰락하는 신세가 되었다. 아편은 마약이다. 지금도 중국은 마약 사범에 대해서는 법정 최고형인 사형 등의 중형을 선고하고 있다.

3. 청나라 멸망

청나라가 아편 전쟁으로 신음하던 1850년대 양쯔강 남쪽 지역에서 개신교의 영향을 받은 배상제회라는 종교 단체를 만들어 포교 활동을 하는 홍수전이라는 사람이 있었다. 그는 활동 무대를 남쪽으로 옮겨가며 차별받는 사람들과 배고픈 농민 그리고 아편 전쟁으로 인해 일자리를 잃은 노동자들을 모아 세력을 크게 키웠다.

종교를 이용해 세력을 키운 홍수전은 1851년 태평천국을 건국하고 스스로를 천왕이라 칭하였다. 1853년 남경을 점령한 그는 장강 이남에서 위세를 떨치며 차츰 국가의 체제를 갖추기 시작하였고 청나라에 불만을 가진 사람들과 여성들을 태평천국의 품으로 끌어안았다. 또한 농민에게 토지를 나누어주는 사회주의적 정책을 과감히 시행하면서 많은 농민들로부터 지지를 받는다. 그 대표적인 것이

천조 전무 제도였다. 또한 중국의 대표적인 악습인 전족을 없애고 축첩도 금지했다. 이뿐만이 아니라 만주족의 풍습인 변발을 금지해 한족들의 지지를 얻었고 술은 물론 노름과 아편도 철저히 금지시켰다. 하지만 유럽 열강의 협공과 청나라의 공격을 받은 태평천국은 13년 만에 멸망한다.

태평천국을 진압한 후 공로를 인정받아 청나라 고위 관직에 오른 대표적인 인물이 증국번이었다. 그는 서방의 뛰어난 신기술을 받아들이고 청나라를 개혁하여 강국으로 만들어야 한다며 서양 열강으로부터 무기와 전투함을 사들이고 교관을 데려와 신식군대의 훈련을 맡겼다. 이뿐 아니라 광산을 개발하고 제철소를 짓는 등 국내 산업 발전을 위한 과감한 정책을 추진하였다. 또한 원료와 제품을 수송하기 위한 철도와 신기술 습득을 위해 유럽과 미국, 일본 등에 유학생을 보냈다.

그러나 30여 년의 개혁에도 불구하고 1894년 청일 전쟁에서 참패한 청나라는 엄청난 배상금과 철도 부설권 및 공장 경영권 등 많은 이권을 일본이나 서방 강국들에게 넘겨주어야만 했다. 서태후의 꼭두각시에 불과했던 황제는 1898년부터 사상가이자 정치가인 캉유웨이를 내세워 법과 제도를 바꾸고 과거제도 개혁, 학교 설립 및 신문과 잡지 등을 발행해 보지만 서태후의 지지를 받고 있는 보수 세력들의 저항에 부딪쳐 100일 만에 모든 개혁은 물거품이 되고 말았다. 그러나 권력을 되찾은 서태후는 국가의 비전을 제시하지 않았고 정적 제거 등 정치적인 일에 자신의 막강한 권력을 소모하기 시작했다.

1987년 독일이 산둥성 일대를 점령하자 일찍이 이 지역에서 활동하고 있던 의화권이라는 민간결사가 농민들과 힘을 합쳐 의화단이라는 비밀결사 조직을 만들어 반외세, 반기독교 운동을 일으키게 되는데, 이를테면 교회를 불태우거나 신도를 살해하는 등의 만행을 저지른다. 급기야 베이징까지 침입한 의화단이 서태후의 관군과 힘을 합쳐 외국 공관을 공격하면서 그 기세는 절정에 달한다. 이에 러시아, 일본, 독일, 영국, 미국, 이탈리아, 오스트리아, 프랑스 8개국은 군대를 파견하여 베이징을 장악한다. 결국 청나라 왕조는 1901년 열강들과 베이징 의정서를 체결해야 했다.

이로써 청나라는 제국주의 열강에 거액의 배상금을 지불해야 했고 외국 군대가 베이징에 주둔하는 것을 승인하였다. 청나라의 자존심은 짓밟히고 나라 경제는 파탄이 났으며 식민지화는 한층 깊어졌다.

수렁에 빠진 왕조는 1911년의 신해혁명이 일어난 다음 해인 1912년 2월 12일 선통제가 퇴위하면서 공식적으로 청나라는 멸망한다.

읽어두기

청나라 마지막 황제인 선통제의 이름은 푸이이다. 1908년 3살 때 서태후의 뜻에 따라 청나라의 12대 황제가 되었지만 1912년 7살 나이에 신해혁명으로 퇴위했다. 그러나 신해혁명으로 건국된 중화민국이 통치권을 넘겨받는 조건 등으로 자금성 내에서 외국 군주의 예우를 받으며 불편함 없이 지냈다.

1917년 중화민국 내의 권력다툼이 심각해지자 이를 중재해야 한다는 여론으로 선통제 푸이를 다시 황제 자리에 옹립하지만 허울뿐인 황제는 12일 만에 퇴위해야 했다.

1932년 중국 북동부를 점령한 일본 관동군은 만주국을 세우고 1934년 푸이를 꼭두각시 황제 자리에 앉힌다.

1945년 8월 일본 관동군은 소련군과의 전쟁에서 패한다. 홀로설 수 없는 만주국은 곳곳에서 일어나는 반란을 감당할 수 없어 붕괴되고 푸이는 체포되어 소련 땅 하바롭스크에 억류된다. 이후 중국으로 압송되어 전범관리소에 수감되지만 1959년 마오쩌둥에 의해 풀려나 베이징 식물원 정원사로 일하다 1967년에 사망한다.

4. 중국의 대표 도시

베이징(Beijing)

중화인민공화국의 수도인 베이징은 기원전 1000년경 춘추전국시대 연나라의 수도이기도 했다. 이곳에는 역사만큼이나 많은 전설과 유물 및 유적들이 남아 있다.

▲ 자금성

▲ 천안문 광장

자금성(Forbidden City) : 베이징 중심에 있는 명과 청 왕조의 궁궐로 1406년 명나라 영락제가 베이징으로 천도하면서 건설하였다. 1924년 선통제 푸이가 이곳에서 쫓겨날 때까지 5백 년 동안 24명의 황제가 살았으며 1987년 유네스코 세계 유산으로 지정되었다.

천안문 광장(Tiananmen Square) : 베이징시의 자금성 천안문 앞에 조성된 세계에서 가장 넓은 광장으로 중화인민공화국을 대표하는 랜드마크이다. 천안문 광장은 국가주요시설이 밀집되어 있어 공안기관의 상시적인 통제를 받고 있다.

천단 공원(Temple of Heaven) : 1420년 명나라 영락제가 건설한 제단이 이곳에 있다 하여 붙여진 이름으로 공원 면적은 283만m²이다. 명과 청나라 황제가 하늘

▲ 천단 공원

▲ 왕푸징 거리

▲ 만리장성

과 땅, 그리고 해와 달에게 기우제와 풍년제를 지내기 위해 만든 천단은 이후 낙뢰로 소실되었다가 1896년에 재건되었다.

왕푸징 거리(Wangfujing Street) : 베이징에서 가장 번화가이자 인기 있는 보행자 전용 거리로 쇼핑의 중심지이다. 우리나라의 명동이 연상되는 왕푸징 거리는 청나라 건륭제 시대에 왕족과 고급관료의 저택이 모여 있던 곳으로 물맛이 좋은 우물이 있었다 하여 붙여진 이름이다.

만리장성(The Great Wall) : 중국의 대표적인 유적이자 상징인 만리장성은 기원전 222년에 진의 시황제가 중국을 통일한 후 흉노족이나 북방 유목 민족의 침략을 막기 위해 기존의 여러 성들을 연결하고 부족한 부분은 새롭게 축조하여 완성한 거대한 장성이다. 이후 많은 왕조를 거치면서 여러 곳이 소실되기도 했지만 지속적인 보수와 개축을 거듭하면서 1987년 세계문화유산에 등재되었다.

상하이(Shanghai)

중국 본토에서 국내총생산이 가장 높은 도시로 경제, 교육, 과학 및 예술, 패션의 중심지이다. 상하이는 바다로 이어지는 창장강(양쯔강) 동쪽 하류에 위치하며

▲ 와이탄

▲ 동방명주 탑

황푸강이 도시를 관통하여 흐른다. 상하이시는 황푸강을 기점으로 강 서쪽을 푸시, 강 동쪽을 푸둥으로 구분하는데, 푸둥이 서울의 강남처럼 더 도시화되었다.

와이탄(The Bund) : 유럽 양식의 건축물과 황푸강 야경이 어우러져 동방의 월스트리트라 불릴 정도로 아름다운 와이탄은 황푸강 서쪽에 위치하며 루자쭈이와 함께 상하이를 방문하는 여행객의 사진에 가장 많이 등장하는 장소이기도 하다. 와이탄은 150년 전 외국인이 행정자치권이나 치외법권을 가지고 거주했던 이른바 조계 시대의 흔적이 관광 자원이 된 곳이다.

동방명주 탑(Oriental Pearl TV Tower) : 상하이를 대표하는 이 탑은 푸둥의 루자쭈이 금융구에 위치한다. 1994년에 완공된 건축물로 중국의 동방명주 그룹이 소유하고 있는 방송탑이다. 상하이 중심가의 마천루들이 지어지기 전에 가장 먼저 건설된 이 탑은 높이가 467m나 되며 전망대에서 내려다보는 시내 야경은 여행객의 시선을 사로잡는다.

난징루(Nanjinglu Street) : 상하이 쇼핑의 메카 난징루는 100년이 넘는 긴 역사를 가진 보행자 전용 상업거리이다. 이 거리를 경계로 동쪽을 난징둥루, 서쪽을 난징시루로 구분하여 부른다. 난징루 곳곳에는 유명 브랜드 숍이 있어 한낮에는 쇼핑을 즐길 수도 있고, 밤이 되면 야경이 아름다워 밤늦도록 많은 사람들이 넘쳐난다.

▲ 난징루

▲ 상하이 대한민국 임시정부청사

상하이 대한민국 임시정부청사 : 중국 상하이에 있는 대한민국 임시정부청사로, 1926년부터 1932년까지 사용한 건물이다. 이 역사적인 장소는 1988년부터 1990년까지 대한민국정부와 상하이시가 공동으로 조사를 진행하여 실제 임시정부가 사용한 건물임을 확인하였다. 이후 몇 차례 보수공사와 전시실 등을 확충하여 대한민국 임시정부청사 기념관으로 운영하고 있다.

시안(Xian)

중국의 천년고도이자 산시성의 성도인 시안은 당나라의 도읍지였던 옛 이름 장안(長安)으로 더욱 유명하다. 기원전 11세기 주나라가 최초로 장안을 수도로 삼은 이후 진나라, 당나라 등 수많은 왕조가 이곳을 수도로 이용하면서 '장안의 화제'라는 말이 생겨날 정도로 번성하였다. 오랫동안 장안은 수도의 대명사로 쓰이기도 했다.

▲ 병마용 갱

병마용 갱(Terracotta Warriors and Horses) : 1974년 시골마을 농민이 우물

▲ 시안 성벽

▲ 회족 거리

을 파다가 발견한 병마용 갱은 진시황릉에서 1km 가량 떨어진 곳에 있다. 이 위대한 유적지에는 흙으로 만든 수많은 병사와 말, 전차, 곡예사, 악사 등 다양한 사람들과 사물이 실제 모습처럼 표현되어 있다. 병마용 갱은 현재까지 발굴이 진행 중이다.

시안 성벽(Xian City Wall) : 수나라 때 현재의 위치에 도성을 처음 쌓았지만 당나라 말 수도를 낙양으로 옮기면서 대부분 파괴되었다. 지금의 성곽은 명 태조 주원장의 둘째 아들 진왕이 다시 쌓은 것으로 증축과 보수를 거쳐 오늘에 이른다. 현존하는 중국최대 규모의 고 성벽으로 구운 벽돌로 만들어진 것이 특징이며, 목적은 방어용이다.

회족 거리(Muslim Quarter) : 중국의 소수민족 중의 하나인 회족(回族, 후이족)은 종교상 이슬람교도이지만 중국어를 사용한다. 종교적 이유로 돼지고기를 먹는 않는 대신 양고기와 소고기를 주로 먹는다. 회족거리는 회족들이 모여 사는 거리로 일명 이슬람 거리라 부르기도 하며, 이곳에서 그들만의 독특한 문화와 음식을 맛볼 수 있다.

화산(Huashan Mountain) : 화산은 중국의 시안과 뤄양(낙양) 사이에 있으며 최고 2,437m 높이로 주변에 위수강이 있어 그 웅장함을 더한다. 중국의 오악(五岳)

▲ 화산

가운데 서악(西岳)으로 불리는 화산은 대부분이 바위로 이루어져 있어 매우 험준하고 신비스럽다. 마치 무림의 고수를 꿈꾸는 화산파의 제자들이 이곳 어딘가에서 수련에 열중하고 있을 것만 같은 분위기의 산이다.

난징(Nanjing)

중국 중남부 창장강(장강) 하류의 비옥한 삼각주에 위치하며, 중화문명의 중요 발상지이다. 6개 왕조의 수도였던 난징은 이민족들의 침입이 잦아 도시가 파괴되기 일쑤였고 수많은 백성이 이들에 의해 유린당해야만 했던 아픔이 많은 한족들의 도시이다. 또한 난징은 1937년 일본군에 의해 30만 명이 학살당한 난징대학살의 장소이기도 하다.

중산릉(Sun Yatsen Mausoleum) : 중국 민주혁명의 아버지로 추앙받는 쑨원의 무덤으로, 명나라 황제들의 능이 있는 자금산에 세워져 있다. 특이한 것은 황제

▲ 중산릉

▲ 부자묘

의 무덤에만 붙일 수 있는 릉(陵)을 그의 무덤에 붙인 이유는 중국인들이 쑨원을 황제의 위상으로 보고 있다는 증거일 것이다.

부자묘(夫子廟) : 공자를 공양하고 제사를 지내기 위한 묘와 사당이 있는 공원으로 송나라 때 처음 건축되었다. 공자는 춘추시대 유학(儒學)자이다. 노나라 사람이지만 자신의 이상을 찾아 여러 나라를 제자와 함께 다니면서 뜻이 맞는 군주를 찾아보았지만 실패한다. 이후 노나라로 귀국하여 제자 양성에 힘쓴다. 부자묘 주변에 흐르는 진회강(진화이허)의 야경과 전통가옥은 난징의 볼거리로 자리 잡았다.

난징 대학살 기념관(Nanjing Massacre) : 1937년 중일 전쟁 당시 일본군이 난징에 진입하여 도망가는 중국군을 수색한다는 명분으로 약 6주에 걸쳐 중국군 포로들과 난징 시민 30만여 명을 무참히 학살한 사건이 발생한다. 이른바 난징대학살이다. 중국 사람들은 일본군이 저지른 끔찍한 이 만행을 기억하고 고인들의 넋을 기리기 위해 1985년에 기념관을 건립하였다.

난징 박물관(Nanjing Museum) : 중일 전쟁에 대비해 베이징 자금성의 유물을 난징으로 이전하기 위해 1933년에 국립중앙박물관을 개관하였다. 그러나 난징이 함락되자 국민당 관계자들이 유물의 대부분을 타이완으로 옮기게 된다. 그럼에도 불구하고 중국의 3대 박물관에 걸맞게 난징 주변의 역사와 생활풍습 그리고 각 지역에서 출토된 다양한 유물들을 전시하고 있다.

▲ 난징 대학살 기념관

▲ 난징 박물관

하얼빈(Harbin)

하얼빈은 중국 송화강 남쪽 기슭에 자리 잡고 있으며 시베리아와 가까운 탓에 매우 춥다. 중국 최고의 겨울 휴양지인 하얼빈은 매년 열리는 국제 빙설제가 유명하다. 만주 지방의 정치, 경제, 과학, 문화, 통신의 중심지로, 우리에게는 1909년 10월 26일 안중근 의사가 초대 한국통감 이토 히로부미를 하얼빈 역 근처에서 사살했던 의거 장소로 잘 알려져 있다.

▲ 하얼빈 빙설제

▲ 중앙다제　　　　　　　　　　　　▲ 하얼빈 성 소피아 성당

하얼빈 빙설제(Harbin Ice and Snow Sculpture Festival) : 매년 1월 초에서 2월 말까지 열리는 세계적인 규모의 얼음 축제이다. 1985년부터 시작한 빙설제는 눈과 얼음이 LED 불빛과 조화를 이루면서 환상적인 예술세계를 만들어낸다.

중앙다제(中央大街) : 하얼빈 중심부에 있는 번화가로 1900년 제정러시아 시대 도시건설에 필요한 자제를 운반하기 위해 마차 등이 다니는 큰 도로를 만들었는데, 이후 이 길을 따라 독특한 유럽풍 건축물이 들어섰다. 중국이라는 느낌이 들지 않을 정도로 이국적인 거리에는 성 소피아 성당을 비롯해 홍수를 극복한 기념으로 세운 방홍탑 등이 있다.

하얼빈 성 소피아 성당(Saint Sophia Cathedra) : 동아시아 지역에서 가장 규모가 큰 이 성당은 제정러시아 보병사단이 하얼빈에 들어왔을 때, 러시아 정부가 병사들을 위해 1907년 군 예배당으로 건축하였다. 이후 재건축과 수차례 보수작업을 거쳐 오늘의 초록색 돔 형태의 지붕과 붉은색 벽돌의 러시아 정교회 대성당이 완성되었다.

하얼빈 안중근 의사 기념관(An Jung-geun Memorial Hall) : 하얼빈 역에 위치한 안중근 의사 기념관은 과거 우리 정부에서 여러 번 중국 측에 기념비 등의 설치를 요청하였으나 성과가 없었고, 2013년 6월 당시 박근혜 대통령은 중국 시진핑 주

 ▲ 하얼빈 안중근 의사 기념관
 ▲ 731부대 박물관

석에게 안중근 의사 기념비 설치를 요청한다. 중국의 시진핑은 자국의 이익과 밀접하게 연결된 외교 때문에 철저히 비밀에 부친 후 2014년 1월 이 기념관을 개관하였다.

731부대 박물관(Unit 731 Museum) : 일본(관동)군 731부대는 제2차 세계 대전 당시 세균전을 위한 생화학 무기개발을 위해 하얼빈 남쪽에서 조직된 기밀부대이다. 인간을 대상으로 하는 이른바 '마루타'를 활용하여 생체 실험을 하였는데, 그중 대부분은 중국인이었으며, 연합국인 미국인과 러시아인 및 전쟁 포로들 그리고 식민지국의 조선인을 이 부대로 끌고와 인간 생체 실험을 자행했다. 이 실험으로 사망한 희생자 수가 3,000명이 넘는다고 한다.

> 🌏 **읽어두기**
> - 겨울철에 중국의 동북쪽(흔히 동북 3성)을 여행할 때에는 큰 추위에 대비해야 한다. 온도가 영하 30℃ 정도까지 내려가는 것이 다반사이다.
> - 마루타는 일본군 731부대가 자신들의 잔혹한 생체 실험을 숨기기 위해 사용한 은어로 일본어로 '통나무'를 의미한다.

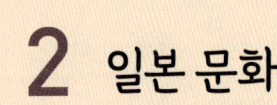

2 일본 문화

✦ **일본국(Japan)**

수도	도쿄	언어	일본어
인구	123,753,000명(KOSIS)	종교	신도(神道), 불교, 기독교
면적	378,000km²	화폐	엔화(円, ¥, JPY, Yen)
민족	일본인	1인당 GDP	35,385$

정식 명칭은 일본국이며 입헌군주 국가이자 의원내각제를 채택한 나라이다. 일본은 4개의 큰 섬인 혼슈, 규슈, 시코쿠, 홋카이도와 주변에 흩어진 작은 섬들로 이루어져 있다. 일본인의 구성을 보면 일찍이 한반도에서 건너간 도래인 계통의 야오이인이 주류가 된 야마토족이 대부분이며, 선사시대부터 일본 열도에 정착했던 조몬인의 후손 아이누 족과 규수와 타이완 사이에 있는 류큐 열도(오키나와 현)에 사는 류큐 족으로 구분된다.

1868년 단행한 메이지 유신으로 700여 년간 이어온 막부 시대가 끝이 나고 일본 제국 시대가 시작된다. 청일 전쟁, 러일 전쟁을 비롯해 만주 사변, 중일 전쟁 그리고 미국과의 태평양 전쟁까지 개시하였지만 1945년 미국의 원자 폭탄에 의해 패전한다.

패전국 일본은 미군의 지배하에 평화헌법이 제정되어 전쟁을 할 수 없는 나라가 되었고, 천황은 아무런 실권이 없는 상징적인 인물로만 존재하게 된다.

1951년에 체결된 샌프란시스코 강화조약으로 일본은 국권을 회복하고 재건에 국력을 집중한다. 1950년에 일어난 한국 전쟁과 1964년 도쿄 올림픽, 1970년 오사카 엑스포를 통해 경제 강국으로 크게 성장하지만 1985년 이후 급격한 엔화 상승과 금리정책 실패, 출산율 감소 등으로 지금까지 경기 침체기를 겪고 있다.

1. 메이지 유신

도쿠가와 이에야스가 1603년 일본의 에도 막부를 세운 이후 일본은 200년 넘게 에도 막부의 지배하에 있었다. 도쿠가와 가문의 근거지인 에도(도쿄)에 세워진 막부는 다이묘라 부르는 지역 영주 300여 명을 지배하고, 각 다이묘는 많은 수의 사무라이를 거느리며 사농공상의 엄격한 신분제로 자신들의 영토를 통치하며 외국의 출입을 엄격히 통제하는 이른바 쇄국정책을 펼쳤다.

그러나 차츰 막부 시대에 대한 크고 작은 불만들이 쌓이고 확대되면서 천황을 중심으로 정치 개혁을 해야 한다는 여론이 만들어진다. 여론의 중심에는 일본의 토착 종교가 있어 천황을 우상화하는 이른바 천황숭배 사상을 전국으로 전파하였다.

1853년 미국의 동인도함대 사령관 매슈 페리 제독이 무력을 앞세워 쇄국을 하고 있던 일본의 에도 막부에 일본 개항을 요구하며 미일화친조약을 체결한다. 연이어 1858년에는 미국을 비롯해 영국, 러시아, 네덜란드, 프랑스 등과 굴욕적인 안세이 5개국 조약에 서명하였다. 그러나 이렇게 체결된 조약들은 천황의 칙령이 떨어지지 않은 채로 조인된 가조약이라는 불만이 생겨나기 시작했다.

200년 이상 일본을 통치한 에도 막부가 서양에 굴복하자 일본 내에는 막부를 타도해야 한다는 목소리가 커지고 천황을 받들어 외세를 배격하자는 이른바 '존왕양이' 여론이 확산된다. 이때부터 기득권 세력을 유지하려는 막부와 이에 대항하는 존왕양이 지지자들 간의 치열한 내란이 오랫동안 전개된다. 1867년 막부의 쇼군은 천황에게 권력을 반납하는 대정봉환을 단행하여 쇼군의 지위는 잃었지만 막강한 권력을 그대로 유지하고 있었다. 이에 반 막부 세력이 결집하여 왕정복고를 주장하며 쿠데타를 일으켜 승리한다. 쿠데타 세력은 1867년 고메이 천황의 뒤를 이은 메이지 덴노에게 도쿠가와 가문의 축출과 왕정복고를 선언하게 하고 1868년 메이지 천황이 5개조 선언문을 발표하면서 메이지 유신이 시작된다.

새 정부는 봉건제를 폐지하고 납세자가 토지의 주인이 되게 함으로써 재정을 안정시켰다. 또한 소학교, 중학교, 대학교의 학제를 개혁하였으며, 신분에 상관없이 정해진 기간 동안 군복무를 해야 하는 징병령을 단행하였다. 선진국인 미국과 유럽의 근대국가를 모델로 자본주의를 받아들이고 군사강국을 추진하였다. 또한 천황을 중심으로 하는 새로운 신분 제도를 선언하고 평민도 자기의 성을 가질 수 있도록 하였다. 지금까지 사용하였던 음력 대신에 양력 사용을 시행하고 서양 종교인 기독교를 허용하였다. 이외에도 신문을 발행하여 평민들도 정보 생활이 가능하도록 하였다.

이뿐만이 아니라 양복 차림에 구두를 신고 서양 사람처럼 테이블에 앉아 소고기와 빵을 먹는 사람들이 생겨나고 헤어스타일도 자유롭게 변해갔다. 등대를 설치하고 연안 수송을 위해 항만을 준설하거나 도로와 항로를 정비하였으며, 우편제도도 도입하였다. 전신용 회선이나 철도 부설을 추진하여 1872년 도쿄와 요코하마를 연결하는 일본 최초의 철도가 개통되었으며 1880년 유럽 방식을 본떠 만든 일본 은행을 유일한 발권 은행으로 지정하였다.

1882년 이토 히로부미를 유럽으로 파견하여 독일 제국의 제도나 국가 운영 방식을 연구하게 한 후 프로이센 헌법을 근간으로 하는 일본 최초의 헌법을 1889년에 반포하였다. 이 헌법에는 천황을 최고 권력자로 규정하고 의회와 내각은 물론 사법부도 천황의 권한을 보조하는 기관으로 정하였다.

메이지 유신의 평가에는 여러 견해가 공존할 수 있다. 그러나 동시대의 조선과 비교하여 보면 일본 근대화에 크게 기여한 것은 사실이다. 그것은 국제정세와 미래를 바라보는 지도층의 안목일 것이다.

2. 태평양 전쟁

제2차 세계 대전의 전선 중 하나로 태평양 일대와 동남아시아 지역에서 미국과 일본제국이 벌인 전쟁을 태평양 전쟁이라 하는데, 1941년 12월 7일 아침에 일본군은 선전 포고 없이 하와이 진주만에 위치한 미 해군 태평양함대 기지를 기습 공격했다. 이 공격으로 16척의 미 해군 함선이 피해를 입거나 침몰하였고 177대의 항공기가 파괴되었으며 2,300여 명의 미군과 100명 이상의 민간인이 사망하였다. 일본의 느닷없는 공격으로 자국 영토가 피해를 입게 되자 미국인들은 크게 분노하였다. 이때까지만 해도 미국은 국익에 도움이 되지 않는 전쟁에 개입하지 않겠다는 여론이 국민들의 지지를 받고 있을 때였지만 이번 일본군의 기습공격으로 국민 여론이 크게 변하자 정치권에서도 전쟁 참가법을 가결시킨다. 사실 일본이 태평양 전쟁을 일으킨 원인 중 하나는 중일 전쟁에 대한 미국의 경제 제재 조치로 더 이상 미국으로부터 원유와 같은 중요한 자원을 수입할 수 없게 되었기 때문이다.

전쟁이 점점 태평양 주변 지역으로 확대되자 나치독일과 이탈리아 왕국이 미국에 선전포고를 하고 일본을 지원하기 시작했다. 일본군은 파죽지세로 동남아시아와 남태평양 일대를 장악하고 인도, 호주까지 위협하며 필리핀, 말레이시아, 버마, 네덜란드령인 인도네시아 및 남태평양 여러 섬들을 점령하였다. 그러나 1942년 6월 4일부터 7일까지 벌어진 미드웨이 해전은 태평양 전쟁의 전환점이 되었다. 일본은 조기에 전쟁을 승리로 마무리하기 위해 공군력과 해군력을 미드웨이 전투에 쏟아 부었지만 실패하였다. 미드웨이 해전의 실패를 만회하기 위해 과달카날 인근 섬에 비행장 건설을 시작하였지만 많은 인력과 장비를 잃고 전쟁을 지속할 수 없을 정도로 패배한다.

계속되는 승리로 자신감을 얻은 미국은 일본 본토와 가까운 사이판 섬에 B-29 폭격기 기착지를 만들 계획으로 일본이 점령하고 있는 난공불락의 사이판을 1944년 6월 11일 미군이 먼저 공격하면서 엄청난 싸움을 하게 된다. 그러나 작전에 실패한 일본군은 전쟁이 패전에 가까워지자 장교와 병사들 수천 명이 자살하고 사이판에 거주하던 일본인과 민간인 수천여 명이 사이판 북쪽 절벽에서 '천황폐하만세(텐노 헤-카 반자이)'를 외치며 바다 속으로 투신하였다. 현지에서는 이 절벽을 반자이 절벽이라 부른다.

미국은 사이판 전투를 통해 일본제국의 본토를 폭격할 전진 기지가 확보되자 B-29 폭격기를 사이판으로 보내기 시작했다. 1945년 도쿄 대공습을 시작으로 수십 개의 도시와 총면적 330km²가 초토화되었다. 당시 소이탄까지 동원된 대공습에서 10만 명 이상이 사망한 것으로 알려져 있다.

연합국은 일본에 항복할 것을 권하였지만 일본이 이를 완강히 거부하자 미국은 8월 6일 새벽에 인류 역사상 최초로 히로시마에 원자 폭탄을 투하하여 큰 피해를 입힌다. 그러나 일본의 저항이 계속되면서 9일 나가사키에 두 번째 원자 폭탄을 투하한다. 더 이상의 희생을 막아야 한다는 절박감으로 일본은 무조건 항복을 선언해야 했다.

4. 일본의 대표 도시

도쿄(Tokyo)

도쿄는 일본의 수도이다. 인구 1,400만 명 이상이 모여 사는 거대 도시로 뉴욕, 런던과 함께 세계 3대 도시로 불린다. 일본 최대의 교통 인프라를 형성하고 있는 도쿄는 세계에서 다국적 기업의 본사가 가장 많은 도시이다. 과거 도쿄는 에도라 불리는 작은 해안 마을이었지만 1609년 도쿠가와 이에야스가 쇼군이 되어 에도 막부를 이곳에 세우고 간척과 함께 일본의 핵심 도시를 만들어 키웠다.

센소지(淺草寺) : 도쿄 다이토구 아사쿠사에 위치한 사찰로 도쿄에서 가장 큰 절이다. 서기 628년 백제 사람 히노구마 형제가 고기를 잡다가 그물에 불상이 걸려 올라오자 사당을 지어 불상을 모셨다. 이후 645년 쇼카이라는 승려가 이곳에 사찰을 지은 것이 센소지의 기원이 되었다고 한다. 그때의 불상이 이 절의 본존불인 성관음상(聖觀音像)이라고 하지만 비불(秘佛)이라며 공개하지 않아 실체가 불분명하다.

신주쿠 교엔(新宿御苑) : 신주쿠 번화가에 있는 공원으로 규모가 크고 잔디가 시원하게 펼쳐져 있으며 일본식, 영국식, 프랑스식 정원으로 꾸며져 있다. 원래 황실의 정원으로 사용되다가 태평양 전쟁이

▲ 센소지

▲ 신주쿠 교엔

▲ 도쿄 스카이트리

끝난 후 국민에게 공개되었다. 봄 벚꽃과 가을 단풍이 아름다운 신주쿠 교엔에는 도심의 시민들과 여행객의 발길이 끊이질 않는다.

도쿄 스카이트리(Tokyo Skytree) : 도쿄의 랜드마크로 600m가 넘는 전파 송출용 탑이다. 도쿄 타워가 완공된 후 마천루들의 수가 점점 늘어나면서 전파수신 장애가 생기게 되자 이를 해소하기 위하여 마천루들보다 높게 지었다. 전망대에 오르면 도쿄 시내의 전망이 한눈에 들어온다.

메이지신궁(明治神宮) : 1912년에 일본 근대사에 크게 영향을 끼친 메이지 천황이 사망하고 2년 후인 1914년에 황태후 쇼켄도 죽는다. 1920년 일본 정부는 메이지 부부의 덕을 기리기 위해 신궁을 세웠으나 제2차 세계 대전 때 소실되었다가 1958년에 재건한 건물이다. 신궁은 역대 일왕을 기리는 신사로 국가에 공로가 있는 사람을 모시는 일반 신사보다 격이 높다.

▲ 메이지신궁

> 📖 **읽어두기**
>
> 도쿄에 있는 일본 최대의 야스쿠니신사(靖國神社)는 일본이 벌인 청일 전쟁, 러일 전쟁, 만주 사변, 태평양 전쟁 등에서 숨진 246만여 명을 신격화하여 제사를 지내는 곳이다. 특히 제2차 세계 대전을 기획, 시작, 수행한 A급 전범 14명의 위패가 이곳에 합사된 사실이 알려지면서 정치 쟁점화되기도 했다. 지금도 일본의 총리나 각료들의 공식적인 참배가 있을 때는 주변국의 반응이 거칠어진다.

오사카(Osaka)

전통적인 일본의 경제와 문화의 중심지이며 에도 시대부터 번창하기 시작하여 메이지 유신 때 규모가 크게 확대되었다. 한국인들이 가장 많이 모여 사는 공업도시 오사카는 공장에서 나오는 연기 때문에 19세기 말 '스모그의 도시'라는 오명이 붙기도 했다.

오사카 성(Osaka Castle) : 도요토미 히데요시의 주군 오다 노부나가가 1582년 천하통일을 눈앞에 두고 암살당하자 권력은 도요토미 히데요시의 손아귀로 넘어가게 된다. 1583년 도요토미 히데요시는 오사카의 중심부에 거대한 성을 건설하여 천하쟁탈의 거점을 마련하고자 하였다. 지리적으로 매우 뛰어난 곳에 위치한 오사카 성은 거대한 성벽과 해자도 볼거리

▲ 오사카 성

이지만 계절별로 변하는 경관이 아름다워 여행객을 사로잡는다.

유니버설 스튜디오 재팬(Universal Studio Japan) : 아시아 최초로 지어진 유니버설 스튜디오 재팬은 디즈니랜드와 쌍벽을 이루는 세계적인 테마파크로 2001년 3월 31일에 개장하여 연간 방문객 수만 1,200만 명이 넘을 정도로 유명한 관광지

 ▲ 유니버설 스튜디오 재팬
 ▲ 도톤보리

이다. 이곳은 할리우드의 유명한 영화를 주제로 한 놀이시설과 쇼 등을 남녀노소 누구나 체험하고 즐길 수 있게 구성한 놀이공원이다.

도톤보리(Dotonbori) : 오사카 남쪽 도톤보리 강을 따라 형성된 유흥거리이다. 오사카를 대표하는 최고의 맛집들이 밀집되어 있고 오락실, 극장, 술집 등이 즐비하며, 특히 다양하게 디자인된 네온사인이 눈길을 잡는다. 우리에게 잘 알려진 일본 요리 중에 밀가루 반죽에 잘게 자른 문어와 파, 생강 등을 넣고 빵처럼 구워낸 타코야끼가 이곳에서 탄생하였다.

교토(Kyoto)

교토(京都)는 이름에서 알 수 있듯이 서기 794년부터 1869년까지 천년이 넘도록 일본의 수도였다. 1869년 메이지 정부가 수도를 도쿄로 옮기면서 교토는 수도로서의 지위를 상실하였지만 새로운 왕의 즉위식은 계속 교토에서 거행된다. 교토는 오랜 역사만큼이나 많은 문화유산을 간직한 도시이다.

후시미 이나리 신사(Fushimi Inari Shrine) : 교토 남부 이나리 산에 위치한 후시미 이나리 신사는 일본 전역에 3만여 개나 되는 이나리 신사의 총본산으로 교토가 일본의 수도가 되기 전 711년에 세워졌다. 이나리 신은 원래 오곡풍요를 관장

▲ 후시미 이나리 신사

▲ 금각사

하는 농업의 신이었지만 특별히 사업융성, 가내안전, 교통안전 및 예술의 향상을 관장하기도 한다. 인상적인 것은 붉은 주칠을 한 토리이가 산기슭부터 신사가 있는 꼭대기까지 세워져있는 것이다.

금각사(Kinkakuji Temple) : 교토에 있는 사찰로 무로마치 막부의 3대 쇼군 아시카가 요시미츠가 은퇴 후 별장으로 사용하기 위해 건축하였다. 그가 죽은 후 유언에 따라 선종의 사찰이 되었다. 금각사의 원래 명칭은 녹원사(鹿苑寺, 로쿠온지)이지만 사리전의 금각(金閣)이 유명하여 금각사라 부르기도 한다. 1994년 세계문화유산으로 지정된 지금의 금각사는 1950년 큰 화재로 인해 소실된 것을 재건한 건물이다.

기요미즈데라(淸水寺, Kiyomizu-dera Temple) : 1,200년이 넘는 역사를 가진 사찰로 오토와산 중턱의 절벽 위에 세워져 있다. 청수사(淸水

▲ 기요미즈데라

寺)라는 이름에서 보듯이 맑고 깨끗한 물을 마시기 위해 많은 사람들이 찾는 곳이다. 사찰 본당의 지붕 양식을 히와다부키라 하는데, 수십 년 이상된 노송 나무껍질을 얇게 만들어 붙인 것이 특징이다.

나고야(Nagoya)

도쿄와 오사카의 중간에 위치해 중앙의 수도라는 뜻으로 주쿄(中京)로 불렸다. 도쿠가와 이에야스가 세운 나고야 성을 중심으로 공업이 발달하였는데, 특별히 일본의 자동차 기업들 대다수가 나고야에 본사를 두고 있다. 나고야는 지리적으로 일본 열도의 중간 지점에 위치한 특성 때문에 식문화가 유난히 발달하였다. 우리에게도 익숙한 붉은 된장인 아카미소를 비롯하여 히츠마부시와 미소카츠 등이 이곳에서 탄생한 특산물이다.

▲ 나고야 성

나고야 성(Nagoya Castle) : 일본을 통일한 쇼군 도쿠가와 이에야스가 1612년에 완공한 나고야 성은 1867년 에도 막부 시대가 끝날 때까지 오와리 도쿠가와 가문의 거성으로 사용되었다. 1945년 전쟁으로 소실되었다가 현재의 모습으로 재건된 이 성은 천수각 지붕에 상상의 바다 동물을 형상화하여 금박을 입힌 긴샤치가 유명한데, 여기에 사용된 금의 량이 88kg이라고 한다.

▲ 다테야마 구로베 알펜루트

다테야마 구로베 알펜루트(Tateyama Kurobe Alpine Route) : 일본 도마이현의 다테야마(立山)와 오마치(大町) 사이의 산을 여행하는 산악 관광 루트이다. 도보 등산도 가능하지만 케이블카, 로프웨이, 고원버스 등을 이용하여 해발 3,000m 정상에 오르는 것을 권장한다. 필자는 5월 초에 버스를 타고 눈이 쌓인 설벽 사이를 지나 정상에 올랐던 기억을 잊을 수가 없다. 특히 1963년에 이곳의 험준한 구로베 협곡을 막아 일본에서 가장 큰 수력 발전 댐을 만든 것은 엄청난 일이었다.

삿포로(Sapporo)

일본 최북단 홋카이도에 위치한 도시로 정치와 경제의 중심지이다. 삿포로는 4계절이 뚜렷하지만 겨울철에 눈이 많이 내리는 것으로 유명하다. 일본의 대표적인 관광 도시로 4계절 내내 여행객이 넘쳐나는 도시이지만 삿포로는 겨울철 눈 축제가 유명하다.

구 홋카이도 청사(Former Hokkaido Government Office) : 붉은 벽돌로 만들어져 '아카렌가 청사'라는 애칭으로 불리기도 한다. 일본 메이지 시대를 대표하는 이

▲ 구 홋카이도 청사

▲ 오도리 공원

▲ 오타루의 공예품

건물은 1888년에 세워졌으며 미국의 메사추세츠주 의사당이 모델이다. 현재 사용 중인 신청사가 만들어지기까지 약 80년간 홋카이도의 행정 업무를 담당했으며, 1969년에 일본 국가중요문화재로 지정되었다.

오도리 공원(Odori-Park) : 삿포로 중심부에 위치한 대규모 공원으로 경관이 아름다워 시민과 여행객들에게 인기 있는 휴식처이다. 이 공원은 다양한 이벤트가 개최되는 장소로도 유명하며 계절에 맞는 수많은 꽃들과 각종 편의시설로 도심 속 오아시스 역할을 톡톡히 하고 있다.

오타루(Otaru) : 홋카이도 서부에 위치한 항구 도시이다. 번성했던 무역항의 흔

▲ 오타루 운하

▲ 노보리베츠 온천

적인 오래된 건축물들과 아름다운 자연경관이 오타루를 유명한 관광지로 만들었다. 도시의 상징적인 장소 오타루 운하와 유리 공방 거리의 공예품들이 여행객의 발길을 사로잡는다. 특히 덴구야마 로프웨이에서 바라보는 야경은 보석을 뿌려 놓은 듯 아름답다.

노보리베츠 온천(Noboribetsu Hot Springs): 홋카이도의 대표적인 온천 관광지이다. 에도 시대부터 알려져 온 노보리베츠 온천은 현재에도 화산 활동을 하고 있는 활화산에 위치하여 매일 대량의 온천수가 솟아난다. 온천 주변에는 근해에서 잡힌 신선한 해산물 요리를 판매하는 식당이 즐비하다.

> 📖 **읽어두기**
>
> 일본은 우리나라와 비슷해 보이지만 문화적 차이가 크다. 일본을 방문할 때 몇 가지를 알아두면 도움이 된다.
> 첫째, 대중교통에서 큰 소리로 전화 통화를 하지 않는 것이 좋다.
> 둘째, 식당에서는 직원의 안내를 받아 자리에 앉는 것이 매너이다.
> 셋째, 편의점에서 화장실을 잠깐 이용하고자 할 때에도 직원의 확인을 받는 것이 좋다.

포다 섬(태국)

제8장

동남아시아 문화권

1. 태국 문화
2. 베트남 문화
3. 캄보디아 문화
4. 필리핀 문화

1 태국 문화

✦ **태국(Kingdom of Thailand)**

수도	방콕	언어	타이어
인구	71,668,000명(KOSIS)	종교	불교 93%, 이슬람 5%
면적	513,000km²	화폐	태국 밧(THB, ฿)
민족	타이족 85%, 화교 12%	1인당 GDP	7,449$

태국은 인도차이나 반도 중심에 위치한 국가로 옛 이름은 시암(Siam)이다. 태국은 19세기 중엽부터 20세기 초까지 무력이 판을 치는 제국주의 시대에도 아시아에서 드물게 독립을 유지한 나라이다. 기후는 아열대 몬순에 속하며, 종교의 자유가 보장되는 나라이지만 불교가 압도적으로 많다. 태국은 아시아의 대표적인 관광 국가로 외국인의 발길이 멈추지 않는다.

1. 태국의 역사

13세기 초 타이족이 세운 나라 수코타이 왕국이 현재 태국의 역사라면 아유타야 왕국은 태국의 근본일 것이다. 1238년 태국이 크메르 제국의 지배하에 있을 때 수코타이의 스리 인드라딧야 왕이 크메르 제국에 반기를 들며 세운 나라가 수코타이 왕국이다. 타이족이 세운 최초의 독립 국가 수코타이는 1365년 아유타야 왕조에 흡수된다.

수코타이 왕국의 최전성기는 제3대 람캄행 대왕 시대이다. 그는 군사적 능력으로 영토를 확장하여 현재 태국 영토의 대부분 지역을 지배하였다. 중국 당나라와 교류하면서 도예 문화를 발달시켰고 타이 문자를 창제해 타이족들의 독특한 문화를 발전시켰다.

제5대 로에타이 왕은 불교에 대한 깊은 지식으로 '불교우주론'을 저술하여 전국에 불교를 전파하였으며 수많은 불상과 불탑을 조성하고 스스로 출가자가 되어 수행자 생활을 하기도 했다. 그가 세운 불교진흥정책은 불교가 민중의 신앙으로 깊이 뿌리 내리는 데 중요한 역할을 했다.

1350년 우통 왕이 세운 아유타야 왕국은 1350년부터 1767년까지 417년간 지금의 태국 중부를 중심으로 존재했던 왕국이다. 수도를 아유타야로 정하고 세를 확장하였다. 지리적인 이점을 활용해 중국, 인도, 유럽 등과 교역하여 막대한 부를 축적하였다. 특히 크메르 문화를 흡수하고 중국, 유럽, 페르시아 등의 영향을 받아 독자적이고 화려한 문화를 발전시켰다. 아유타야 왕국은 왕, 승려, 평민, 노예의 4가지 계급 체제인 '사끄띠나'를 만들어 통치하였고 불교와 힌두교 개념을 결합해 왕의 권위를 강화해 나갔다. 그러나 1767년 버마의 대규모 침략으로 아유타야 왕국은 멸망하게 된다.

아유타야가 멸망하기 직전 탈출했던 탁신 장군은 톤부리를 임시 수도로 삼아 톤부리 왕조를 세워 캄보디아와 라오스를 병합하는 등 영토를 확장하였다. 그러나 재위 말기에 자신의 신하 짜끄리 장군의 반란으로 왕은 살해되고 15년간의 짧은 톤부리 왕조는 역사 속으로 사라진다.

짜끄리 장군은 1782년 톤부리 왕조를 무너뜨리고 라마 1세로 즉위하여 짜끄리 왕조를 세운다. 수도를 방콕으로 정한 짜끄리 왕조는 19세기 말 영국과 프랑스의 압박에도 동남아시아에서 유일하게 식민지가 되지 않았으며 20세기 중반 인도차이나 반도에 사회주의 정권이 들어서는 동안에도 짜끄리 왕조는 자본주의 체제를 유지하였다.

1932년에는 타이군부가 일으킨 시암 혁명으로 인해 절대왕정에서 입헌군주제로 정치 체제가 변화했고 국명도 시암에서 타이로 바뀌었다.

2. 트랜스젠더(Transgender)

트랜스젠더란 단순히 성전환 수술을 받은 사람뿐만이 아니라 자신의 생물학적 성별과 사회적 성별이 일치하지 않은 사람을 가리키는 포괄적인 용어이다. 유엔의 한 보고서에 의하면 태국의 트랜스젠더 추정 인구는 200만에서 300만 명 정도가 된다고 한다.

태국에 트랜스젠더가 많은 이유에는 여러 가지 설이 있으나 모계 사회의 전통과 여성성 존중에 대한 사회적 인식이 가장 큰 원인이라는 설과 태국은 불교의 업보와 윤회에 대한 믿음이 강해 트랜스젠더를 운명으로 보는 경향이 강하기 때문

이라는 설이 있다

이처럼 태국은 자신과 다른 성 정체성에 대하여 이상하게 생각하거나 특별히 차별하지 않는 문화이다. 그 결과로 성 전환 수술에 대한 사회 인식이 우리와는 사뭇 다르다.

트랜스젠더에 대한 포용적인 문화가 자연스럽게 형성된 태국에서는 이들을 위한 미인 대회가 1년에 두 차례 정도 열리는데, 하나는 국내 대회이고 하나는 국제 대회이다. 특별한 것은 국내 대회 입상자들에게는 모델이나 연예인으로 활동할 수 있는 기회가 주어지기도 한다. 하지만 이들이 대부분 유흥업에 종사할 수밖에 없는 직업 선택의 한계는 태국 정부가 풀어야 할 과제이다.

3. 태국의 대표 도시

방콕(Bangkok)

태국에서 가장 큰 도시이자 수도로 차오프라야 강 동쪽에 자리 잡고 있다. 방콕은 태국의 정치, 경제, 문화의 중심지로 정식 명칭은 '끄룽텝 마하나콘'이다. 역사적으로 보면, 아유타야가 멸망하고 짧았던 톤부리 왕조를 거친 후 라마 1세가 1782년에 이곳을 수도로 정한다. 문화유적과 풍물 등의 관광 자원이 넘쳐나는 방콕은 열대 사바나 기후로 건기와 우기로 나뉘며, 연중 덥고 습하다.

▲ 방콕 왕궁

방콕 왕궁(Grand Palace) : 1782년부터 짜끄리 왕조의 공식 왕궁으로 사용되기 시작한 이 거대한 왕궁은 찬란한 금박, 자기, 유리로 장식된 건축물로 유명하며, 태국 문화의 중심지 역할을 한다. 왕궁은 성벽으로 둘러싸여 있고 주변에는 방어를 위한 운하가 설치되어 있어 마치 섬처럼 보이기도 한다.

▲ 왓 프라깨오

왓 프라깨오(Wat Phra Kaew) : 태국의 방콕에서 가장 영험한 불교 사원인 이곳은 '에메랄드 사원'으로 잘 알려져 있다. 1784년 라마 1세 때 완공된 사원 내부에 75cm 높이의 신비로운 에메랄드 불상이 안치되어 있어 붙여진 이름이다. 왓 프라깨오는 태국 왕실과 깊은 관련이 있어 중앙 문으로는 오로지 왕의 내외만 출입이 가능하다.

▲ 왓 아룬

왓 아룬(Wat Arun) : 태국을 대표하는 상징물이자 역사적 기념물로 10바트 동전에 도안되어 있는 왓 아룬은 '새벽 사원'이라는 별칭의 불교 사원이다. 차오프라야 강변에 위치한 이곳은 아유타야 왕국 때 지어졌지만 지금의 형태를 갖춘 때는 대략 1820년 무렵으로 추정된다. 라마 2세가 왓 아룬을 70m 높이로 증축 및 보수하여 지금에 이른다.

▲ 파타야

파타야(Pattaya) : 방콕에서 남동쪽으로 150km 정도 떨어져 있는 파타야는 원래 한가로운 작은 어촌이었지만 1961년 베트남 전쟁 당시 휴가를 받은 미군이 베트남에서 가장 가까운 태국의 파타야에서 휴가를 보내기 시작했다. 이곳에 미군 휴양 시설과 관련 부대 시설이 만들어지면서 파타야는 급속히 성장하였다. 해변의 휴양 도시 파타야는 한국 사람이 많이 찾는 여행지이기도 하지만 길거리 음식의 천국답게 다양한 요리 문화도 잘 발달한 도시이다.

푸켓(Phuket)

푸켓은 태국 남부에 위치한 가장 큰 섬으로 인도양의 안다만 해에 자리하고 있다. 깨끗하고 매력적인 섬 푸켓은 사라 센 다리로 육지와 연결되어 사실상 육지와 다름이 없다. 푸켓은 아름다운 해변이라는 뜻을 가지고 있는 태국 최대의 섬으로 동남아에서 아름답기로 소문난 국제 휴양지이다. 이곳에 사는 사람들은 대부분 말레이계 태국인으로 무슬림이 많다.

빠통 비치(Patong Beach) : 푸켓 섬의 유명한 해변 가운데 하나이다. 맑고 투명한 바다와 긴 백사장 그리고 다양한 해양 시설이 있어 액티비티를 즐기기에 안성맞춤이다. 특히 이곳의 아름답고 환상적인 일몰은 세계적으로 유명하다.

카타 노이 비치(Kata Noi Beach) : 푸켓 섬에 있는 비교적 한가한 해변으로 부드러운 모래와 맑은 바다 그리고 숲으로 둘러싸여 있어 경관이 아름답고 매력적이

▲ 빠통 비치

▲ 카타 노이 비치

▲ 팡아만 해양 국립공원

다. 잘 가꾸어진 잔디밭, 거대한 야자수, 산책로 등이 있어 조용하고 편안한 휴식을 즐기기에 좋은 곳이다.

팡아만 해양 국립공원(Phang Nga Bay National Park) : 150여 개의 크고 작은 석회암 섬들이 바다 위에 흩어져 있어 해양 경관이 독특하다. 지각 변동과 바닷물의 침식 작용으로 만들어진 기암괴석이 에메랄드빛 바다 위로 솟아오른 모습이 인상적이며 종유 동굴이 많아 카약을 타고 동굴을 탐사하는 자연애호가들과 경관을 즐기려는 여행객들에게 인기가 좋은 장소이다.

치앙마이(Chiang Mai)

태국에서 두 번째로 큰 도시로, 때 묻지 않은 자연과 고유의 문화가 조화로워 북방의 장미라 부르기도 한다. 13세기 타이족이 세운 란나 왕국의 수도였던 치앙마이는 매년 약 100만 명의 관광객이 찾는 도시로 역사적 유적은 주로 구시가지에 집중되어 있다.

왓 프라탓 도이수텝(Wat Phrathat Doi Suthep) : 치앙마이를 대표하는 사원으로 1383년 케우 나오네 왕이 부처의 사리를 안치하기 위해 세웠으며 황금으로 화려하게 장식된 것이 특징이다. 이 사원을 건립할 때 붓다의 사리를 운반하던 흰 코끼리가 갑자기 멈추어 서서 원을 그리며 앞으로 나아가지 않는 것을 보고 이곳에 터를 잡아 건물을 지었다는 전설이 전해진다.

▲ 왓 프라탓 도이수텝

읽어두기

태국의 코끼리 : 태국에서 코끼리는 매우 중요한 의미를 지닌 동물이다. 역사적으로는 노동, 전쟁, 왕실 숭배, 관광 산업 등 다양한 분야에서 활용된 동물이다. 특히 왕권을 상징하는 흰 코끼리는 석가모니의 어머니가 태몽에 6개의 상아가 있는 흰코끼리가 자신의 옆구리로 들어오는 꿈을 꾸고 석가모니를 잉태했다 하여 특별히 신성시 여겼으며 현재까지 국가의 수호신으로 대접받기도 한다.

그러나 안타깝게도 코끼리가 관광 산업 등으로 쓰이면서 겪는 학대는 참혹하다. 길을 들이기 위해 며칠을 묶어놓고 굶기고 때려 어린 코끼리의 야생성을 없애기도 하고 인간의 명령을 따를 때까지 피부를 뾰족한 쇠꼬챙이로 잔인하게 찔러 코끼리의 자의식을 붕괴시키는 행위 등은 눈뜨고 볼 수 없을 정도이다.

국제 사회의 비난 속에 치앙마이에 코끼리 보호 센터가 문을 열어 은퇴한 코끼리의 복지와 보호를 위해 노력하고 있지만 코끼리의 고향인 자연으로 돌아가 그곳의 법칙에 순응하며 살아가는 것만은 못할 것이다.

▲ 골든 트라이앵글

▲ 카렌족

골든 트라이앵글(Golden Triangle) : 골든 트라이앵글은 메콩강에 접해있는 태국, 미얀마, 라오스 3국의 산악 지대를 일컫는 말로, 과거에는 세계 최대의 마약 및 각성제 밀조 지대로 악명이 높은 지역이었다. 19세기부터 양귀비 재배가 시작된 이 지역은 제2차 세계 대전 이후 중국의 국민당 잔당과 버마 공산당 그리고 소수민족 등이 마약을 자금원으로 쓰기 위해 활동했던 곳이다. 지금은 이곳 골든 트라이앵글에도 큰 변화의 바람이 불기 시작하여 양귀비 대신 녹차나 커피를 재배하고, 카지노를 비롯한 관광단지가 조성되는 등 주민들의 생활환경이 조금씩 바뀌고 있다.

읽어두기

태국을 여행하다 보면 왕족의 사진이 여러 곳에 걸려있는 것을 볼 수 있다. 태국은 지금도 왕조 국가가 유지되는 나라로, 왕족들의 사진에 손가락질을 하거나 왕족에 대한 부정적인 발언은 삼가는 것이 좋다.

2 베트남 문화

✦ **베트남 사회주의 공화국(Socialist Republic of Viet Nam)**

수도	하노이	언어	베트남어
인구	100,988,000명(KOSIS)	종교	민속 종교 69%, 불교 4.8%, 가톨릭 6.1%
면적	330,341km²	화폐	베트남 동(VND, ₫)
민족	비엣족 85.3% 외 53개 소수민족	1인당 GDP	4,122$

베트남은 인도차이나 반도에서 가장 인구가 많은 나라로 수도는 하노이이며 정식 명칭은 베트남 사회주의 공화국이다. 정부 형태는 사회주의 공화제이며 석유, 천연가스, 농수산물 등의 많은 천연자원과 인적자원을 가지고 있는 국가이다. 베트남은 남북으로 긴 지형 때문에 북부는 사계절이 존재하지만 남부는 전형적인 열대 몬순 기후이다. 1986년 베트남 공산당 제6차 대회에서 공산당 일당 지배 체제를 유지하면서 시장 경제를 도입해 경제 발전을 도모한다는 이른바 도이머이 정책이 실효를 거두면서 베트남은 나날이 발전을 거듭하고 있다.

1. 베트남 전쟁

제2차 세계 대전이 끝난 직후인 1945년 9월 2일 호찌민은 하노이에서 베트남의 독립과 베트남 민주 공화국의 수립을 선언하였다. 베트남은 19세기 프랑스의 식민지였지만 제2차 세계 대전 중에는 일본의 지배를 받기도 했다. 일본의 항복으로 권력에 잠시 공백기가 생긴 틈을 타 호찌민이 이끄는 베트민(Viet Minh) 세력이 독립을 선언한 것이다. 그러나 베트남의 독립을 인정하지 않은 프랑스가 재점령을 시도하면서 베트남의 독립 전쟁이 시작되었다. 이 전쟁은 1946년부터 1954년까지 9년 동안 지속되다가 제네바 휴전 협정에서 북위 17도선을 기준으로 남과 북으로 분단하기로 하고 휴전하였다. 북베트남에는 호찌민 주도의 공산 정권이 수립되고 남베트남에는 미국의 지원으로 응오딘지엠이 초대 총통이 되었다.

베트남 전쟁은 1955년부터 1975년까지 약 20년간 지속된 대규모 군사 충돌이었다. 미국을 중심으로 하는 남베트남과 소련을 중심으로 하는 북베트남 전쟁에 우리나라도 미국의 요청으로 참전하였다.

북베트남과 남베트남의 민족해방전선인 베트콩의 세력이 커지면서 남베트남이 위기에 몰리자 미국은 전쟁을 확대시켜 전면전으로 끌고 가기 시작했다.

미군은 막강한 화력과 헬리콥터 등을 이용한 병력 이동으로 기선을 제압해 나갔지만 베트콩의 은폐, 잠복, 기습공격에 많은 피해를 입게 된다. 북베트남과 베트콩은 1968년 음력 설날에 남베트남을 상대로 대공세를 펼쳐 미군과 동맹군들의 주요 시설을 점령하였다. 이 사건으로 미국의 대통령 선거에서 존슨은 재선에 실패하고 닉슨이 대통령으로 당선되었다. 닉슨은 1969년 아시아 순방길에 괌에 들러 미국은 더 이상 우방국의 분쟁이나 전쟁에 직접적으로 개입하지 않겠다는 이른바 '닉슨 독트린'을 발표하면서 베트남 전쟁에서 철수하겠다고 선언한다. 이후 1973년 1월 27일 파리 평화 협정 체결로 미군은 베트남 전쟁에서 철수한다.

미군이 철수한 후 미국의 지원이 줄어들고 오일 쇼크를 극복하지 못한 남베트남이 경제적으로 어려움에 처하자 남베트남 민족해방전선인 베트콩과 정부 간의 갈등이 격화되면서 다시 무력충돌이 일어난다. 1975년 4월 30일 북베트남과 베트콩은 대규모 공세를 펼쳐 남베트남의 수도인 사이공을 점령하고, 남베트남의 대통령인 즈엉반민으로부터 무조건 항복을 받아낸다. 1976년 7월 2일 남북이 통합된 베트남은 하노이를 수도로 정하고 베트남 사회주의공화국을 수립하였다.

베트남 전쟁은 1955년 11월 1일부터 1975년 4월 30일까지 20년 가까이 지속되었다. 전쟁의 피해를 일일이 다 열거할 수 없지만 수백만 명 또는 그 이상의 사망자와 150만 명에 이르는 보트피플이 발생하고, 주변국이 공산화되어 인권이 유린당하였으며 고엽제 살포로 인한 피해는 지금도 진행 중이다.

2. 도이머이

베트남 전쟁이 끝난 후 통일 국가 재건을 위해 베트남 공산당은 소련을 모델로 장기 프로젝트를 추진하였으나 신통치 않았다.

1986년 베트남은 이른바 도이머이 경제 정책을 발표하게 된다. 사회주의 체제를 유지하면서 농업 부문의 과감한 개혁과 시장 경제 요소를 받아들여 경제를 활성화하였고 또한 외국인 투자법을 제정해 해외 자본에 문호를 열었다. 때마침 불어 닥친 세계화 열풍도 베트남의 수출 주도형 성장을 뒷받침하였지만 도이모이 정책은 베트남 경제를 크게 성장시키기 시작하였다.

베트남은 1995년 미국과 국교를 수립하면서 세계 최대 시장인 미국의 수출길을 확보한 것이다. 연이어 세계무역기구 가입으로 외국인 투자가 지속적으로 늘어나 2000년대 초 베트남의 연평균 성장률이 6.6%에 달하기도 했다.

사실 오늘의 베트남이 있기까지는 도이머이 정책의 영향이 크다고 할 수 있다. 비록 공산당 일당 지배체제를 유지하기는 하지만 자본주의 시장경제를 도입하여 경제 발전을 성공시킨 것은 인정할만하다.

3. 베트남의 대표 도시

하노이(Hanoi)

베트남의 수도인 하노이는 홍강 삼각주에 위치한 역사적인 도시로 정치, 경제, 문화의 중심지이다. 하노이 구시가지에는 19세기 프랑스 식민지 시대의 건물들이 남아 있으며 홍강 범람으로 만들어진 호안끼엠 호수와 호찌민 묘소 등에 관광객이 유난히 많다. 또한 음식 문화를 대표하는 쌀국수, 분옥, 분짜, 짜까 등의 독특한 맛을 이 도시에서 경험할 수 있다.

호찌민 묘소(Ho Chi Minh Mausoleum) : 베트남의 혁명지도자 호찌민의 능은 하노이 바딘 광장에 위치한다. 1975년 8월 29일에 공식 개장한 이 묘소는 모스크바의 레닌 묘에서 영감을 받아 건축하였다고 알려져 있으며, 묘소 건물의 외관은 회색 화강암이지만 내부는 회색, 검정색, 붉은색의 화강암으로 꾸며져 있다. 호찌민의 시신이 안치된 공간도 엄격한 경호 아래 일반에게 공개되고 있다.

▲ 호찌민 묘소

▲ 호아로 수용소

호아로 수용소(Hoa Lo Prison Relic) : 이 수용소는 19세기 말 프랑스 식민 정부에 의해 건설되었으며 프랑스에 강력히 저항하던 베트남 독립 운동가들과 정치인 등을 잡아 고문, 수감하던 장소였다. 또한 베트남 전쟁 시에는 미군 포로를 수용하던 곳이기도 하다. 현재 이곳은 과거 수용소의 모습과 수감자들의 생활상 등을 보여주는 박물관으로 사용되고 있다.

호안끼엠 호수(Hoan Kiem Lake) : 호안끼엠 호수에는 다음과 같은 전설이 있다. 15세기 초 베트남의 독립 운동가이자 후(後)레 왕조의 창시자 레러이가 명나라와 전쟁 중일 때 호수에서 신비한 검을 발견하였다고 한다. 레러이는 이 신검을 이용하여 명나라 군대를 물리치고 명나라의 지배에서 벗어나 베트남의 독립을 쟁취하게 되었다. 세월이 흘러 레러이가 왕이 되어 호수를 산책할 때 용왕의 사자인 황금거북이 나타나 말하기를 이제 베트남에 평화가 찾아왔으니 신검을 돌려달라고 정중히 요구하였다. 레러이 왕은 이를 받아들여 호수 한가운데 있는 작은 섬에 검을 묻었다고 한다. 호안끼엠(환검, 還劍)은 검을 되돌

▲ 호안끼엠 호수

▲ 하롱베이

려 주었다는 뜻이며, 지금은 이 작은 섬에 거북을 기리는 탑이 세워져 있다.

하롱베이(Halong Bay) : 베트남의 대표적인 관광지 하롱베이는 베트남 북부 꽝닌성 통킹만 북서부에 있는 만의 명칭으로 3,000개의 크고 작은 기암괴석으로 유명하다. 석회암의 기암괴석은 오랜 세월 바닷물이나 비바람에 침식되어 생긴 것으로 에메랄드 빛 바다와 조화를 이룬다. 1994년 세계자연문화유산으로 지정되었다.

사파(Sapa)

중국과 국경을 이루는 라오까이주의 고산지대 마을로 베트남의 스위스라 불릴 정도로 자연경관이 아름답다. 사파는 프랑스 식민지배 시절에 본격적으로 개발된 곳으로 인도차이나의 지붕이라 불리는 판시판 산이 있어 매우 드물게 눈이 오는 곳이기도 하다. 이곳 사파 시장에서는 몽족을 비롯한 소수민족의 생활상과 독특한 전통의류 및 공예품을 구경할 수 있다.

▲ 깟깟 마을

▲ 판시판

깟깟 마을(Cat Cat village) : 베트남 소수민족 전통마을로 블랙흐몽족이 거주하는 곳이다. 이 마을 여러 상점에서는 소수민족의 문화와 전통을 체험해 볼 수 있게 전통의상을 여행객들에게 빌려주기도 한다. 특히 이곳에서 물소는 주민들의 삶과 밀접하게 연관되어 있어서인지 어린이들과 함께 물놀이를 하는 등 가축 이상의 의미를 가진 것 같았다.

판시판(Fansipan) : 해발 3,143m로 베트남 최고봉이자 인도차이나 반도의 지붕이라고도 불리는 산으로, 울창한 산림을 따라 정상에 오르면 구름에 둘러싸인 웅장하고 신비로운 자연경관을 볼 수 있다. 지금은 케이블카가 설치되어 있어 정상까지 쉽게 오를 수 있다. 판시판의 날씨는 연평균 20℃ 정도이지만 겨울에는 0℃ 아래로 떨어지기도 한다.

호찌민 시(Ho Chi Min City)

베트남 최대의 도시로 사이공강과 동나이강 하류에 위치하고 있으며 동양의 파리라 불릴 정도로 큰 도로가 프랑스 파리를 닮아있다. 옛 명칭인 사이공으로 잘 알려져 있으며 우리 교민들이 가장 많이 살고 있다. 호치민은 프랑스 식민지 시대와 남베트남의 수도였기 때문인지 프랑스식 건물과 현대식 빌딩이 어우러져 경관이 독특하다.

▲ 호찌민 시

▲ 베트남 전쟁 박물관

▲ 구찌 터널

베트남 전쟁 박물관(War Remnants Museum) : 공식 명칭은 전쟁증거박물관으로 1975년 베트남 전쟁 당시 미국정보부 건물이 있던 자리에 세워졌다. 이 박물관에서는 전쟁의 참상을 알리고 경각심을 일깨우기 위해 전쟁 당시에 사용되었던 전투기를 비롯하여 각종 살상 무기들과 민간인의 피해, 군인들의 희생, 고엽제로 인한 고통 등을 생생하게 전시하고 있다.

구찌 터널(Cu Chi Tunnels) : 베트남 구찌 지역에 있는 이 터널은 베트남전 당시 남베트남 민족해방전선인 베트콩이 미군의 공습을 피하기 위해 1946년부터 1968년까지 22년간 간단한 도구를 사용해 만든 것으로, 길이가 200km 이상이나 되는 복잡한 요새이다. 터널 시스템이 정교하고 광범위하여 라오스, 캄보디아, 남베트남을 연결하여 필요한 물자를 공급받았고 미군의 공습을 피해 이동하며 게릴라 전술을 효과적으로 수행할 수 있었다. 그러나 터널의 조건이 매우 열악하여 장기간 거주가 어려울 정도이다.

다낭(Da Nang)

베트남 중남부 지방의 상업 도시이자 항구 도시로 최근 가장 크게 주목받은 관광지이다. 베트남 전쟁 당시 미군은 전략적 거점을 확보하기 위해 가장 먼저 다낭에 상륙하여 미케 비치에 전진 기지를 만들었다. 전쟁이 끝난 후 점차 이곳은 휴양지로 발전하였고 현재는 베트남의 주요 관광지 중 하나가 되었다. 도시 근처에는 바나힐과 호이안 올드타운 등의 관광 명소가 있어 관광객들의 발길이 끊이지 않는다.

바나힐(Banahills) : 다낭 외곽에 자리한 테마파크로 해발 1,485m에 위치한 유명 관광지이다. 1919년 프랑스 식민지 시대에 만들어진 휴양지를 지금의 유명 관광지로 개발한 이곳에는 테마파크, 사원, 호텔 등의 시설이 갖추어져 있으며, 길이 5,801m의 세계 최장 논스톱 단일 트랙 케이블카를 타고 올라가면서 바라보는 숲과 아름다운 풍경은 감동적이었다.

미케 비치(My Khe Beach) : 세계적으로 유명한 다낭의 미케 비치는 선짜반도에

▲ 바나힐

▲ 미케 비치

▲ 호이안

서 시작해 오행산까지 약 20km 정도 길게 뻗어 있으며 부드러운 백사장과 따뜻한 수온이 특징이다. 맑고 푸른 하늘, 부드러운 백사장, 코코넛 나무가 그림처럼 어우러진 미케 비치의 풍경은 베트남전 당시 미군이 휴양지로 사용했을 만큼 아름답고 편안하다.

호이안(Hoi An) : 호이안은 다낭에서 남동쪽으로 30km 정도 떨어져있는 도시로 1999년 유네스코 세계문화유산에 지정되었다. 15세기 이후 국제무역항으로 크게 번성하였지만 19세기 말 다낭이 성장하면서 상대적으로 쇠퇴하였다. 지금은 과거의 모습이 잘 보존된 도시로 알려지면서 유명한 관광 명소가 되었다.

읽어두기

베트남의 도로에는 차량보다 오토바이가 많다. 신호등이 없는 횡단보도를 건널 때에는 특별히 조심해야 한다. 또한 더운 날씨 탓에 냉수나 얼음물을 자주 찾게 되는데, 반드시 생수병에 든 생수를 사서 마실 것을 권장한다.

3 캄보디아 문화

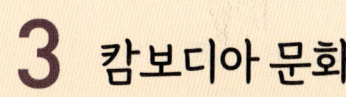

✦ 캄보디아(Kingdom of Cambodia)

수도	프놈펜	언어	크메르어
인구	17,639,000명(KOSIS)	종교	불교 95%
면적	181,035km²	화폐	리엘(Riel)
민족	크메르족 97%	1인당 GDP	1,752$

정식 명칭은 캄보디아 왕국으로 동남아시아 인도차이나 반도에 위치한다. 수도는 프놈펜이며 입헌군주국으로 국왕은 노로돔 시하모니이다. 정치는 의원내각제를 채택하고 있지만 인민당의 장기 집권으로 민주주의가 제대로 작동하지 않는 나라이다. 경제는 최근 몇 년간 제조업에 대한 외국인 직접 투자가 늘어나면서 성장률이 크게 성장하였지만 심각한 빈부의 격차는 해결해야 할 과제이다.

1. 크메르 제국

서기 802년 자야바르만 2세가 건국한 크메르 제국은 캄보디아 역사상 가장 번성한 나라였다. 힌두교와 불교의 영향을 받아 크게 발전하였으며 전성기에는 동남아시아 대부분과 중국남부 지역까지 직간접적으로 지배했었다.

크메르 제국의 창건자 자야바르만 2세는 첸라 왕국 사람이었다. 첸라 왕국과 자바섬 사이에 전쟁이 일어나 격렬하게 싸웠지만 첸라 왕국이 패하게 된다. 이때 자야바르만 2세는 패전국의 포로가 되어 자바섬에 억류된다. 그곳에서 그는 왕실의 신임을 얻어 자바섬의 공주와 결혼을 하고 자신의 나라 첸라 왕국으로 돌아오게 된다. 국내에 들어온 자야바르만 2세는 급격히 세력을 키워 마헨드라파르바타에 캄부자(크메르) 왕국을 세운다. 그 후 활발하게 주변국을 정복하면서 국경을 넓혀나간 그는 수도를 하리하랄라야로 옮긴다.

자야바르만 2세가 사망한 후에도 후계자들은 끊임없이 크메르의 영토를 확장하여 나갔다. 877년부터 889년까지 재위한 인드라바르만 1세는 정치 능력이 뛰어난 왕으로, 꿀렌 산에서 남쪽으로 흐르는 물을 가두기 위해 대규모의 저수지를 축조했고 저수지 남쪽에 두 개의 큰 사원을 지었다. 이후 그의 아들인 야소바르만 1세가 왕위를 물려받으면서 수도를 앙코르로 옮긴다.

1113년에 즉위한 수리야바르만 2세는 크메르의 내전을 봉합하고 정벌 사업을 이어가면서 본격적인 안정기에 진입하게 된다. 크메르 제국의 핵심 사원인 앙코르 와트를 지어 힌두교의 비슈누 신에게 바쳤다.

1150년 수리야바르만 2세가 죽고 자야바르만 7세의 아버지가 왕위에 오르면서 왕국이 혼란해지고 국력이 쇠약해지자 베트남 남부에 있는 참(cham)족이 수도 야소다라푸라를 공격하여 점령한 뒤 폐허로 만들었다. 그러나 당시 왕자 신분이었던 자야바르만 7세가 전쟁을 승리로 이끌며 참족을 몰아낸다.

1181년부터 1218년까지 재위한 자야바르만 7세는 폐허가 된 야소다라푸라에 성벽 도시 앙코르 톰과 바이욘 사원을 건설하고 국가의 종교를 힌두교에서 불교로 바꾸었다.

1243년부터 1295년까지 통치한 자야바르만 8세는 선왕들과는 다르게 극단적 힌두교 신자였다. 불교 사원을 힌두교 사원으로 개조하고 불교의 흔적을 지우기 위해 불상을 파괴하였다. 이 과정에서 백성들의 불만과 갈등의 골이 깊어지고 국력은 점점 쇠약해져만 갔다.

이 무렵에 몽골의 원나라 군대는 크메르 왕국에게 복속을 요구하며 협박하기 시작했다. 쇠약해진 자야바르만 8세의 크메르 제국은 어쩔 수 없이 1285년부터 공물을 원나라에 바치기로 하였다.

1295년에 왕의 사위이자 독실한 불교신자였던 인드라바르만 3세가 자야바르만 8세를 쫓아내고 왕위에 오르지만 이미 크메르 제국의 황금기는 저물고 있었다.

1352년 태국의 아유타야 왕국의 우통 국왕이 크메르 제국의 앙코르를 점령한 후 왕실과 국가의 주요 인프라를 철저히 파괴하기 시작했다. 1431년 극도로 쇠약해진 크메르 제국은 멸망하고 앙코르는 폐허가 되어 밀림 속에 버려진다. 그 후 수백 년이 지난 1860년 프랑스 학자 앙리 무오가 현지인들과 함께 밀림을 탐험하다가 이곳을 발견하여 전 세계에 알려지게 된다.

2. 킬링필드

1975년에서 1979년까지 4년간 250만 명의 캄보디아 국민들이 학살된 20세기 최악의 사건을 킬링필드라 부른다. 캄보디아 공산주의 무장단체인 크메르 루주 정권의 수장 폴 포트는 수도 프놈펜을 포함한 모든 도시민을 노동자와 농민으로 만들려는 극단적인 사회주의 정책을 추진하면서 이에 반대하거나 부적합하다고 여겨지는 사람을 무차별적으로 처형했다.

프랑스의 식민지였던 캄보디아는 태평양 전쟁에서 일본에게 점령당하지만 얼마 지나지 않아 일본이 연합국에게 패망하자 노로돔 시아누크 국왕은 프랑스의 보호 아래로 들어가게 된다. 1953년 노로돔 시아누크 국왕은 프랑스 연합 내에서 독립할 것을 선언하며 비동맹 중립외교 정책을 표방한다. 그러나 베트남 전쟁 직후 동부 캄보디아 지역은 사실상 북베트남의 지배하에 있었는데, 북베트남은 이 지역에 대규모 지하 터널을 구축하여 미군의 전쟁 수행에 큰 지장을 주고 있었다. 미군은 이른바 호찌민 루트라 불리는 이 터널 지역을 점령하기 위해 대규모 폭격을 가하였지만 결과는 미미했다. 1970년 캄보디아의 친미세력이 미국과 결탁하여 시아누크 국왕을 축출하고 친미세력인 론 놀을 권좌에 앉힌다. 이후 미국의 공습은 더욱 격화되었고 캄보디아의 기반 산업인 농업이 농토의 황폐화로 심각한 식량난을 겪게 된다. 민심은 론 놀 정부에서 멀어져 갔고 미군은 전쟁에서 철수한다.

1970년 론 놀이 군사 쿠데타로 쫓겨나자 기회를 엿보던 좌익 무장 세력인 크메르 루즈 조직이 정권을 잡게 된다.

크메르 루즈 조직의 실권자 폴 포트는 1925년에 조그마한 어촌 마을 부유한 농부의 아들로 태어났다. 그는 프놈펜 기술학교를 졸업하고 20대에 프랑스 파리로 유학을 떠나 무선공학을 전공하면서 사회주의 사상에 깊이 빠져든다. 이후 프랑스 공산당에 가입하면서 마오쩌둥과 스탈린의 사상에 매료된다.

1953년 귀국한 폴 포트는 1960년대 캄보디아 공산당 내 크메르 루즈라는 인민 해방군을 조직하여 론 놀 정권과 싸우며 세력을 넓혀가던 중 1973년 말 베트남 전쟁에서 미군이 철수하면서 론 놀은 실각한다. 1975년 4월 17일 폴 포트는 수도 프놈펜에 입성하여 정권을 장악 민주 캄푸치아를 세운다.

폴 포트 집권 당시 캄보디아의 상황은 최악이었다. 오랜 내전으로 인한 난민들이 대도시로 몰려들었고 황폐화된 농토로 인해 식량 문제가 심각해졌다. 폴 포트는 이 문제를 해결하기 위해 마오쩌둥과 스탈린의 정책을 본받아 집단 농장 체제에서의 농공업 증산운동을 펼쳤지만 이 정책은 이미 중국과 소련에서 참담하게 실패한 정책이었다. 그러나 폴 포트는 자신의 정책에 반대하는 세력을 제거하고 시민들을 더욱 강력하게 통제하면 새로운 농업 국가를 세울 수 있다는 목표 아래 극단적인 공산화 정책을 추진했다.

크메르 루즈 정권은 자신들의 정책을 성공시키기 위해 프놈펜이나 도시에 사는 시민들을 인구가 적은 지방이나 비옥한 경작지가 있는 농촌 지역으로 강제 이주시켜 집단 농장을 만들었다. 전기와 수도도 없는 형편없는 오두막으로 옮겨 온 도시민들은 쌀 생산량을 3배로 올려야 한다는 목표 아래 하루 종일 노예처럼 일해야 했다. 또한 이들은 온갖 공사에도 동원되기도 했는데, 장비 하나 없는 공사 현장을 사람이 맨몸으로 흙과 돌을 날라야 했다. 이렇듯 전 국민이 농사와 노동에 동원되었음에도 캄보디아의 농업 생산량은 크게 증가하지 않았다. 굶주림과 고된 노동으로 얻은 과로와 질병 및 영양실조 등으로 사망자가 속출하기 시작했다. 그러나 폴 포트는 이상적인 공산 국가 건설을 명분으로 극단적인 정책을 시행한다. 먼저 자신이 목표로 하는 과업을 달성하기 위해 사회에 영향력이 큰 지식인을 먼저 제거해야 했다. 실례로 안경을 쓴 사람, 손이나 피부가 고운사람, 글을 읽을 줄 아는 사람, 외국어를 할 줄 아는 사람 등을 색출하여 처형했다. 심지어 문화 예술인과 운동선수들도 예외는 아니었다. 전국에 100개가 넘는 강제수용소를 만들어 수많은 사람들을 잔혹하게 고문하고 처형하였는데, 고문 방법이 너무나 잔인

하여 더 이상 글로는 표현할 수가 없을 정도이다.

1997년 베트남의 침공으로 실각한 폴 포트는 베트남이 지원하는 정부군과 게릴라전을 펼치며 항거하다 크메르 루즈 조직 내부에 의해 가택연금되었다가 1998년 사망했다.

3. 캄보디아의 대표 도시

프놈펜(Phnom Penh)

캄보디아의 수도이자 최대 도시로 행정, 경제, 문화의 중심지인 프놈펜은 캄보디아 남부의 톤레삽 호수와 메콩강이 합류하는 곳에 위치하고 있다. 프랑스 점령기의 건축물과 크메르 제국의 전통문화가 공존하는 도시로 1년 내내 평균 기온이 30도를 넘을 정도로 덥다.

투올슬랭 대학살 박물관(Tuol Sleng Genocide Museum) : 2009년에 유네스코 세계기록유산에 등재된 투올슬랭 대학살 박물관은 크메르 루주 정권이 반체제 인사들을 구금하여 고문, 처형하였던 감옥이었다. 잔혹한 고문으로 2만여 명의 수감자 중에 생존자가 10명 정도였다고 한다. 이곳에서 일어난 끔직한 장면들을 생생하게 그려낸 화가이자 생존자 중의 한 사람인 캄보디아의 화가 반 나스의 작품들이 이곳에 전시되어 있다.

▲ 투올슬랭 대학살 박물관

▲ 청아익 집단학살센터　　　　　　　　▲ 프놈펜 왕궁

청아익 집단학살센터(Choeung Ek Genocidal Center) : 우리가 흔히 킬링필드라 부르는 청아익 집단학살센터는 크메르 루즈 정권에 의해 17,000여 명의 시민이 학살되어 매장된 장소이다. 이곳에 희생자들의 넋을 기리고 아픈 역사를 기억하고자 위령탑과 전시관을 지었다.

프놈펜 왕궁(Palace of Phnom Penh) : 캄보디아 프놈펜에 있는 궁정 복합단지이다. 1866년에 건립된 이 왕궁은 크메르 전통양식으로 지어졌으며 현재에도 캄보디아 국왕이 거주하고 있다. 성곽을 따라 3개의 주요 단지로 구분되는데, 북쪽에는 수많은 국보와 에메랄드 불상이 안치된 은탑이 있고, 남서쪽에는 왕이 거처하는 크메르 궁전이 있다. 또한 중앙에는 종교나 왕가의 의식을 행사하는 왕좌의 회당이 자리 잡고 있다.

시엠 레아프(Siem Reap)

캄보디아 제2의 도시로, 동남아시아에서 가장 큰 담수호 톤레삽 호수 근처에 위치하며 앙코르 와트, 바이욘 사원 등의 유적지로 유명하다. 9~15세기에 크게 번성한 크메르 제국이 이곳을 수도로 삼아 동남아시아를 호령하고 문화를 꽃피웠다. 유네스코 세계문화유산에 등재된 시엠 레아프에는 매년 전 세계에서 많은 관광객이 몰려온다.

▲ 펍 스트리트

펍 스트리트(Pub Street) : 다양한 레스토랑, 클럽, 기념품을 판매하는 상점 등이 몰려 있는 거리로 주로 서양인들이 많이 방문한다 하여 '유러피안 거리'라 부르기도 한다. 화려한 네온사인과 흥겨운 음악이 흐르고 안젤리나 졸리가 영화 촬영 당시 자주 방문했다고 알려진 유명한 펍(Pub)이 이곳에 있다.

앙코르 와트(Angkor Wat) : 앙코르 와트는 세계 최대 규모의 사원으로 12세기 초 수리야바르만 2세에 의해 건축되었다. 처음에는 힌두교 사원으로 건립되었으나 12세기 말 자야바르만 7세 때 크메르 제국의 국교가 불교로 변화함에 따라 불교 사원으로 전환되었다. 세계문화유산에 등재된 앙코르 와트는 캄보디아의 국기에 그려질 정도로 국가의 정체성이고 국민의 자부심이 되었다.

▲ 앙코르 와트

▲ 톤레삽 호수

▲ 캄퐁 마을

톤레삽 호수(Lake Tonlesap) : 시엠 레아프 근처에 위치한 동양 최대의 톤레삽 호수는 면적이 서울의 4.5배에 이른다고 한다. 베트남 전쟁 이후 난민들이 이곳에 모여들면서 여러 수상 마을이 형성되었다. 이들의 생계는 주로 어업이며 곳곳에 학교나 교회, 슈퍼 등이 있어 생활에 큰 불편함이 없다고 한다. 그중에 특히 캄퐁 마을(Kampong flok)이 유명하여 전 세계에서 많은 관광객이 찾아온다.

읽어두기

캄보디아에서는 머리에는 영혼이 담겨 있다 하여 소중하게 생각하는 경향이 강하다. 어린 아이가 아무리 귀여워도 머리를 쓰다듬는 행동은 하지 않는 것이 좋다. 또한 발은 더럽고 불경스럽다는 의미로 해석하는 문화가 있어 발바닥을 남에게 보여주는 것은 큰 실례가 될 수 있으니 주의하여야 한다.

4 필리핀 문화

✦ **필리핀 공화국(Republic of the Philippines)**

수도	마닐라	언어	타갈로그어, 영어
인구	111,570,000명(KOSIS)	종교	가톨릭 79%, 개신교 7%, 이슬람 6%
면적	300,179km²	화폐	페소(PHP, ₱)
민족	말레이인 95.9%	1인당 GDP	3,687$

정식 명칭은 필리핀 공화국이다. 아시아 대륙 남동쪽 서태평양에 흩어져 있는 7,641개의 섬으로 구성된 나라로 제2차 세계 대전 직후에는 동아시아에서 일본 다음으로 높은 경제 수준과 민주주의의 발전을 유지하였다. 1565년부터 1898년까지 약 330년간 스페인의 식민 지배를 받았다. 사실 모든 면에서 필리핀에게 가장 큰 영향을 끼친 기간이다. 1898년 필리핀은 독립을 선언하였지만 곧이어 미국의 통치하에 들어가게 된다. 1946년 7월 4일 미국으로부터 정식 독립한 필리핀은 아시아 유일의 로마 가톨릭 국가이며, 영어와 필리핀 타갈로그어를 공용어로 쓰고 있다.

1. 필리핀 역사

1519년 스페인의 탐험가 페르디난드 마젤란은 5척의 배로 남미 대륙의 남단을 돌아 1521년 필리핀 세부 섬에 도착한다. 그러나 기쁨도 잠시뿐 필리핀에 도착한 지 20일 만에 막탄 섬 원주민과의 교전 중에 사망한다. 그렇지만 마젤란의 탐험대는 계속 항해하여 1522년에 이른바 세계 일주를 완수하고 스페인으로 돌아왔다. 그의 죽음을 알게 된 스페인은 큰 충격을 받고 필리핀에 대규모 원정대를 파견하여 필리핀을 점령하기 시작했다.

19세기 들어 유럽의 자유주의사상이 필리핀까지 확산되었다. 필리핀에서 대학 교육을 받았거나 스페인에서 유학을 한 지식인들을 일컫는 일루스트라도(ilustrado)들이 필리핀의 현실에 대해 비판적인 시각을 가지면서 차츰 필리핀 독립 운동이 조직적으로 전개되었다. 초기의 대표적 지도자이자 필리핀의 영웅 호세 리잘은 1892년 필리핀 민족 동맹을 결성해 사회개혁운동과 식민통치의 차별 없는 개혁을 요구하며 비폭력 저항운동을 펼쳤지만 1896년 스페인 식민지배군에 체포되어 처형되었다.

한편 필리핀 독립의 아버지라 불리는 안드레스 보니파시오는 호세 리잘의 비폭력 저항운동으로는 독립에 성공할 수 없다는 생각을 하고 1982년 에밀리오 아기날도와 함께 무장독립단체인 카티푸난을 비밀리에 결성하고 혁명군의 총사령관이 된다. 그러나 내부의 노선 갈등으로 에밀레오 아기날도에게 죽임을 당한다. 지금 필리핀에서는 보니파시오의 생일날인 11월 30일을 보니파시오의 날로 지정하여 기념한다.

1898년 미국과 스페인의 전쟁에서 아기날도가 이끄는 필리핀 혁명군의 도움으로 미국이 승리하자 이를 계기로 스페인 식민 지배에서 벗어난 아기날도 혁명군은 1899년 필리핀 공화국의 독립 정부 수립을 선포하고 초대 대통령에 취임하지만 미국이 이를 인정하지 않으면서 필리핀과 미국은 전쟁으로 빠져든다. 모든 면에서 미국의 상대가 되지 않는 필리핀군은 게릴라 전술 등으로 한때 선전했지만 아기날도 대통령이 미군에 체포되면서 전쟁은 끝난다.

1901년 필리핀 총독으로 취임한 미국의 윌리엄 하워드 태프트는 제한적인 자치 정부를 약속하고 학교를 세워 여러 부족끼리 소통할 수 있게 영어를 공용어로 사용할 것을 주장하였다.

1934년 3월 미국 의회에서 타이딩스-맥더피 법이 통과되었다. 필리핀 독립법이라고 불리는 이 법은 필리핀에 독립 과도정부를 수립한 뒤 10년의 준비 기간을 거쳐 필리핀 자치권을 확대하고 궁극적으로 독립 국가로 나아가는 길을 열어준다는 것이었다.

그러나 제2차 세계 대전이 한창인 1942년, 일본군이 마닐라를 완전히 점령한 후 일본군은 필리핀 지배를 시작한다.

일본군의 공격에 마닐라에서 호주로 철수했던 더글러스 맥아더 장군이 1944년 10월에 레이테 섬 상륙작전을 성공시켜 마닐라에 독립 과도정부를 재수립하고 1945년 7월에 일본 잔존 세력을 완전히 제거한다.

1946년 7월 4일 미국의 독립 기념일에 필리핀의 독립 운동가이자 정치인인 마누엘 아쿠냐 로하스가 미국으로부터의 완전한 독립을 공식적으로 선포하고 대통령이 되었다. 400년 이상 지속된 식민 지배에서 독립하는 순간이었다.

> **읽어두기**
>
> 필리핀이라는 나라 이름은 스페인의 황태자였던 펠리페 2세에서 유래되었다고 한다. 스페인의 탐험가 루이 로페스 데 빌라로로보스가 펠리페 2세를 기리기 위해 현재의 필리핀을 펠리피나스(Felipinas), 즉 '펠리페의 섬들'이라는 뜻의 이름을 붙였다. 이후 시간이 지나 필리핀의 타갈로그어 필리피나스(Pilipinas)로 변하였다.

2. 필리핀의 대표 도시

마닐라(Manila)

마닐라는 필리핀의 수도이자 루손 섬에 위치한 역사적인 도시이다. 스페인 식민지 시대에 발전한 마닐라는 가톨릭 신앙이 강한 도시답게 마닐라 대성당을 비롯하여 산 아구스틴 성당 등 많은 유적들이 남아있다. 과거와 현재가 공존하는 마닐라는 교통체증, 환경오염, 치안 문제 등이 앞으로 해결되어야 할 과제이다.

산티아고 요새(Fort Santiago) : 16세기 말 스페인 식민 통치 시기에 군대 본부로 사용되었던 장소로 제2차 세계 대전 때 훼손되었던 성문과 성벽을 복원하여 지금에 이른다. 이곳은 스페인 식민 정부에 대항했던 필리핀의 독립운동가 호세 리잘이

▲ 산티아고 요새

▲ 리잘 공원

▲ 산 아구스틴 성당

사형 선고를 받고 수감되었던 장소로 성벽 위에 오르면 파시그강의 탁 트인 풍경이 한눈에 들어온다.

리잘 공원(Rizal Park) : 필리핀 독립의 상징적 의미와 마닐라 시민의 휴식처이자 관광명소인 이곳에는 1896년 스페인 식민 정부에 의해 처형된 필리핀의 독립운동가 호세 리잘의 기념비가 세워져 있다. 공원 내에는 사각형의 호수가 있고 잘 가꾸어진 녹지와 중국과 일본식 정원이 조성되어 있다.

산 아구스틴 성당(San Agustin Church) : 마닐라에서 가장 오래된 바로크 양식의 석조성당으로 1993년 유네스코 세계문화유산에 등재되어 있다. 1571년에 건축을 시작하여 1607년에 완공한 이 성당은 숱한 전쟁과 지진을 겪었지만 크게 훼손되지 않고 지금까지 남아있다 하여 기적의 교회라 불리기도 한다. 소박해 보이는 외관과는 달리 내부는 웅장하고 아름다우며 대형 파이프 오르간과 다양한 종교 관련 유물이 전시되어 있다.

▲ 팍상한 폭포

팍상한 폭포(Pagsanjan Falls) : 팍상한 폭포는 세계 7대 절경 중 하나에 꼽힐 정도로 유명하다. 이곳을 찾은 여행객들은 전통 나무배를 타고 폭포 가까이에 접근하여 시원하게 떨어지는 폭포수를 맞으며 폭포 여행을 즐길 수 있다. 특히 이곳은 영화 〈지옥의 묵시록〉과 〈플래툰〉의 촬영지로 유명하다.

세부(Cebu)

필리핀 중부 비사야 제도에 위치하며 세부주의 주도이자 최대 도시이다. 역사적으로는 필리핀 최초의 식민지 도시였지만 현재는 정치, 경제, 문화의 중심지가 되었다. 아름다운 해변이 있어 특별히 우리나라 사람들에게 인기 있는 여행지이다. 연중 따뜻한 기후를 유지하는 이곳은 마닐라로 수도를 옮길 때까지 필리핀 제1의 도시였다.

산토니뇨 성당(Basilica Minore del Santo Nino) : 1565년 스페인 총독 레가스피에 의해 세워진 이 성당은 아기 예수란 뜻을 가지고 있는 대표적인 스페인 건축물이다. 1568년 대화재 때 당시 내부에 있던 아기예수상은 큰 피해를 입지 않았다는 일화가 전해진다. 필자가 이곳을 방문했을 때의 느낌은 아기예수상의 문화적 가치보다 간절하게 기도하는 필리핀 사람들의 모습이 더 인상적이었다.

▲ 산토니뇨 성당

마젤란의 십자가(Magellan's Cross) : 1521년 페르디난드 마젤란이 필리핀 세부에 도착한 후 세부의 추장과 그의 일족이 필리핀 최초로 그리스도교 세례를 받은 것을 기념하기 위해 세운 십자가로, 바

▲ 마젤란의 십자가

▲ 산 페드로 요새

실리카 미노레 델 산토니뇨 옆에 있는 작은 예배당에 보관되어 있다. 비록 이 십자가가 복제된 것이라 해도 필리핀의 기독교 전파와 관련된 상징적인 유물로 인식되어 많은 사람들이 이곳을 방문하여 역사를 기념하고 있다.

산 페드로 요새(Fort San Pedro) : 16세기 스페인 통치 시절, 외적의 침입을 방어하기 위해 만든 군사적 목적의 건축물로 필리핀에서 가장 작고 오래된 요새이다. 견고한 석구조로 만들어졌으며 해적의 침입을 막기 위해 항구 옆에 세워져 있다. 이곳은 미국 식민지 시기에는 미군의 막사로 사용되다가 일본 점령기 때에는 필리핀 포로수용소로 사용되기도 했다.

보라카이(Boracay)

필리핀 아클란주 말라이에 위치한 섬으로 세계적으로 유명한 휴양지이다. 천

▲ 화이트 비치

▲ 푸카쉘 비치

국이라 불릴 만큼 아름답고 때 묻지 않은 자연을 간직한 이곳은 하얀 모래와 투명한 바다가 유명하다. 우리나라 사람들에게는 산 미겔 맥주와 신혼여행지로 잘 알려져 있다.

화이트 비치(White Beach) : 보라카이 섬을 세계적으로 유명하게 만든 대표적인 해변이다. 에메랄드빛 바다와 3km 이상 펼쳐진 넓고 긴 해변의 고운 모래를 맨발로 걸을 때 느낌이 좋아 관광객의 발길이 일 년 내내 끊이지 않는다. 특히 수상 스포츠와 일몰이 아름다워 사진 촬영지로 유명하다.

푸카쉘 비치(Puka Shell Beach) : 이 해변은 보석으로 분류될 만큼 가치가 있었던 푸카쉘이라는 조개껍데기가 많아 붙여진 이름이다. 화이트 비치에 비해 상대적으로 한적한 이곳은 조개껍데기가 모래에 많이 섞여 있어 해변을 맨발로 걸어 다닐 때에는 조심하는 것이 좋다.

> 📖 **읽어두기**
>
> 필리핀은 치안이 매우 불안한 나라이다. 비즈니스나 여행 시 마약, 납치, 성매매, 테러, 살인 등의 강력 범죄에 각별히 조심하여야 한다.

열대의 푸른 물과 온화한 파도가 있는 해변(오스트레일리아)

제9장

오세아니아 문화권

1. 오스트레일리아 문화
2. 뉴질랜드 문화

1 오스트레일리아 문화

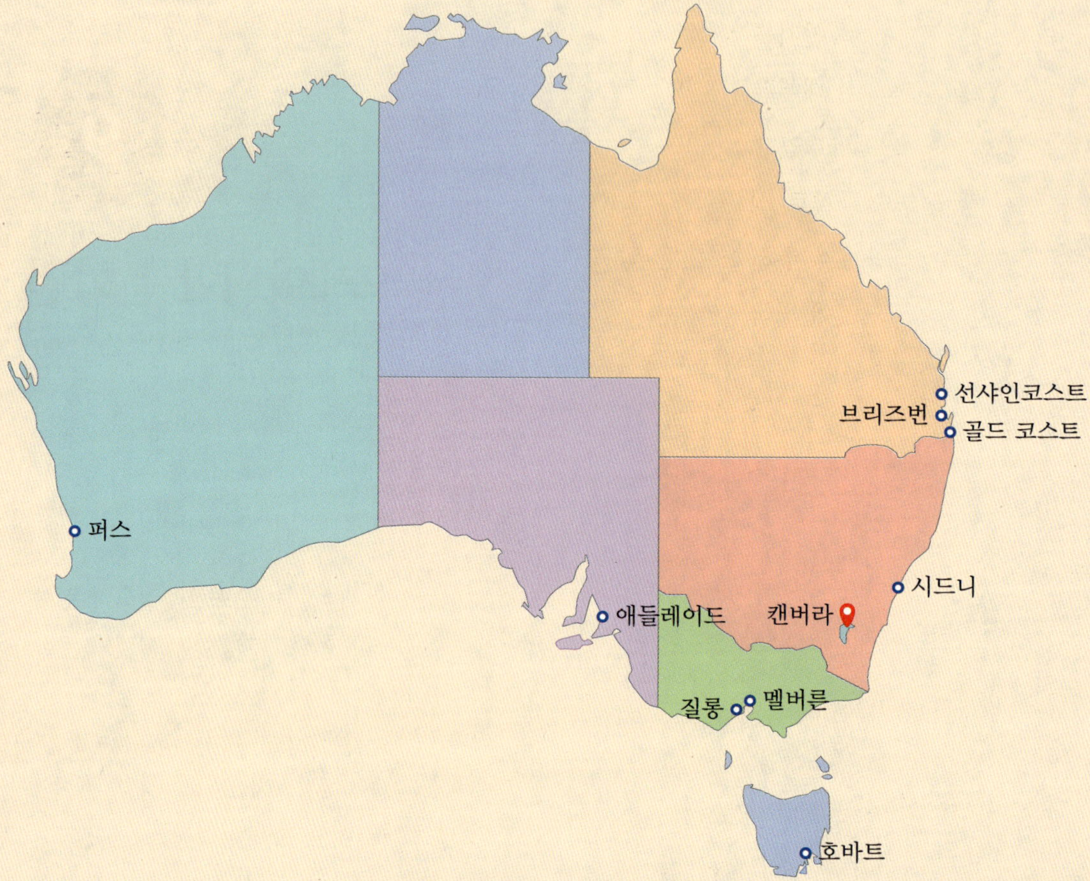

◆ **오스트레일리아(Australia)**

수도	캔버라	언어	영어
인구	26,713,000명(KOSIS)	종교	기독교 67%
면적	7,741,220km²	화폐	오스트레일리아 달러(AUD)
민족	앵글로 색슨족 80%	1인당 GDP	63,487$

정식 명칭은 오스트레일리아 연방이며 흔히 호주라 부른다. 오세아니아 대륙에 위치한 오스트레일리아는 오스트레일리아 대륙 전체와 인도양 및 태평양의 많은 섬으로 구성되어 있는 큰 나라이다. 1788년 1월 26 영국인이 오스트레일리아에 처음 진출하여 식민지를 설립할 때 데리고 온 1,030명의 이민자 중 736명이 죄수였고, 나머지는 대부분이 빈민들이었다. 오스트레일리아는 이 날을 건국일로 지정하여 기념하고 있다. 오스트레일리아는 입헌군주제와 내각책임제를 기반으로 하는 연방제국가로 상원과 하원으로 의회가 구성되어 있으며, 오스트레일리아 총리는 의회에서 추천하고 영국의 국왕 찰스 3세가 임명한다. 그러나 실제적인 국가 운영에 있어 영국의 국왕은 크게 관여하지 않는다.

1. 오스트레일리아 이민의 역사

18세기 후반 영국은 산업 혁명과 함께 농촌 인구가 도시로 몰려오기 시작했다. 대도시의 인구가 급격히 증가하자 크고 작은 범죄자들이 늘어나는 것은 당연한 것이었다. 그러나 늘어나는 범죄자에 비해 이들을 수감할 수 있는 감옥은 제한적이었다. 당시 영국의 식민지였던 미국이 1783년 영국으로부터 독립을 했기 때문에 새로운 죄수들의 유배지를 찾아야 하는 고민에 빠지게 되었다. 그 후보지 중 하나가 오스트레일리아였다.

1606년 네덜란드가 최초로 오스트레일리아에 들어왔지만 그들이 도착한 북부 지역은 사람들이 살기에 적합하지도 않고 자신들이 생각했던 식민지로서의 실익이 없다고 판단하여 철수했다. 이후 영국의 탐험가인 제임스 쿡이 현재의 시드니 남쪽 근처의 보타니 만에 상륙한 후 이 지역을 뉴사우스 웨일즈라 명명하고 1770년에 영국령으로 선포하였다.

1788년 영국은 11척의 수송선에 죄수 736명을 포함해 군인, 관리자 등 1,030

여 명을 싣고 오스트레일리아의 보타니 만에 상륙하였다. 그러나 그들이 도착한 보타니 만에는 식수도 없고 농사지을 땅과 배들이 정박할 곳도 없는 이른바 쓸모없는 땅이었다. 어쩔 수 없이 죄수들을 다른 곳으로 이동시켜야 했다. 이때 이들을 이끈 아서 필립이라는 사람이 이후 호주의 초대 총독이 된다. 아서 필립은 다른 곳으로 이동하여 찾은 이 도시를 시드니라 명명하고 그들이 시드니에 도착한 1788년 1월 26일을 오스트레일리아의 건국 기념일로 정하였다.

1788년에 시작한 죄수 이송은 1867년까지 계속되었으며 호주에 귀양 온 영국 죄수의 숫자는 약 16만 명에 달하는 것으로 알려져 있다.

오스트레일리아에 유배 온 죄수들은 형기를 마치고 자유 시민권을 주었지만 희망이 없는 영국으로 가지 않고 호주에 남는 길을 선택했다. 호주 정부는 형기를 다 채운 자유 시민권자들에게 토지를 무상으로 제공하고 공직에 임명하기까지 하는 파격적인 정책을 이어갔다.

특히 래클런 맥쿼리 총독은 호주를 죄수 유배 식민지가 아닌 자유 식민지로 바꾸고 도로와 교량을 건설하고 교육 및 법률 시스템 개혁 등 다양한 경제 개혁을 추진하였으며 전과자들의 권리를 존중하였다.

1851년 이후부터 호주 전 지역에서 금광이 발견되기 시작하면서 호주는 죄수들의 유배지에서 풍요의 땅으로 바뀌기 시작했다. 전 세계에서 이 노다지를 찾기 위해 수많은 사람들이 몰려오면서 인구가 급증하고 경제가 폭발적으로 성장하게 된다.

그러나 부작용도 있었다. 이른바 골드러시가 시작되면서 호주로 들어온 이민자 중에 중국 사람들이 가장 많았다. 이들의 값싼 노동력이 기존의 백인 노동자들의 임금을 하락시키고 실업률을 증가시키는 원인이 되면서 백인 노동자들의 감정을 자극했다. 이러한 현상이 만들어낸 것이 인종차별 이민정책인 백호주의(White Australia Policy)이다. 1901년부터 1973년까지 시행된 이 정책은 모든 유색인종, 특히 아시아인의 이민을 제한하는 강력한 정책이었지만 아시아 각국과 마찰을 불러오면서 호주의 경제에도 악영향을 끼쳤다. 그러나 제2차 세계 대전 이후 너무 적은 인구로 인해 국력이 약해진다는 이유와 외교 활동에도 지장을 초래할 수 있다는 여론에 밀려 1973년 공식적으로 백호주의를 폐지하였다.

2. 오스트레일리아의 대표 도시

시드니(Sydney)

시드니는 1788년 1월 26일 영국인들이 설립한 최초의 유럽인 정착지로 오스트레일리아의 상징적인 도시이자 최대 도시이다. 시드니에는 금융과 다국적 기업의 호주지사 등이 이곳에 몰려 있어 이민자들의 유입이 계속 증가하고 있다. 이로 인해 빈부격차와 사회갈등이 커지고 주택난이 심화되면서 호주의 출산율을 낮추는 주요 요인이 되고 있다.

시드니 오페라 하우스(Sydney Opera House) : 시드니의 문화적 랜드마크인 오

▲ 시드니 오페라 하우스

페라 하우스는 하얀 돛과 조개껍질을 닮은 독특한 외관으로 건축의 명작이라 불린다. 1959년에 착공하여 1973년에 완공할 정도로 지붕 구조가 복잡하고 공사비가 많이 투입된 건축물이다.

시드니 오페라 하우스는 건축학적이나 문화적으로 그 가치를 인정받아 2007년에 유네스코 세계유산에 등록되었다.

하버 브리지(Harbour Bridge) : 컴퓨터로 시드니를 검색하다보면 제일 먼저 검색되는 사진이 철제 아치교 하버 브리지이다. 1923년에 착공하여 1932년에 개통된 이 다리는 주변 환경과 어우러져 무척 아름답다. 시드니의 남과 북을 연결하며 시드니 항구를 가로질러 철도, 차량, 자전거와 보행자의 통행을 담당하는 아치교이다. 현지인들은 다리가 옷걸이처럼 생겼다 하여 'The coat hanger'라는 애칭으로 불리기도 한다.

본다이 비치(Bondi Beach) : 세계적으로 유명한 본다이 비치는 남태평양과 맞닿아 있고 파도가 적당히 높아 서핑을 하기에 적합하다. 2000년 시드니 올림픽 당시 비치발리볼 경기가 벌어져 우리에게 익숙한 해변으로 1788년 영국 이민단이 시드니에 도착한 이후 점차 개발되었다. 이곳에는 출신국이 다양한 약 30,000명이 거주하는데, 70%는 호주인들이다.

▲ 하버 브리지

▲ 본다이 비치

갭 파크(Gap Park) : 오랜 세월 침식과 퇴적 작용으로 인해 절벽 바위에 수많은 틈(gap)이 만들어지면서 붙여진 이름이다. 절벽을 따라 난 산책로와 절벽에 부딪히는 파도가 장관이지만 과거 호주 개척 시절에 영국 죄수들이 고통을 견디지 못해 스스로 뛰어내려 자살하던 곳으로도 유명하다.

▲ 갭 파크

우리에게 익숙한 영화 〈빠삐용〉에서 주인공 스티브 맥퀸이 악마의 섬에서 코코넛 자루를 안고 바다로 뛰어내린 마지막 절벽이 바로 이곳이다.

골드 코스트(Gold Coast)

제2차 세계 대전 후 귀환한 병사들의 휴양지로 인기를 끌기 시작했던 곳으로 해변을 따라 끝없이 펼쳐진 황금빛 모래사장의 스케일이 전 세계 여행객의 시각을 압도한다. 골드 코스트는 관광업 비중이 제일 높은 도시로 규모에 비해 고층 건물이 많고 쇼핑이나 문화시설이 잘 발달해 있다. 특히 이곳 수로 주변에 지어진 워터프론트 주택은 1950년대 수로 개발을 하면서 생겨난 것으로, 지금은 상류층과 전 세계 유명인들이 주거용이나 별장으로 구입하여 사용하고 있다.

▲ 골드 코스트

멜버른(Melbourne)

유서 깊은 유럽풍의 건물들과 현대적인 트렌드가 잘 어우러진 도시로 오스트레일리아 남동부에 위치하고 있다. 최근 통계 자료에 의하면 멜버른은 시드니를 추월하여 오스트레일리아에서 가장 많은 인구가 살고 있는 도시이지만 세계에서 가장 살기 좋은 도시로도 평가받고 있다. 멜버른이 스포츠 도시로 유명한 이유는 1956년 하계올림픽과 2006년 코먼웰스 게임의 주최 도시였기 때문이다.

멜버른 크리켓 경기장(Melbourne Cricket Ground, MCG) : 호주 크리켓과 호주식 풋볼에 최적화되어 있는 이 스포츠 경기장은 10만여 명에 달하는 관중을 수용할 수 있다. 타원형의 멜버른 크리켓 경기장(MCG)에서는 매년 크리켓 경기와 호주식 풋볼의 결승전이 개최된다.

▲ 멜버른 크리켓 경기장

퀸 빅토리아 마켓(Queen Victoria Market) : 멜버른에서 가장 유명하고 규모가 큰 재래시장으로 1878년에 개장하였다. 멜버른의 중심부에 위치하고 있는 이 시장은 그 넓이만 자그마치 7ha이다. 700개 이상의 노점에는 다양한 현지 특산물과 의류, 기념품을 비롯해 길거리 음식을 판매하고 있으며, 때때로 크고 작은 공연이 열려 관광객들로부터 박수갈채를 받기도 한다.

▲ 퀸 빅토리아 마켓

퍼스(Perth)

오스트레일리아 서부 끝자락에 위치하며 아름다운 해변이 매력인 퍼스는 유럽인들이 건설한 최초의 대규모 정착촌이었다. 스완강을 따라 인도양에 접하는 이 도시는 광업으로 경제가 유지되는 중요한 지역이지만 다른 대도시들과 동떨어진 고립된 위치로 인해 경제 규모에 비해 비정상적으로 생활 물가가 비싼 편이다.

프리맨틀 감옥(Fremantle Prison) : 호주에 남아 있는 11개 교도소 유적지 중 가장 큰 프리맨틀 감옥은 영국 식민지 시절 영국의 죄수들을 수용했던 최고보안 교도소로, 1850년대부터 1991년까지 140년 동안 사용되었다. 서호주에 있는 이 건물은 죄수들이 직접 자신의 감옥을 지은 것으로 유명하며, 2010년에 유네스코 세계문화유산에 등재되어 있다.

▲ 프리맨틀 감옥

▲ 피나클스 사막

피나클스 사막(Pinnacles desert) : 퍼스에서 북서쪽으로 200km이상 떨어진 곳에 위치한 자연경관이다. 수천 개의 석회암 기둥들이 모래 위로 불쑥불쑥 솟아있는 독특한 모습들이 매우 인상적이다. 특히 해질 녘의 독특한 자연경관과 밤하늘의 별보기를 감상하기 위해 많은 관광객들이 이곳을 찾는다.

읽어두기

오스트레일리아 사막 여행은 현지 여행사를 통해하는 것이 좋으며, 당일에 여행을 끝내는 것을 권한다. 또한, 오스트레일리아의 마스코트인 캥거루는 꼬리를 만지면 발차기를 당할 수 있으니 주의하여야 하며, 먹이를 줄 때는 손을 너무 높게 들지 말고 손을 낮게 평평하게 하는 것이 좋다.

2 뉴질랜드 문화

✦ **뉴질랜드(New Zealand)**

수도	웰링턴	언어	영어, 마오리어
인구	5,214,000명(KOSIS)	종교	기독교 52%, 가톨릭 14%
면적	268,680km²	화폐	뉴질랜드 달러(NZD, $)
민족	백인 69.6%, 마오리족 14.5%	1인당 GDP	48,071$

뉴질랜드는 북섬과 남섬 그리고 600여 개의 작은 섬들로 구성되어 있으며 오스트레일리아와 태즈먼 해를 사이에 두고 약 2,000km 떨어져 있다. 지리적으로 고립되어 있어 당시 무인도였던 뉴질랜드에 인간이 정착한 시기는 1200~1300년경으로 주로 북섬의 북반부에 정착하여 살았다. 이들을 뉴질랜드의 원주민 마오리족이라 부른다.

1907년에 영국으로부터 독립한 뉴질랜드는 완전한 민주주의 국가로 평가되는 나라로 형식상 영국 국왕을 국가 원수로 하는 입헌군주제를 유지하지만 사실 의원내각제 형태의 정치를 채용하고 있다.

1. 마오리족

뉴질랜드 원주민인 마오리족은 폴리네시아 동부에서 도래한 것으로 추정되며 현재 뉴질랜드 인구의 14.5%를 차지하고 있다.

마오리족이 상륙하기 전 무인도였던 뉴질랜드에는 지금은 멸종되어 없어진 맹금류 하스트수리, 모아 새 같은 덩치가 큰 조류들이 서식하였으나 마오리족이 섬에 정착하면서 멸종되었다. 그 원인을 찾아보면 초기 마오리족은 대부분 북섬의 북반부에 정착해 자신들이 가지고 온 고구마, 감자, 조롱박 등을 경작하면서 산림을 파괴시켰고, 데리고 온 개, 돼지들이 새들의 알을 먹기 시작하면서 개체 수가 크게 감소하였다. 이후 개체 수가 줄어 든 상태에서 마오리족의 무자비한 사냥이 계속되자 결국 이 새들은 멸종되고 말았다.

마오리족의 사회적 지위를 결정하는 중요한 요소는 마나이다. 마나는 육체에 깃들어있는 영적인 가치를 말하는데, 모든 사람들은 각기 다른 마나를 가지고 태어난다고 믿었으며 더 뛰어난 마나를 가지려고 노력했다. 그것의 전통이 식인 풍습으로, 전쟁에서 죽은 적들의 시신을 먹음으로써 마나를 획득할 수 있다고 생각했다.

　마오리족은 마나라는 개념을 토대로 매우 엄격한 신분질서를 유지하였는데, 예를 들어 높은 마나를 지닌 자들은 족장이나 전사가 되어 몸에 문신을 하고 선조들을 기리는 업무를 담당하였고 여자나 노예는 하위 계급에 머물게 하였다.

　이런 문화를 가진 마오리족은 평상시에는 땅을 가꾸며 평화롭게 지냈지만 전투가 벌어지면 한쪽이 죽을 때까지 싸움을 했다. 이런 전투 양상은 마나 개념이 크게 작용한 것으로, 패배한 부족은 거의 몰살을 당했고 승리한 부족은 엄청나게 세력이 커지게 되었다. 하지만 이런 일이 반복되면서 승리한 부족이나 패배한 부족 역시 큰 피해를 입게 되었다.

　이에 위협을 느낀 마오리족 전체는 실제로 전투를 펼치지 않고 각 진영의 전사들이 모인 상태에서 상대를 제압하는 춤을 추는 것으로 전투를 대체하였는데, 이것이 바로 유명한 전투 춤 하카이다. 발을 구르며 내뱉는 우렁찬 목소리와 얼굴 표정, 간간히 자신의 허벅지를 내리치면서 세력을 과시하는 행동들이 춤으로 발전하여 현재의 전통이 되었다. TV나 인터넷을 통해 마오리족 출신의 군인이나 미식축구팀이 하카를 추는 모습을 쉽게 볼 수 있다.

　1840년 뉴질랜드 북섬 와이탕이에서 무력 충돌이 끊이지 않았던 마오리족 추장들과 영국 국왕이 와이탕이 조약을 체결하는데, 조약서는 영어와 마오리어로 작성되었다. 그러나 2개 언어로 작성된 이 조약은 용어와 표현의 차이로 인해 현재까지도 갈등의 불씨로 남아 있다.

　마오리족 출신의 군인들은 제1차 세계 대전에도 참전하여 하카를 추며 그 용맹함을 보여 주었고, 6.25 전쟁 당시 6천여 명이 참전하여 우리에게 많은 도움을 주었다. 이때 우리에게 연가로 알려진 마오리족의 민요 포카레카레 아나(Pokarekare Ane)가 전파되어 유행하기도 했다.

　현재의 뉴질랜드는 백인과 마오리족이 함께 발전시킨 나라로 각각의 문화가 융합되어 공존한다. 교육 현장에서는 백인과 마오리족이 차별 없이 함께 공부하며 정치, 경제, 사회 등 모든 분야에서 마오리족이 받는 불이익은 거의 없다.

2. 뉴질랜드의 대표 도시

오클랜드(Auckland)

북섬의 북단에 위치한 항구 도시로 수많은 인종이 함께 살아가는 뉴질랜드의 옛 수도이자 상공업의 중심지이다. 여러 가지 역사적, 지리적, 경제적인 특징을 가지고 있는 이 도시는 뉴질랜드의 관문으로 오클랜드 국제공항과 주요 교육기관들이 자리 잡고 있다. 또한 항만과 섬, 화산구, 원시림, 검은 모래 해변과 같은 아름다운 자연도 가까이에 있다.

▲ 스카이 타워

스카이 타워(Sky Tower) : 오클랜드 시내 중심부에 위치한 스카이 타워는 높이가 328m나 되는 건축물이다. 이곳에는 국제 수준의 카지노를 비롯하여 레스토랑, 호텔 등 다양한 시설이 마련되어 있어 연간 백만 명 이상의 관광객들이 찾는 인기 관광지이기도 하다.

▲ 에덴산

에덴산(Mt. Eden) : 오클랜드 도심 근처에 있는 사화산 중 하나로 높이는

196m이며, 산 정상에는 크고 깊은 분화구가 있다. 옛날 마오리족의 요새로 사용되었던 이 산에는 도시 전경을 한눈에 볼 수 있는 전망대가 있어 많은 여행객들이 찾아오고 있다.

> **읽어두기**
>
> 마타리키(Matariki)는 마오리족의 새해를 기념하는 중요한 명절이다. 지난 한해를 마감하고 새로운 한해의 시작을 알리는 축제날이다. 한겨울인 5월 말부터 7월 초 사이에 정해지는데, 2024년의 마타리키는 6월 28일이었다.

해밀턴(Hamilton)

뉴질랜드 북섬의 와이카토 지역에서 가장 큰 내륙 도시 해밀턴은 와이카토 강이 도시를 가로 지르는 곳에 위치해 있다. 이 도시에는 해밀턴 공원과 해밀턴 호수가 있어 시민들의 주요 휴식처가 되고 있다. 해밀턴은 1830년대 영국군과 마오리족이 영토 문제로 전쟁을 했던 격전지로 영국군이 이곳에서 승리한 것을 기념하여 전사한 존 페인 찰스 헤밀턴 사령관의 이름을 따서 만든 도시이다.

해밀턴 가든(Hamilton Garden) : 해밀턴 시의 남쪽 끝에 위치한 대규모 공원으로, 여러 개의 테마로 구성된 일본식, 중국식, 영국식 등 다양한 디자인으로 꾸민 꽃 정원에는 특이한 모습의 조각상들이 전시되어 있다.

▲ 해밀턴 가든

2. 뉴질랜드 문화

▲ 호비튼 마을　　　　　　　　　　　　▲ 와이토모 동굴

호비튼 마을(Hobbiton Village) : 호비튼 마을은 와이카토 지역 마타마타 시골 마을에 위치한 영화 세트장으로, 원래는 단순한 목장이었지만 피터잭슨 감독과 로케이션 스카우트팀이 발견하여 영화 〈반지의 제왕〉, 〈호빗〉 시리즈를 촬영하면서 유명해졌다.

와이토모 동굴(Waitomo cave) : 마오리어로 물을 뜻하는 와이(wai)와 굴을 뜻하는 토모(tomo)가 합쳐져 만들어진 이름이다. 와이토모 동굴은 석회암 지대에 위치해 있어 내부에는 석순과 종유석이 드라마틱한 광경으로 펼쳐져 있고, 동굴 아래에는 냇물이 흐르고 있어 배를 타고 관광할 수 있다. 특히 이 동굴에 서식하는 반딧불이인 글로우웜이 동굴 천장에 가득하여 마치 밤하늘의 은하수처럼 빛나는 모습이 장관이다.

로토루아(Rotorua)

뉴질랜드 북섬의 중앙에 위치한 도시로 불의 고리라 불리는 환태평양 조산대에 속하여 지열 활동이 활발하다. 이곳은 마오리족 문화의 중심지로 마오리족 정착민들이 보금자리로 삼았던 곳이다. 뉴질랜드의 대표적인 관광지인 로토루아는 마오리족의 전통문화를 체험하고 지열로 익힌 전통음식 '항이'를 맛보기 위해 매년 많은 관광객이 찾아온다.

▲ 폴리네시안 스파

▲ 마오리 민속 쇼

폴리네시안 스파(Polynesian Spa) : 폴리네시안 스파는 로토루아 호수 근처에 위치해 있으며 1878년부터 운영되기 시작하였다. 이곳은 지열 활동이 활발하여 천연온천수가 풍부하고 스파 내에 카페가 있어 다양한 음식과 음료, 커피 등을 즐길 수 있다.

마오리 민속 쇼(Maori Folk Show) : 마오리족의 전통과 문화를 전시하는 공연으로 참가자들은 마오리족의 전통의상을 입고 하카 춤을 추거나 스틱댄스, 포이댄스, 민속놀이 등의 공연을 한다. 특히, 하카는 부족 간의 전쟁에 앞서 자기 힘이 강하다는 걸 보여주려는 위협적인 표정과 여러 명이 함께 구호를 외치며 추는 춤을 말하는데, 전투하기 전에 추는 전투 하카와 이웃이나 귀한 손님을 환영하는 환영 하카, 장례식에서 망자를 추모하는 추모 하카, 결혼식에서 신혼부부를 축복하는 축하 하카 등이 있다.

크라이스트처치(Christchurch)

크라이스트처치는 남섬에서 가장 인구가 많고 오래된 도시로, 초기 정착민들의 대부분이 영국 옥스퍼드대학 크라이스트 칼리지 출신이었기 때문에 붙여진 이름이다. 이곳은 남섬의 경제를 책임지는 상업 도시로 아름다운 공원이 많아 정원 도시라는 별명이 있다. 2010년부터 발생한 대지진 이후 역사적인 건축물이 손상되거나 소실되었지만 도시 재건과 재창조 작업을 통해 활기차고 열정적인 도시로 변모하고 있다.

▲ 크라이스트처치 곤돌라

크라이스트처치 곤돌라(Christchurch Gondola) : 크라이스트처치 남쪽에 위치하며 캐빈디시 산에서 운영되는 관광코스 중 하나이다. 곤돌라에는 최대 4명이 탑승하여 약 10분간 여행하는데, 정상에서만 볼 수 있는 도시의 아름다운 정경을 감상할 수 있어 가족이나 단체관광객에게 인기 있는 장소이다.

크라이스트처치 트램(Christchurch Tram) : 크라이스트처치의 명물 중 하나인 트램은 유서 깊은 시내 유적지를 가장 편하게 이동할 수 있게 해준다. 버스보다 느리게 움직이기 때문에 주변을 천천히 살펴볼 수 있고 주차의 번거로움이 없어 많은 사람들이 즐겨 이용하고 있다. 독특한 외관 디자인과 각 정거장에서 도시의

▲ 크라이스트처치 트램

역사와 랜드마크에 대해 친절하게 설명해주던 해박한 운전사의 멘트가 기억에 남는다.

퀸스타운(Queenstown)

와카티푸 호수 기슭에 위치한 아름다운 도시로 빅토리아 여왕에 어울리는 아름다움이라 하여 붙여진 이름이다. 이 도시는 1862년 숏오버 강에서 금이 발견되면서 크게 발전하였지만 금이 고갈되면서 쇠락한 도시가 되었다. 현재는 다양한 레저 활동과 관광을 위한 거점으로 크게 발전하고 있다.

애로우타운(Arrowtown) : 골드러시 시대에 번영했던 금광 마을로 19세기에 만들어진 클래식한 건물들이 이곳의 역사를 말해주고 있다. 특히 중국이민자들이 살았던 오두막집과 상점들이 잘 보존되고 있어 그 당시의 생활상을 엿볼 수 있게 해준다. 현재 애로우타운의 인구는 약 3,000명으로, 주로 유럽계이며 마오리와 아시아인도 일부 거주하고 있다.

▲ 애로우타운

▲ 와나카

와나카(Wanaka) : 와나카 호수 남단에 위치한 이 마을을 현지인들은 작은 퀸스타운이라 부른다. 남알프스 산맥과 호수가 마을을 감싸고 있어 그 경관이 빅토리아 여왕에 어울릴 정도로 아름답다하여 붙여진 별칭으로, 사계절 내내 기후가 온화하여 야외 활동과 트레킹을 즐기기에 좋은 조건을 가지고 있는 관광지이다.

밀포드 사운드(Milford Sound) : 밀포드 사운드는 피오르드랜드 국립공원 내에 있는 유명한 피오르드로, 그 동안 사람들이 살지 않아 고대의 자연을 그대로 간직하고 있다. 피오르드는 빙하로 만들어진 좁고 깊은 U자곡에 바닷물이 들어와 형성된 만을 말하는데, 이곳의 피오르드는 빙하가 녹은 물로 인해 물의 색깔이 코발트색이다.

▲ 밀포드 사운드　　　　　　　　▲ 피오르드랜드

▲ 마운트 쿡

마운트 쿡(Mount Cook) : 뉴질랜드 남섬에 위치한 해발 3,724m의 마운트 쿡은 뉴질랜드에서 가장 높은 산이다. 마운트 쿡은 등반하기가 매우 어려워 베테랑 산악인이 아니면 등반할 수 없다. 정상에 쌓인 만년설과 햇빛에 반사된 푸른색의 얼음들이 황홀할 정도로 아름다운 마운트 쿡의 공식 명칭은 아오라키 마운트 쿡이다. 전설에 의하면 아오라키 형제들은 하늘의 신 라키 누이의 아들들로 이들이 바다를 항해하다가 갑자기 돌로 변하여 산이 되었다고 한다.

읽어두기

뉴질랜드는 일반적으로 안전한 나라이다. 그러나 여행을 할 때는 몇 가지 주의사항을 익혀두면 더 즐거운 여행을 할 수 있을 것이다. 뉴질랜드는 날씨가 급격히 변하는 나라이므로 기후에 맞는 의상과 방수 장비를 챙겨 여행하는 것이 좋다. 또한 교통 방식이 우리나라와 반대인 좌측통행이고 회전 교차로가 많아 운전 시 더 각별한 주의가 필요하다.

참고문헌

- 김경환. 「새로 쓴 동양사」. 주류성출판사, 2021.
- 김별. 「일단 떠나라」. 에이블북, 2023.
- 김상훈. 「통아프리카사」. 다산에듀, 2016.
- 김수림 역. 「아시아 역사」. 지와 사랑, 2013.
- 김진연 역. 「세상 친절한 세계사」. 미래의 창, 2021.
- 민석홍, 나종일, 윤세철. 「세계문화사」. 서울대학교출판문화원, 2022.
- 육혜원 역. 「인류의 세계사」. 이화북스, 2024.
- 이승곤. 「여행과 생활」. 형설출판사, 2004.
- 이원복. 「먼나라 이웃나라」. 김영사, 2024.
- 이은정 역. 「마셜 호지슨의 세계사론」. 사계절, 2006.
- 이종원 외 8인. 「세계문화사의 이해」. 새로미, 2020.
- 이효성. 「세계사」. 지경사, 2010.
- 장지향. 「최소한의 중동 수업」. 시공사, 2023.
- 조명환. 「문화관광론」. 백산출판사, 2000.
- 최지형. 「지구별 워크홀릭」. 삼성출판사, 2007.
- 위키백과. 「지미 웨일스와 래리 생어」. 2002.
- 나무위키. https://namu.wiki
- 모두투어. https://www.modetour.com
- 셔터스톡. https://www.shutterstock.com
- 위키백과. https://ko.wikipedia.org/wiki
- 유네스코와 유산. https://heritage.unesco.or.kr
- 하나투어. https://www.hanatour.com

 **세계문화의 이해**

2025년 3월 10일 인쇄
2025년 3월 15일 발행

저자 : 하종국 · 김선희
펴낸이 : 이정일

펴낸곳 : 도서출판 **일진사**
www.iljinsa.com
(우)04317 서울시 용산구 효창원로 64길 6
대표전화 : 704-1616, 팩스 : 715-3536
이메일 : webmaster@iljinsa.com
등록번호 : 제1979-000009호(1979.4.2)

값 28,000원

ISBN : 978-89-429-1999-4

* 이 책에 실린 글이나 사진은 문서에 의한 출판사의
동의 없이 무단 전재 · 복제를 금합니다.